作者简介

戴维·A. 索萨（David A. Sousa），教育学博士，教育神经科学国际知名专家，已著图书十几本，主要研究方向为将大脑研究方面的成果转化为提升学习效果的策略。他的足迹遍布美国、加拿大、欧洲、澳大利亚、新西兰和亚洲，超过 20 万的教育工作者聆听过他的报告。他曾是一名高中化学老师，并担任过包括督学在内的学校行政职务。他是美国西东大学的兼职教授，并担任罗格斯大学的客座讲师。索萨博士编辑了很多科学方面的书籍，并在主流期刊上发表了数十篇论文。他所编著的书已被翻译为法语、西班牙语、俄语、汉语、阿拉伯语、韩语等多种语言版本。他曾任美国国家职业发展委员会主席，并因其致力于专业发展以及科学教育等领域的研究而获得荣誉学位和多个奖项。他曾出现在美国全国广播公司（NBC）的《今日秀》（*Today Show*）和美国公共广播电台上，谈论他在学校进行的有关大脑研究的系列工作。

汤姆·皮莱茨基（Tom Pilecki），文学硕士，美国佛罗里达州西棕榈海滩创意教育中心（CCE）的前任执行主任。在那里工作的 12 年间，他为超过 100 名艺术教师提供过专业培训，指导他们如何与其他学科的中小学教师在各种课程领域进行合作。汤姆在教育领域奋战 40 多年。他曾是一名小学教师，教授合唱和器乐。后来，他创办了纽约南布朗克斯的圣·奥古斯丁艺术学院，并担任校长，由此改编的纪录片《我的一些事》（*Something Within Me*）还曾在圣丹斯电影节上获奖。《60 分钟》（*60 Minutes*）、《今晚世界新闻》（*World News Tonight*）和《麦克尼勒 – 莱勒报告》（*The McNeil-Lehrer Report*）等节目都对他做过专题报道。因其在课程设计、实施和艺术整合方面的专业知识，他在前往佛罗里达之前，曾在芝加哥的六所西区学校担任课程主任。如今，他依旧致力于美国范围内学校和社区间的协调工作。

新课堂学习译丛 | 主编 盛群力

综合学习

从 STEM 迈向 STEAM

[美] 戴维 · A. 索萨 [美] 汤姆 · 皮莱茨基 著

管光海 李士杏 何天优 译

盛群力 审订

浙江教育出版社 · 杭州

图书在版编目（C I P）数据

综合学习 ： 从STEM迈向STEAM / （美） 戴维•A. 索萨 (David A. Sousa) ，（美）汤姆•皮莱茨基 (Tom Pilecki) 著 ； 管光海， 李士杏， 何天优译. -- 杭州 ： 浙江教育出版社， 2022.11
（新课堂学习译丛）
书名原文： From STEM to STEAM： Using Brain-Compatible Strategies and Lessons that Integrate the Arts
ISBN 978-7-5722-3473-6

Ⅰ. ①综… Ⅱ. ①戴… ②汤… ③管… ④李… ⑤何… Ⅲ. ①课堂教学－教学研究 Ⅳ. ①G424.21

中国版本图书馆CIP数据核字(2022)第086285号

引进版图书合同登记号　浙江省版权局图字：11-2016-482

综合学习：从 STEM 迈向 STEAM

ZONGHE XUEXI: CONG STEM MAIXIANG STEAM

[美] 戴维 · A. 索萨（David A. Sousa）　[美] 汤姆 · 皮莱茨基（Tom Pilecki）　著
管光海　李士杏　何天优　译　　盛群力　审订

责任编辑　刘晋苏　　**美术编辑**　韩　波
责任校对　王方家　戴正泉　　**责任印务**　曹雨辰
封面设计　观止堂＿未氓

出版发行　浙江教育出版社（杭州市天目山路 40 号　电话：0571-85170300-80928）
图文制作　杭州林智广告有限公司
印　　刷　杭州佳园彩色印刷有限公司
开　　本　710mm × 1000mm　1/16
印　　张　19.25
字　　数　260 000
版　　次　2022 年 11 月第 1 版
印　　次　2022 年 11 月第 1 次印刷
标准书号　ISBN 978-7-5722-3473-6
定　　价　58.00 元

如发现印装质量问题，影响阅读，请与本社市场营销部联系调换。联系电话：0571-88909719

总 序

智能时代需要发生学习变革。“新课堂学习”来了，大家准备好了吗？“新课堂学习”是时代的呼唤。“新课堂学习”实际上可以看成“新课堂”和“新学习”的集合。“新课堂”是指学习环境的变革，在学习时间上实现长短结合、模块组合和交错学习多样态结构；在学习空间上打通教室、校园、社会和网络的链接，贯彻实（体）虚（拟）一体化要求，以此满足教学的时间和空间更加适合学生个性化和差异化发展的需要。“新学习”需要我们准确理解“学习”的含义，将学习者内部心理结构的变化和外部行为动作的表现结合起来，确保通过课堂教学促使学习完整地发生。只有内外协调一致，才能真正做到学有所得和实现迁移。内部心理结构变化是基础，是根本，外部行为表现是目的，是结果。准确或者辩证地说，我们应该将两者看成是“以内养外，以外表内，内外协调，表里贯通”的关系。

在学习过程中，我们要做好“选择”“组织”“整合”这三项工作。在学习任务的类别上，要区分“是什么”“如何做”“为什么”之间的差异，尤其要重视“为什么”知识的内化和外化，在动力、策略和原理培育上下功夫。要依据不同的知识类型（学习目标）来开展有针对性的教学，同时也倡导依据不同的学习任务类型，扶放有度地为学生提供指导，培养学生的自我调节、自主发展能力。要依据学习目标达成度开展评估，同时开展形成性评估和自我评估。我们要理直气壮地提出“学教统一”，调动师生双方的积极性。

不学习，无教育；不知学，焉知教。“新课堂学习”首先为智能时代的教师学习服务，其次为教师教学服务。落实核心素养培育、推进减负增效、加快作业与评价改革等都需要教师潜心学习、锐意改革，从教教材走向教能力，从考教材转为测水平。在这样的学习环境中，学生成为焦点，学习位于中央；教师俯身指导，教学旨在促进；扶放有度教学，学教形成合力；培育素养为重，实现迁移为本。

“新课堂学习译丛”正是应这一时代变革需求而推出的。译丛包括《元认知学习：策略、活动与课例设计》《专注学习：给师生的101 条课堂策略》《深度学习：7 种深入、持久学习的课堂策略》《综合学习：从 STEM 迈向 STEAM》《12 条脑智学习原理运用：培养高阶思维和执行功能》五本书，由浙江大学教育学院盛群力教授主持策划和组织翻译。参加翻译的学术成员主要是浙江大学课程与学习科学系的教师、研究生和访问学者等。所选择图书主要面向中小学一线教师，主题涉及元认知发展、专注学习、深度学习、跨学科教学的策略以及脑智学习的原理与运用。这套译丛观念新颖，可读性强，图文并茂，具有较强的操作性，能够很好地指导教师开展教学实践。其比较明显的优势是汲取了脑科学发展与学习科学研究的营养，重点阐释了“新课堂学习”需要的教学策略与方法。这些策略与方法是原来的教育学、课程论和教学法书籍中较少涉及或者没有具体展开论述的，相信可以帮助教师达成“新课堂学习”的目标以及完成相应评价。

衷心感谢浙江教育出版社将“新课堂学习译丛”列入出版计划，衷心感谢浙江教育出版社学术出版中心的编辑团队为精心推出译丛所付出的辛劳，衷心感谢翻译团队为交出翻译成果协力同心。希望“新课堂学习译丛”能为提升教师教学效能、提升学生学习效果与促进学生发展起到添砖加瓦的作用。

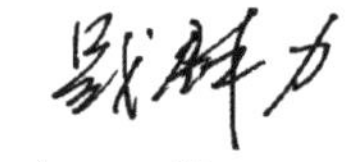

2021 年 12 月 21 日于杭州

致　谢

感谢罗杰·威廉姆斯大学继续教育学院的院长杰米·斯库里（Jamie Scurry），商业服务总监卡罗琳·迪亚斯（Carolyn Dias），助理院长阿德里安娜·道森（Adriana Dawson），副主任坎迪斯·德·洛丝·雷耶斯（Candice De Los Reyes）。

感谢罗德岛波塔基特市负责人帕特里夏·迪森索（Patricia DiCenso），课程、指导和评估主任詹妮弗·卡内（Jennifer Carney）和其他管理人员，并感谢教师和学生在日常实施 STEAM 中的贡献。

感谢丹·费里斯（Dan Ferris）和罗德岛普罗维登斯教区在创建 STEAM 指南以及人员和院系管理方面提供的宝贵帮助，感谢圣徒圣母 STEAM 研究院、圣托马斯地区学校和圣母山卡梅尔学校。

感谢佛罗里达州棕榈滩花园韦斯学校的管理人员和教职员工。

感谢佛罗里达州西棕榈滩格林学校的管理人员和教职员工。

目　录
CONTENTS

导 论

世界上最美好的体验，就是未知的神秘——它是所有真正的艺术和科学的源泉。

——阿尔伯特·爱因斯坦（Albert Einstein）

《我眼中的世界》（*The World as I See It*）

自从本书的第1版出版以来，STEAM（科学、技术、工程、艺术和数学的英文首字母缩写）教育的热度还在不断上升。越来越多的学校意识到需要提升其在STEAM领域的教学能力，因为在全国统测中，这些科目的成绩还是不尽如人意。支持STEAM教学的网站也越来越多，这些网站为教师提供了丰富的教学资源，并声称这些资源都是很有针对性的。尽管这种势头很猛，但是笔者在学校访学时发现，很多的STEM（科学、技术、工程和数学的英文首字母缩写）教师并不认同STEAM教育，他们认为这只是一阵潮流（事实上并不是），反而会占用原本应该用于教授课程内容的宝贵时间（事实上并没有）。

所有和我们一起工作过的学校教师和校领导（无论是公立学校的还是私立学校的）都意识到，将艺术整合进STEM课程，可以唤醒他们自己以及学生的创造力。他们承认，STEAM教学使得课程变得更加有趣，创造出了更多深度讨论的话题，很大程度上提高了学生的课堂参与度，最终使得学生的成绩得到了提升。即便这样，很多教师关心的依旧是如何在不花费大量宝贵时间和资源的情况下将艺术整合进来，以及如何保证教学体系不发生巨大变化。

为什么要出第2版？

我们都知道，规划和实施任何新的课程和教学方法都并非易事。教师感到劳累过度，课时安排也很紧张。但是，教师都希望自己的学生成才，他们也会致力帮助学生成才。我们谨慎地推出了这本书的第1版，并在之后的一整个学年里，定期与教师进行合作，帮助他们认识到，只要他们与学校或者地区的管理者通力合作，就可以成功地实施艺术整合。

在这段时间里，许多困惑需要解决。学校领导需要一个清晰的计划框架以实现将STEAM纳入教学常规任务的目标，如需要设计一项聚焦合作的专业发展培训，或者需要推动跨年级和跨学科的长周期STEAM学习。他们的另一个关注点集中在家长的参与和支持上，家长需要认同STEAM是一项重要的学习创新，而不是一个噱头。同时，教师还需要一系列的课程和教学指导纲要，以确保他们能有效地将艺术融入STEM课程中。最后，无论是学校领导还是教师，他们都会考虑一旦启动STEAM课程就该如何对它进行管理和维护的问题。

通过合作，我们最终解决了以上所有问题。在这个过程中，我们有了很多宝贵的经验，希望将这些经验分享给其他对STEAM教育感兴趣并可能遇到同样问题的学校和地区。因此，我们决定出版本书的第2版，除了第1版中有价值的内容外，还增加了这些年在跟学校合作过程中获得的一些感悟。

有哪些新增内容？

除了在适当的地方更新第1版的研究外，我们还增加了以下内容：

- 一个新的章节，讨论如何改进 STEAM 以适应学校或学区的个性化需求及条件限制。
- 一个新的章节，讨论如何开展教师和管理人员的专业发展培训，以保证 STEAM 的成功实施和维持。
- 来自教师和课程主管的宝贵意见和建议，他们已经计划并实施了一些 STEAM 课程和项目。
- 对教学直觉能力的进一步讨论。
- 关于技术如何重新塑造学生大脑的新研究。

我们相信，本书第 2 版新增加的这些内容，对所有致力推进 STEAM 课程的人，包括现在和将来的教师、学校管理人员、家长以及学生来说，都将是很宝贵的资源。

STEM 背景、干预回应模式、举步维艰的美国共同核心州立标准（CCSS）、还在持续进行的高利害测试、差异化教学、专业学习共同体，以及《每个学生成功法案》（ESSA）等，都是当今教育界的热门词汇。人们都在议论纷纷，教师也在思考何去何从。现在，STEM 已得到重视。2006 年，美国国家科学院的相关人士表达了他们对美国在科学、技术、工程和数学等领域教育水平下滑的担忧。对此现状，他们建议的举措包括促进 K-12 的科学和数学教育，为相关学科的教师提供进一步培训，大学扩招 STEM 相关专业的学生等。作为回应，美国国会于 2007 年通过了《美国竞争法》，为从幼儿园到研究生院的 STEM 教育提供资金支持。全美众多学区由此获得了联邦政府和州政府的经费，用于推进提升 STEM 的教育水平。然而，尽管美国国会在 2015 年通过了《STEM 教育法案》，未来的资金扶持能否维系仍然不确定。

尽管有强烈的意愿和充足的经费支持，STEM 教育的进展仍十分缓慢。

2015 年美国国家教育进展评估（NAEP）显示，虽然 4 年级和 8 年级学生的成绩略有提升，但自 2009 年开展评估以来，高三年级学生的成绩毫无进展（NAEP，2016）。大约有三分之一的 8 年级学生的成绩低于 NAEP 所认为的“基本”水平。高三年级学生中，只有 20% 的成绩达到“精通”标准，38% 在“基本”水平，其余的 40% 左右的学生低于“基本”水平。

为应对这些问题，美国国家科学组织开发了下一代科学标准（NGSS），以帮助学生提升素养，为高中毕业后的职业生涯和升学做更充分的准备。本书完稿时，美国只有 18 个州采用了该标准，且没有联邦财政激励措施来鼓励其他州采纳这一标准。此外，美国还需要几年的时间来开发基于标准的课程材料，为教师提供专业发展培训，并修订用于评估学生科学成就的标准化测试。

尽管该标准有大量可取之处，但它在促进学生的学习方面收效甚微。除非课程变得更有意义，让科学和数学的教学更关注创造性和真实世界问题的解决——就像科学家、数学家真正在做的那样，否则这一现象将持续存在。问题是，我们该如何做到这些呢？哪种类型的活动能够促进学生参与、提升动机、聚焦相关问题，尤其是培养创造力呢？答案是艺术。将艺术相关的技能和活动与 STEM 课程整合是一种提升学生兴趣、提高学习成绩的有效方式。部分学校进行尝试后均取得了令人惊喜的积极成果，我们将在后面章节进行讨论。

关注艺术

在寻求以艺术和艺术教师来帮助提升 STEM 课程教学水平之前，我们需要认清严峻的现实。因为学生每天的在校学习时间是有限的，所以在 STEM 课程中增加艺术课程教学会导致独立的艺术课的教学时间减少。例如，原本一周三次的音乐和美术课，现在只有一周一次。而且一旦预算减少，艺术课就会被视为“边缘”学科，在经费较少的学校甚至会被取消。阅读和数学的高利害测试更是起到了推波助澜的作用。然而，经过深入分析就会发现，通过进行艺术相关领域的训练，学生能更深入学习并应用 STEM 学科包含的科学、技术、数学原理，并获得显著提高。

艺术与科学的主要目的都是探索发现。科学家和艺术家的工作都是创造。现在，神经科学研究带来了新发现。脑科学研究的最新成果显示，有振奋人心的证据表明，创造力是可以被教授的——这进一步支持了可将艺术相关主题融入 STEM 课程，或者说将 STEM 主题融入以艺术为中心的课程的观点。其重点是促进 STEM 教育工作者和艺术教育工作者的合作。由此，在 STEM 的基础上增加艺术的英文单词首字母“A”，就成了 STEAM。

艺术与科学的主要目的都是探索发现。

本书将怎样帮助你实施 STEAM 教学

通过本书的学习，你将更清楚地了解如何将艺术融入 STEM 领域，以及作为教师，如何帮助学生更好地学习及应用 STEM。本书首先展示了来自认知和社会神经科学研究的可靠证据，论证那些与艺术相关的活动能够提升创造力、问题解决能力、记忆系统能力、运动协调能力、分析能力等。这些能力都是完成 STEM 教学目标的关键要素。其次，书中描述了很多在 STEM 教学中整合艺术的策略和技巧，这些策略和技巧都是经过课堂检验的。不仅如此，书中还提供了建立专业发展项目的建议，以帮助 STEM 教师与艺术教师合作开发 STEAM 课程。此外，本书还为教师提供了一系列学科的相关资源，内容涉及 STEM、艺术、艺术相关学科等，可用于今后的 STEAM 教学。

据我们所知，市面上还没有针对这一主题做深入研究，或是阐明脑科学研究如何支持艺术与 STEM 学科之间关联性的书籍。要知道，本书是由两位在公立学校、私立学校及高校担任过教师和管理者，教龄加起来超过 80 年的经验丰富的教师所著。我们深知许多 K–12 教师目前面临的困难，例如要准备高利害测试，以及初高中课时安排受限等。因此，我们在选择建议与策略时，也会充分考虑这些限制。令人欣慰的是，本书所提出的所有策略都已经在其他学校被面临同样困难的教师运用并取得成功。此外，这个版本还包括了一些在 STEAM 领域有所建树的教师和课程主管的宝贵建议，相信这些都会对你有所帮助。

本书有助于回答下述问题：

- 如果我不懂艺术，该如何开发 STEAM 课程？
- 什么是教学型艺术家？如何找到这样的人？
- 什么类型的计划框架可以使 STEM 平缓地过渡到 STEAM？
- 怎样的专业发展能帮助我有效地实施 STEAM 教学？
- 如何在紧凑的时间表中安排与艺术教师的合作？
- 有哪些科学证据表明艺术有助于学生更好地学习 STEM？
- 对那些已经在实施 STEAM 课程的教师而言有什么好的建议？
- 从 STEM 迈向 STEAM 会影响学生的考试成绩吗？若会，该影响是如何产生的？

本书章节简介

第 1 章　为什么要从 STEM 迈向 STEAM

本章阐述了艺术对我们的影响，包括艺术如何促进认知和社交发展、提升创造力，通过新奇、轻松的方式吸引学生的注意力，使教学更有趣；解释了艺术相关技能为什么能帮助学生在 STEM 领域取得成功；展示了一项关于技术，尤其是数字设备如何重新塑造学生大脑的新研究。

第 2 章　有关艺术和创造力的科学发现

本章中，我们探究了神经科学、认知心理学研究者在大脑和学习领域的发现，以及它们与艺术、STEM 和创造力的关联；阐明了我们是如何思考的；论述了思维定式对学生成绩以及教师成功与否的深刻影响，并深入探讨了创造力的本质。

第 3 章　将 STEAM 带入学校

基于我们在学校工作的经验，这一章主要解释了什么是艺术整合，以及如何将它与 STEAM 计划相关联。本章还探讨了实施 STEAM 的各种模式，以及在其他学校获得成功的规划指南。

第 4 章　创办 STEAM 学校的指导方针

本章介绍了我们在项目实施过程中遇到的问题，例如教师和校领导需要一些特征因素来辨别哪些才是真正的 STEAM 项目。为此我们总结出了一套全面的指南，概述了规划、实施和维护有效的 STEAM 项目的步骤。

第 5 章　艺术与 STEM 整合的常见问题

一些 STEM 教师在尝试进行 STEAM 教学前，往往会产生这样那样的担心——这会对他们的工作产生哪些影响，学生成绩会发生什么改变，以及如何开展教学，等等。本章回答了这些主要问题，并为教师提供了一系列有针对性的建议，使教师在完成其本职工作并在保持常规状态的同时，踏上 STEAM 教学之路。此外，我们还增加了一些有用的资源，这些资源来自已实施 STEAM 课程的教师，是一些具有实用性的评价和建议。本章还提供了一个艺术感知评估表，让教师反馈他们对教学实践的看法。

第 6 章　在小学低段实施艺术整合（幼儿园—4 年级）

本章阐述了教师如何在中低年级的课程中安排艺术类活动。当然，这个年龄段的孩子有着丰富的创意，因此许多教师已经将艺术融入算术和科学课程中。本章提供了一些富有趣味的实用建议，适用于小学低段学生的教学。

第 7 章　在小学高段和初中实施艺术整合（5—8 年级）

到了中学阶段，教学将从固定教室转为走班制，这一转变对一些学生而言可能是个相当大的挑战。将艺术整合到课程中，可以使学生更顺利地适应以 STEM 学科为中心的课堂，因为这种课程引人入胜，且较为轻松。本章中，我们给出了如何将与艺术相关的活动与 STEM 课程进行整合的建议。

第 8 章　在初中高段和高中实施艺术整合（9—12 年级）

在高中阶段，将艺术整合到 STEM 课程无疑是最困难的。课程安排越来越紧凑，将 STEM 教师和艺术教师凑在一起也越来越困难。但办法还是有的。具体如何做呢？本章提供了来自 STEAM 一线教师分享的有关如何在高中阶段挖掘时间，开发并成功实施 STEAM 课程的一些建议。

第 9 章　来自教学一线的发现

在这里，我们为你展现了如何设计整合了艺术和 STEM 的课程教学计划。你可以把这些案例当作“开胃菜”，用它们来激发你的创造力，开发自己的 STEAM 教学计划。许多课程着力于帮助学生了解 STEAM 理念的丰富内涵及其在实际生活中的应用。书中附有一些方框，其中的内容是课程实施教师应关注的一些要点。

第 10 章 综合统筹

需要认识到，很多 STEM 知识分布在不同年级的学习体系中，例如能量和力。本章展示了一些课程设计样例，将 STEAM 教育理念贯穿小学到高中，并将其转化为 STEAM 课程。本章还探讨了哪些专业发展培训可以帮助 STEM 教师和艺术教师成功地实施 STEAM 课程。最重要的是，教师在多年的教学经验中获得的教育直觉，可以帮助他们找到将 STEM 课程或项目变为 STEAM 课程或项目的路径。本章解释了这种能力的重要性。

每章结尾都有一页“思考要点”，帮助你回忆重要观点、策略和资源，以便日后深入反思。

附 录

附录中有更多的 STEAM 课程设计案例，几乎涵盖所有 STEM 领域，并且是跨年级的。这些案例能够帮助课堂增加驱动力，提升创造力和增加趣味性。

本书适用对象

一线教师。本书对从事 STEM 或者艺术教学的教师特别有帮助。大量的基于实际教学的研究，阐述了为何我们要努力将艺术融入 STEM 学科，构成 STEAM 教学。本书还阐明了创造力的本质，向教师展示了提升自己和学生创造力的方法。教师在 STEAM 教学的动态过程中多一些可选方案，也能提高学生学习成功的可能性。

教学研究人员。本书对于教学研究人员很有用。他们需要时刻更新自己的知识库，通过吸纳最新研究成果、了解研究背后的策略来实现相互交流和知识的内化。第 10 章提供了一些建议，可帮助教研人员探索 STEM 教师所需的知识和策略。

中小学校长及学科教研组长。可以从本书中找到教研活动的讨论主题，包括如何开展教学，以及一些相关的知识。例如，我们如何在非 STEM 课堂鼓励开展创新项目？通过这些讨论，教师会意识到校长对 STEAM 教学的支持是持续性的，而不是一时兴起。更重要的是，熟悉 STEAM 和艺术整合教学，能提升校长作为学校教学领导者的威信，还强调了“学校是供所有学生学习的组织”这一理念。

高等院校课程建设人员。这些人员，尤其是 STEM 领域研究人员，也可以在本书阐述的研究和应用案例中有所收获，可以关注那些改进教学的建议，以及可被用于与积极进取的教师探讨的内容等。

下章提要

在教学中融入艺术，对人脑的发展和学习会产生诸多积极影响，对于这些影响，我们将在第 1 章中详细阐述。在下一章中，我们将探讨艺术如何促进认知和社交发展，激发创造力。我们将说明与艺术相关的技能如何支持、补充及提高学生的学习技能，帮助其更有效地学习 STEM 领域的基本知识。我们还会讨论技术对学生大脑生长和发育的影响。

第 1 章　为什么要从 STEM 迈向 STEAM

直觉是发现的工具，逻辑是证明的工具。

——朱尔斯·亨利·庞加莱（Jules Henri Poincaré），法国数学家

从古至今，地球上从未发现哪种文化不包含任何形式的艺术。然而，有一些文化——甚至一些现存的文化——却没有阅读和写作。这是为什么呢？一种可能的解释是，通过舞蹈、音乐、戏剧和视觉艺术所呈现的认知、体力和情感活动是人类经验的基础，也是人类生存所必需的。如果不是这样的话，为什么从 35000 年前的克罗马农文明到 21 世纪的现代文明，艺术会成为每个文明的一部分？

相比艺术，科学、科学方法和数学是历史较短的人类文明成果。大约在 4000 年前，巴比伦人在泥版上记录月球、行星和恒星的运动。古埃及人和中国人在天文学和数学方面取得了重大进展。我们今天所说的“科学方法”直到中世纪才逐渐在少数几个文明中发展起来。艺术与科学并非对立，它们是互补的。艺术描绘的是主观的世界，科学则描绘了客观的世界。人的大脑需要同时具备这两种世界观，才能做出合适的决定。

几乎没人会反对在中小学教授自然科学与数学，在高中阶段，人们对这些学科依然大力支持，有些学生甚至在高中阶段即开始学习一些大学先修课程。

需要注意的是，虽然我们非常支持“推动 K-12 阶段 STEM 课程”这一倡议，但是当资金紧张时，一些人就会将音乐和其他艺术课程视为与 STEM 课程，尤其是数学和科学课程争抢经费的角色。他们总是将 STEM 与艺术视为对立的两极，将 STEM 领域视作客观的、逻辑的、可分析的、可重复的、有用的，而将艺术视作主观的、直觉的、感觉的、独特的、无用的。在美国学校，艺术在与 STEM 竞争预算时常处于弱势地位（见表 1.1）。

表 1.1　公众习惯于将 STEM 与艺术视作对立的两种事物

STEM	艺　术
客观的	主观的
逻辑的	直觉的
可分析的	感觉的
可重复的	独特的
有用的	无用的

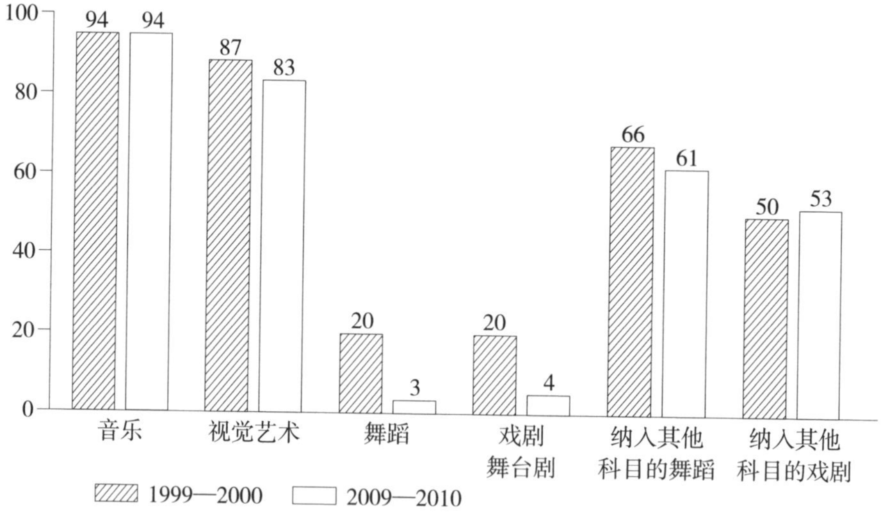

图 1.1　美国 1999 至 2000 年间和 2009 至 2010 年间公立小学开设艺术课的百分比情况

艺术的力量

许多科学家、数学家和工程师都认识到了艺术对他们的成功至关重要，并且他们将艺术领域中借鉴来的一系列技能作为科学研究的工具。这主要包括了以下几种能力：

◆ 激发好奇心。
◆ 细致观察。
◆ 以不同的形式感知事物。
◆ 建构意义并准确表达个人观点。
◆ 与他人有效合作。
◆ 空间思维（当我在脑海中将一个物体旋转，它呈现的形态是怎样的）。
◆ 运动感知（它是如何运动的）。

通常，STEM 课程不会专门教授这些技能，但是写作、戏剧、舞蹈、绘画和音乐等可以帮助我们更好地掌握它们。

学校教育的真正目的是为学生在高中后的生活做准备。

学校教育的真正目的

应牢记学校教育的真正目的是为学生高中之后的生活做准备，无论他们今后做何种选择。我们总是将中小学视作大学的预备机构，但以下几项统计数据不应被忽视：

- 虽然比例有所下降，但在美国，还是有将近 7% 的学生在高中毕业前辍学（U.S. Department of Education,2015）。他们将来会做什么？在高中所学的东西能够帮助他们在未来获得成功吗？
- 美国教育部（U.S. Department of Education，2016）的调查显示，在 2014 年，只有 68% 的高中毕业生进入大学深造。这意味着有 32% 的高中毕业生开始工作或尝试进入其他领域。他们真的准备好了吗？
- 越来越多的学生在大学的前两年辍学，超过 30% 的大学生无法在 6 年内毕业（National Student Clearinghouse，2016）。他们将来会做什么？

我们在本书第 8 章中将详细讨论高中教学的问题。我们现在的观点是：鼓励所有学生尽可能多地接受更多的正规教育，应给所有高中学生提供参与艺术相关活动的机会。这也许能鼓励那些未进入大学深造的学生探索进入艺术或艺术相关领域的可能性。许多领域的知名艺术家都未曾上过大学，但是他们仍旧因其创作的艺术作品而出名，如摄影师安塞·亚当斯（Ansel Adams）、演员本·阿弗莱克（Ben Affleck）、剧作家爱德华·阿尔比（Edward Albee）、流行歌手阿黛尔（Adele）、创作歌手欧文·柏林（Irving Berlin）、导演詹姆斯·卡梅隆（James Cameron）、演员汤姆·克鲁斯（Tom Cruise）、漫画家比尔·基恩（Bil Keane）、画家克劳德·莫奈（Claude Monet）等。

艺术是人类经验的基础

在对大脑进行更为深入的研究后，我们继续寻找线索，探索为什么艺术所需的人类活动对脑功能是如此重要（见图 1.2）。

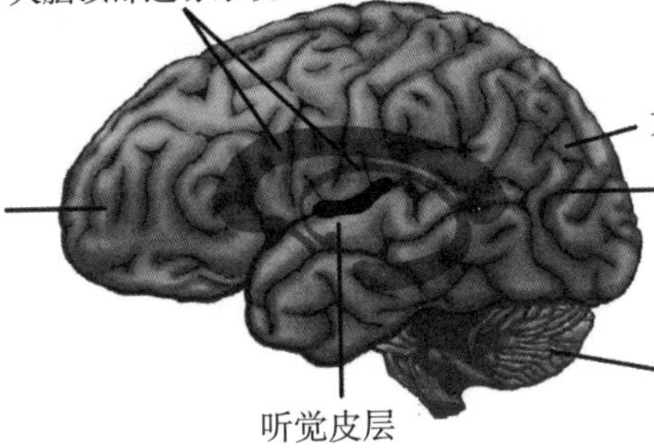

图 1.2　本节中提及的脑组成部分示意图

- ◆ 音乐：听觉皮层的某些结构只对乐音有反应。
- ◆ 舞蹈：一部分的大脑和大部分的小脑都致力于启动和协调各种熟悉的运动，这些活动既包括激烈的奔跑，也包括手臂的微小摆动。
- ◆ 戏剧：大脑的特殊区域会关注口语习得并唤醒大脑顶部边缘系统（情绪控制中心）提供情绪成分。
- ◆ 视觉艺术：大脑内部的视觉处理系统能轻松回忆真实场景或者产生与真实场景相关的幻想。

同时，脑的执行控制区——前额皮质，会帮助个体协调所有信息以做出合适决策。

大脑的这些能力不是偶然产生的，而是千万年来人和环境相互作用的结果。这些能力的持续性存在，说明它们对我们的生存有着重大的影响。在那些没有阅读和书写的文化中，艺术成了将历史、语言、习俗、价值观传递至年轻一代的媒介。艺术还传递了更多关键的有关文明流传的信息，诸如人类是怎样获得食物和保护村庄的。

因此，艺术是支撑群体生存的重要力量。例如，在地形复杂的新几内亚岛，同时存在着世界上 6500 多种语言中的 800 多种！每种语言与新几内亚岛（或其他任何地方）的其他任何一种语言都不相关。这些语言仅仅被半径约 16 千米范围内的部落成员使用（Palmer，2017）。更令人惊讶的是，尽管他们与世隔绝，但是每个部落都拥有独特的音乐、视觉艺术和舞蹈。这些与艺术相关的活动赋予了部落独特的标识并使得部落成员拥有归属感。

> 大脑已经发展出复杂的神经网络处理语言和音乐，并以此作为交流的形式。

在现代文明中，艺术很少被视作生存性技能，而总是被视作装饰性技能，艺术被视作富裕阶层才能够投入大量时间的审美产品。事实上，人们花费高昂的票价来欣赏专业的艺术表演，这才使得艺术被认为是昂贵的。高中能够得到这样的文化支持，高中生通常能够拥有自己的合唱团、乐队，有的学校还有舞蹈团。然而，很少有公立的小学和初中能得到这种持续的社会文化支持，而上述两个阶段正是最适宜学生发展艺术才能的阶段（一些私立学校的做法一直是例外，其中最引人注目的是蒙台梭利学校和华尔道夫学校）。此外，前已述及，当学校预算变得紧张时，小学和初中的艺术和音乐项目的经费就经常会遭到削减乃至取消。

现在，提高阅读和数学成绩的压力促使小学减少原有的艺术教学时间，代之以准备高利害测试。显然，国家考试项目组的人相信，对于学生来说，了解那些组成单词和句子的字母比了解组成旋律的音符更为重要。然而，我们的大脑已经发展出复杂的神经网络来处理语言和音乐，并以此作为交流的形式。如果语言和音乐不重要，那么我们为何要存在这样的生物学构造呢（Sylwester，2007）？

根据目前阶段有关艺术是怎样帮助大脑发展的最新研究来决定取舍是毫无意义的。我们将首先探讨关于艺术教学的争议——它们应作为单独的课程进行教学，还是与其他学科相融合，抑或是两者兼而有之？然后，我们会针对如何融入艺术元素以帮助学生更好地进行 STEM 学科相关概念的学习提出建议。

为什么要教艺术？

基本的争论主要有这些：

- 艺术在人类发展中扮演了重要角色，它提升了人类认知水平，并促进大脑精神运动的回路的成长。
- 学校有义务使学生尽早地接触艺术，并将艺术视作基础课程而非可有可无的内容。
- 学习艺术为人的一生提供了更高质量的生活体验。
- 艺术能唤起情感，而我们知道情感能促进学习和增强记忆力。

> 艺术能发展创造力、解决问题的能力、批判性思维、沟通能力、自导能力、主动和合作技能。

上述技能都隶属现今许多教育工作者常提及的“21 世纪技能”。为了在未来愈加复杂、快速发展、技术驱动的世界成功生存，每一个学生都需要掌握这些技能。

奥运会曾经推崇艺术

瓦尔特·维南斯（Walter Winans）在 1912 年斯德哥尔摩夏季奥运会上获得的第一枚奖牌是射击项目的银牌（Stromberg，2012）。当他第二次站在领奖台上收获一枚金牌时，他获得的是一件小型的马拉战车青铜雕塑。维南斯获得了第一枚以雕塑代替的奥运会金牌。这是怎样发生的呢？现代奥林匹克运动创始人皮埃尔·德·顾拜旦（Pierre de Coubertin）男爵很清楚，在古希腊奥林匹克运动会中包含了艺术竞赛，并且艺术竞赛与体育比赛拥有同样的声誉。在 1912 年，他说服国际奥委会将音乐、绘画、建筑、文学和雕塑领域的作品作为奥运会的奖品。唯一的条件是，奖品的创作灵感必须来自运动的概念。

这样的奖品存在了 40 年，一直持续到 1948 年奥运会。出人意料的是，顾拜旦男爵的这一思想一直延续至今。在 2012 年伦敦夏季奥运会上，组委会邀请艺术家们创作以“运动和奥运精神：卓越、友谊和尊重”为主题的雕塑和绘画作品。艺术家们并没有获得奖牌，但是优胜者能够获得现金奖励，在奥运会期间，他们的作品会在伦敦展出。

即使在今天，艺术也依然在奥运会中扮演着重要的角色。想想看，在奖牌、比赛场馆、标识、火炬、运动员服装的设计上，都需要艺术元素的加入。而在开闭幕式的编排、创作，典礼和体操比赛的配乐遴选中，艺术同样扮演着重要的角色。奥运会尚且如此看重艺术的价值，学校是否也应该同样如此呢？图 1.3 展示了为什么所有年级的学生都应该获得学习艺术的机会。

艺术吸引年幼的大脑

在幼儿早期，脑内的细胞分支和联结会出现爆炸式的增长。许多幼儿玩耍的形式，如唱歌、绘画、舞蹈，都是艺术的自然形式。这些活动需要所有的感官一起参与，并帮助大脑构建成功学习所需的神经网络。当孩子们进入学校后，这些艺术活动需要得到保持和强化。在孩子们学习歌曲和韵律、创作素描和手指画的时候，他们的认知和视觉空间脑区也得到了发展。游戏中的舞蹈和动作则培养了他们生存所需的运动技能。

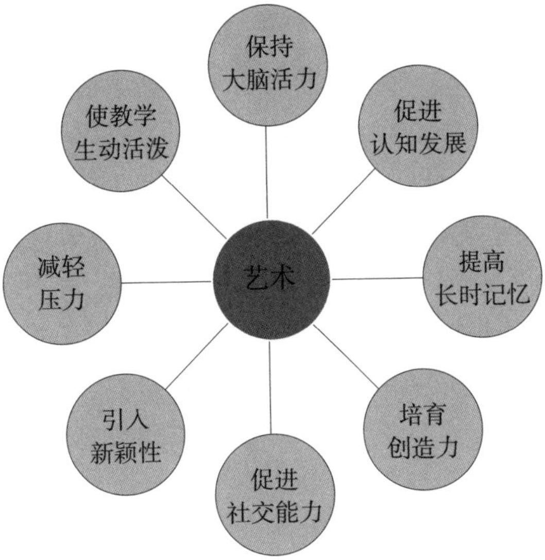

图 1.3　为什么所有年级的学生都应该获得学习艺术的机会

音乐可以帮助年纪尚小的学生记忆信息，例如通过歌曲来学习字母。配色也是一种帮助记忆信息的有效方式，例如用不同颜色标识联邦的各个州及它们的首府，或是太阳系中的各个行星。以上所有活动都有利于情绪健康。

艺术帮助孩子们认识全世界丰富的人类经验，以此来促进对他们的教育。孩子们开始认识到人类表达情感和传递意义的不同方式，并且开始发展巧妙而复杂的思考方式（Baker，2013；Eisner，2002b）。

> 艺术是跨越人类所有活动领域的技能和思维过程的集合。

艺术促进认知发展

虽然艺术往往被认为是独立的学科，就像化学和代数一样，但是艺术的确是跨越所有人类活动领域的技能和思维过程的集合。如果教育得当，艺术能发展认知能力，帮助学习者应对 21 世纪的需要。斯坦福大学的艾利奥特·艾斯纳（Elliot Eisner，2002a）将这些需要定义为八种能力：

- 感知关系。创作音乐、文学或其他艺术领域的作品能帮助学生理解作品的各个部分是怎样互相影响和作用的。例如，这种技能能够使管理人员理解一个特定的系统是如何影响组织中其他的子系统的。这项技能也有助于生物学家认识到生态系统中一个组成部分的变化将如何影响该生态系统中的其他组成部分，甚至其他系统。
- 注重细节。艺术让学生懂得，微小的差异会造成巨大的影响。只有对细节、形式、颜色进行过大量形象思考，才能创作出令人满意的艺术作品。写作也一样，要对典故、影射、隐喻这些语言使用的细节给予充分的重视。不难想象，这个技能对人们是非常有帮助的，譬如当一位科学家在向普通人解释复杂的科学概念时，注重细节非常重要。
- 多方案解决，一问多答。美好的事物可以用不同的方式创造。学校总是将学习聚焦在一种正确答案上。在工作和生活中，大多数的难题需要寻找不同优先级的多个选项，并且认识到每一个潜在的解决方案也许同时具有正面和负面的影响。
- 在过程中调整目标的能力。与艺术相关的工作有助于学生认识和追求那些在开始阶段未被考虑的目标。在学校中，方法与结果的关系总是被过度简单化，而艺术能够帮助我们从过程中获得更多。
- 允许在无规则情况下做决定。算术有规则和可测量的结果，但是许多其他事物缺乏那种受规则制约的特性。在没有规则的情况下，我们需要依靠个人判断来决定哪些做法是正确的，何时任务算是完成了。

- 以想象作为内容的源泉。艺术可以增强将情境可视化的能力，有利于思考恰当的行动方案并做出决策。
- 接受各种条件的约束。充分考虑约束条件，无论是语言、数字、视觉还是听觉，没有任何一个系统能够达到所有的目的。艺术让学生有机会在媒介的约束条件下创造有效利用这些约束的方法。
- 从美学角度看世界。艺术帮助学生以崭新的方式建构世界，如同从一个设计或诗意的角度看金门大桥。

就在艾斯纳列举这些能力的时候，神经科学家已经开始研究关于艺术发展认知的理论了。当前，这些理论的共同点是认为每一种艺术形式都涉及大脑不同的功能区，如图 1.4 所示（Boccia et al.，2016; Posner，Rothbart，Sheese，& Kieras，2008）。枕叶（大脑后部）和颞叶（耳部后面）负责处理视觉相关的艺术内容。布罗卡区和韦尼克区（椭圆虚线）是大脑主要的语言功能区，负责处理与语言相关的艺术内容（例如写作和诗歌）。与运动相关的艺术内容则由大脑顶部的运动皮层处理，图中虚线部分即为运动皮层。位于颞叶的听觉皮层则负责处理与音乐相关的艺术内容。早期的音乐训练似乎加快了这些大脑区域的成熟速度，促进了对音调的区分（Habibi，Cahn，Damasio，& Damasio，2016）。

研究者通过记录儿童的脑电信号（被称作脑电图或 EEG），发现艺术训练需要儿童集中注意力，而注意力的集中能够提升认知水平。因此，在小时候参加艺术训练的孩子在大脑仍在发育的阶段就获得了对认知增长的促进。另外，艺术往往涉及强烈的情感，这样的情感会增强认知处理水平和长时记忆。

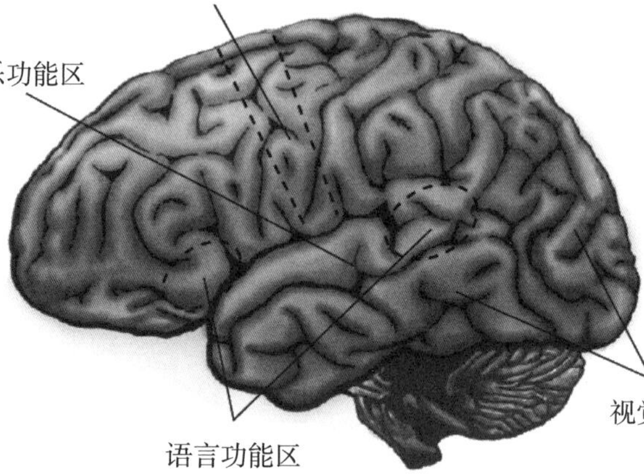

图 1.4　大脑的不同功能区

来源：经波斯纳（Posner）同意改编

危机学生： 早在学前阶段，艺术教育就开始产生影响。由同一组研究人员进行的两项研究测试了艺术强化对学前后进孩子入学准备的影响(Brown，Benedett，& Armistead，2010)。第一项研究着眼于一所服务来自低收入家庭学生的艺术强化幼儿园。这些孩子通过对音乐、创造性活动、视觉艺术的早期学习来练习阅读技能。在这样的幼儿园中，有两年练习经历的儿童比只有一年练习经历的儿童拥有更高的成就，这说明仅凭大脑成熟程度的差异不足以解释儿童所获成就的差异。在参加这项研究的两年时间里，这些孩子接受了四次评估。评估结果不断表明，这些孩子在学前技能方面得到了提高。此外，人种、族群、发展水平对练习成效的增长没有显著性影响。

第二项研究比较了进入艺术强化幼儿园的孩子与邻近地区普通幼儿园孩子在能理解的词汇量方面的差异，这项研究的结果常用来评估幼儿园的办园情况。在一年之后，艺术强化幼儿园的孩子比普通幼儿园的孩子能够理解的词汇更多。随后的研究证实，音乐训练可以提高后进孩子的言语能力和语言能力（例如 Kraus et al.，2014）。

> 参加艺术活动与各种积极的结果之间存在紧密的联系。

对于有情绪和行为问题的学生，有针对性的艺术干预计划也被证明是有效的。英国的《艺术房间》（*The Art Room*）节目向 10000 多名这样的学生提供了艺术指导（Cortina & Fazel，2015）。学生表现出的情绪和行为问题显著减少，那些在课程开始时感到沮丧的学生的情绪和感受有了显著改善。这种干预还改善了学生在校的社交行为。

美国国家艺术基金会的一项令人印象深刻的研究揭示了艺术是如何帮助危机学生获得成就的（Catterall，2012）。在该研究中，“危机学生”是指社会经济地位处于后 25% 的学生。一个学生的社会经济地位与父母的受教育水平、就业情况、家庭收入有关。这项庞大的研究使用了长期追踪大量学生的四个独立数据库，其中的三个数据库追踪了学生高中活动和刚成年阶段的成就。

研究人员发现参加艺术活动和各种积极成果之间存在密切的关系。例如，拥有丰富艺术学习经历的高中生比没有艺术学习经历的同龄人拥有更高的平均绩点（GPAs）。他们的数学成绩也高于平均水平。此外，由于这些高中生大量参加与艺术相关的活动，他们中进入优质大学的比例也更高。他们进入优质院校深造的比例为 71%，而没有参加艺术活动的同龄人进入优质大学深造的比例只有 48%。毋庸置疑，那些社会经济地位处于前 25% 的学生也从艺术学习经历中获益匪浅。相比艺术学习经历较少甚至没有该经历的同龄人，他们拥有更高的平均绩点和升学率。

这项研究的研究人员得出了以下值得注意的结论：

◆ 在社会和经济上处于弱势的儿童和青少年群体中，那些参加艺术活动、进行更多艺术学习的人比那些较少参与艺术学习的同龄人在学校取得了更多的成就。

◆ 拥有丰富艺术经历的危机青少年所获得的成就接近甚至超出总体样本的平均水平。

◆ 实验只调查了危机群体（即社会经济地位较低的群体），因此其中得出的大多数关于艺术参与与学术成就之间正向关系的结论只适用于危机群体。但事实上，艺术和公民参与之间的正向关系也出现在社会经济地位较高的群体中。

当然，从这些研究结果并不一定能得出因果关系结论。学生在参与艺术活动时的一些因素也使得他们在其他学科获得成功。然而，也存在这样的可能：参加艺术活动为学生提供了动力、刺激和满足感，其激励作用延伸到了艺术课堂之外。

这些研究结果强有力地说明，拥有艺术元素的课程也许会对大脑早期发育产生积极的影响，并使得危机儿童获得更好的成就。

音乐

还记得几年前关于音乐及其提升智力能力的宣传吗？它被称为“莫扎特效应”。然而媒体没有报道的是，那些听了莫扎特音乐的学生，他们的成绩提升只能维持几个小时。这个效应使得神经科学家开始关注一个有趣的问题：如果存在可能的话，音乐是以怎样的方式影响发育中的大脑的？事实上，多年来研究者一直在报告儿童的音乐经历与其他领域认知发展的正向关系。但是需要注意的是，音乐对认知发展的任何长期影响都来自长期的音乐课，这与听音乐带来的短期影响是不同的（Schellenberg，2003）。一个与此相关的案例是对超过 100 名 2 年级学生开展的一项研究（Piro & Ortiz，2009）。样本中有一半的学生拥有 3 年正式的钢琴学习经历，另一半从未有任何音乐学习经历。测试显示，参加过钢琴学习的学生在词汇和词语排序上的得分显著高于没有音乐学习经历的学生。

音乐教学似乎能通过提高词汇记忆的方式来帮助学生阅读。词汇记忆指的是一个人在阅读时通过保持对词汇的短时性记忆来完成思考的能力。一项研究表明，相比常人，音乐家大脑中拥有更大的区域来负责处理听觉信息（Chan，Ho，& Cheung，1998）。在研究中，接受过音乐培训的参与者比未曾接受音乐培训的参与者可以多记住 17% 的词汇信息。一个与之相似的针对 90 名 6—15 岁男生的研究也证实了这些发现（Ho，Cheung，& Chan，2003）。接受过音乐训练的男生有着更好的词汇学习和记忆能力。此外，音乐训练的持续时间越长，词汇记忆能力越好。后续研究证明了其中的因果关系，音乐训练使得儿童的脑结构发生了变化。

音乐也能增强语感并提升写作能力。在一项研究中，家庭经济条件困难的学生参加了融文字概念、歌唱活动、写作于一体的教学。研究显示这些学生的语感和写作构思技能得到了加强（Standley & Hughes，1997）。几年后，一项对 50 名儿童的研究再一次证实了这个结论（Register，2001）。研究还揭示了与没有受过训练的人相比，接受过音乐训练的人的视觉空间和感官运动技能更强（Anaya，Pisoni，& Kronenberger，2016），注意力也更集中（Wang，Hao，Ku，Grabner，& Fink，2017）。

近年来，大量研究展示了数学与音乐之间的紧密联系。例如，一项研究发现，4 年级之前学习过乐器的学生的数学成绩比之前未学习过乐器的学生的数学成绩更高（Haley，2001）。另一项研究显示当中学生按照学习音乐程度的不同进行分组时，各组间的数学成绩也不同（Whitehead，2001）。学习音乐程度最高的组，其数学成绩也最好。

> 研究证据表明音乐教学和学业进步间存在正向关系。

智商测试显示，音乐可能具有提升大脑智力水平的能力。有一个重要的研究将儿童分成四组，实验组的两组接受一年的标准键盘和语音课教学，而在对照组的两组中，一组接受戏剧教学，另一组不接受任何上述课程（Schellenberg，2004）。随着儿童年龄的增长，这四组儿童的智力均在预期内增加。但是，音乐组的智商测试得分增加最多，平均增加了 7 分，而对照组的得分平均增加了 4.3 分。此外，在其中的 10 个子测试（总计 12 个子测试）中，实验组儿童比对照组儿童的得分增长更多。在一项对美国四个地区的 4700 名中小学生的大型研究中，研究人员发现 3、4 年级学生的学业成绩（通过考试分数测算）和参加高品质的校内音乐活动存在紧密的关系（Johnson & Memmott，2006）。

研究证据表明，音乐教学和学业进步之间也存在积极的关系。当然，我们之前也注意到，其他因素也可能导致这样的积极关系（例如 Schellenberg & Weiss，2013）。然而，应该指出的是，正如这些关于音乐指导和成就的研究所揭示的一样，我们也注意到，其他因素也有助于产生这一积极的影响。例如，父母是音乐家、父母支持儿童的音乐兴趣、拥有稳定的家庭环境等因素都会对儿童的学业进步产生积极影响。至于影响的多少，目前尚未明确。

艺术提升长时记忆

大量研究已经证明，将艺术与诸如 STEM 的其他领域整合能够提升长时记忆。约翰斯·霍普金斯大学的研究人员通过调查发现，艺术的融合通过 8 种影响显著提高记忆力（Rinne，Gregory，Yarmolinskaya，& Hardiman，2011）。这 8 种影响包括：（1）排演信息和技能；（2）通过阐述给学习增添意义；（3）学生产生更多的信息；（4）运用肢体表演素材；（5）学生谈论学习（口语输出）；（6）学生为建构意义付出的努力程度；（7）通过学习进行情绪唤醒；（8）运用图像来表现学习的效果。

有一项研究着眼于探明如何将艺术融入主题领域，从而影响学生对内容的长期理解（Hardiman，Rinne，& Yarmolinskaya，2014）。教师将天文学和生态学的传统科学单元的内容教授给随机抽取的 5 年级学生小组。有些小组的科学课程融入了艺术教学，有些则没有。为了衡量学生的初始学习情况和记忆情况，教师在教学每个单元之前、之后以及之后两个月对学生进行测评。虽然学生的初始学习没有差异，但接受艺术综合教学的学生的记忆力明显好于对照组学生。此外，阅读水平越低的学生，其学习成绩提高越明显 。另一项研究考察了艺术教育对儿童认知、行为和大脑发育的影响（Park et al.，2015）。在为期 15 周的艺术教育项目中，研究者们比较了进行干预前后学生的大脑磁共振成像。他们发现，负责认知加工的大脑皮层厚度有了明显增加。此外，在参与艺术项目之后，学生在认知表现测试方面的得分明显高于以往。

这些发现使得越来越多的认知科学研究和神经科学研究开始关注艺术活动对于提升学生记忆力的价值。我们经常听到 STEM 教师抱怨学生会在几个月后忘记他们在课上习得的东西。这说明信息并未被编码，未形成长时记忆。它们只是被保留在短时记忆中，当测验结束后，信息就消失了。我们不能回忆大脑没有掌握的事物。

艺术提升创造力

创造力有多种定义，但多数定义都认为创造力如同那句谚语：在盒子外思考问题。它包含了使用发散思维深度探究、寻找多种解决方案的能力。虽然某些个体天生具有创造力，但是越来越多的人开始意识到创造力是可以被教授的。这意味着现行的课堂教学限制、束缚了思维，因为它们都是围绕集合思维进行的——今天主流的课堂教学都聚焦于寻找唯一正确的解决问题方式，在这样的课堂中，记忆重于理解。然而，学校应致力于帮助学生思考而不是浅尝辄止。

从事创造力研究的神经科学家认为创造性思维与脑区间的交流有关，这种活动在不进行创造性思考的情况下不会产生。虽然研究人员认为没有任何一个单一的脑区能够负责产生创造力，但是许多创造性活动都与大脑额叶有关（Thomson & Jaque，2017）。脑电波和脑扫描的研究揭示，相比平常活动，诸如工作记忆、认知和情感活动，当从事创造性活动时，更多的脑区受到了刺激（Chávez-Eakle，Graff-Guerrero，García-Reyna，Vaugier，& Cruz-Fuentes，2007；Jauk，Neubauer，Dunst，Fink，& Benedek，2015）。

一些研究通过运用功能性磁共振成像（fMRI）的方法探索与抑制相关的脑区，以此来揭示创造力的本质（例如 Radel，Davranche，Fournier，& Dietrich，2015）。其中一项研究比较了专业的爵士乐钢琴家在演奏大脑已经记住的音乐与演奏即兴爵士乐时的大脑活动（Limb & Braun，2008）。功能性磁共振成像显示，在从事即兴演奏时，大脑中负责自律和抑制的脑区的活跃程度降低，但是与个性和自我表达相关的脑区活动增多了。显然，关闭抑制和自律的脑区导致了注意力集中程度的下降和自发性、创造性行为的提升。首席研究员查尔斯·利姆（Charles Limb）在一次 TED 演讲中描述了这个有趣的研究。

> 参与艺术活动可以促进自发性和自我表达，适度抑制限制效应，并带来创造性成果。

关于这项影响的最新证据来自一项对 6 岁儿童的研究（Koutsoupidou & Hargreaves，2009）。其中的一部分参与者获得了在音乐课上即兴演奏的机会，而另一部分参与者的音乐课程包含了更多的传统课堂教学方法。对所有学生，都运用韦伯斯特音乐创造力思维测试评估其独创性、广泛性、灵活性、语法能力。那些参与即兴活动的学生在创造性思维发展上的得分显著高于其他学生。因此，要提高学生的创造力，课程本身就应该设计创造性活动。换句话说，创造力来自创造性活动。

参与艺术活动可以促进自发性和自我表达，并带来创造性成果。它帮助我们战胜在创造性尝试过程中遇到的恐惧、挫折、失败。艺术活动也增强想象力和反思技能，因为它经常需要在任务开始前创建和操作意象，并且在事后对自己的表现做出评价。

因此，如果创造力不是一个人天生所具有的，那么我们又该如何教呢？近几年有许多关于这个问题的研究，研究结果可能会让你大吃一惊。我们会在本书第 2 章中讨论这些激动人心的发现。

艺术促进社会性成长

我们生活在一个课堂和教学方法被科技改变的时代。平板电脑、笔记本电脑和智能手机的出现使我们可以随时联系彼此。每天都有许多学生走在路上时发着短信，滑动着触摸屏，有些还戴着耳机。美国年轻人每天花在社交媒体上的平均时间超过 9 小时（Asano，2017），很多人甚至染上了网瘾。但是，通过电子邮件、社交软件等实现的碎片化在线联系方式并不能代替面对面的交流。这些交互技术属于社交媒体。它们会带来什么结果呢？这些现代化技术不仅在改变我们的生活，更是在改变我们自己（Sousa，2016）。我们在技术上花费了太多时间，却很少有时间去发展丰富而高质量的人际关系。我们越来越习惯于“共同孤独”，存在于彼此间却又只生活在自己的世界里，通过电子信号连接而非通过个体连接。也许，“社交媒体”更适合使用的名称应该是“反社交媒体”。我们甚至观察到：有些年轻人明明坐在同一张桌子的两边，却不是通过语言，而是通过短信进行交流！

许多研究显示了青少年网络成瘾的后果。通过功能性磁共振成像进行研究发现，做出高风险的决定可能是网络成瘾的一个重要的行为特征，这可能是因为长时间接触电子产品，改变了与冲突监控、奖赏、认知控制和调节相关的脑功能（Seok，Lee，Sohn，& Sohn，2015）。另一项功能性磁共振成像的研究结果显示，有网瘾的人在处于社交场合时，负责处理语言的脑区存在一定的缺陷（Dieter et al.，2017）。还有一个强有力的论证提出，过度的互联网使用改变了信息处理、执行控制和奖赏处理所涉及的认知行为和结构（例如 Loh & Kanai，2016）。

毋庸置疑，互联网提供了宝贵的商业、政治表达、远程学习的机会，以及供课堂使用的大量信息资源。尽管这些机会和资源都极具价值，但它们都无法促进个人的联系。人类天生就是群居动物，甚至我们大脑中有一片区域在社会交往和产生社会情绪时会变得最为活跃（Chen，2009）（奇怪的是，类人猿、大象和其他群居动物也拥有这些特殊的脑区）。人脑中拥有处理社会交往的神经元，这表明社会关系对人类发展和行为而言非常重要。然而，现代科技使社会互动从面对面的形式变为电子信息的形式，这对人类发展是不利的。

科技使我们变得更舒适。我们似乎更喜欢网络带来的虚假陪伴而非建立关系的需求。这时候，艺术可以帮助我们弥补这些缺陷。许多艺术活动通过小组计划、问题解决和执行来进行合作。它们能促进讨论、辩论和团队合作。在 19 世纪 70 年代初，法国雕塑家弗雷德里克·巴托尔迪（Frédéric Barthold）设计了自由女神像，但最后他也需要工程天才古斯塔夫·埃菲尔（Gustav Eiffel）去设计内部框架来支撑雕像和伸出的手臂。艺术也许能为 STEM 课程消解当今科技反社交、反合作的弊端做出主要贡献。

艺术引发新奇感

教师们抱怨，如今抓住学生的注意力不是一件容易的事情，而大多数学习都需要注意力（Heimann，Tjus，& Strid，2010）。神经科学家对注意力进行了数十年的研究，他们认为这是一个涉及三个独立、完整的神经系统的复杂过程（图 1.5）。其中第一个系统是“警觉系统”（又称“唤醒系统”)，负责监控任何不寻常（新奇）活动和情感发生的环境。每天以相同方式授课的教师不会触发警觉系统。他们的学生脑海里会想着“教师总是老一套”。但是当警觉系统确实发现新奇的事件时，第二个系统，我们称之为“定向系统”，会使个体去关注产生警报的来源，在这样的情况下，该来源一般是教师。现在，大脑必须决定做什么，这时位于额叶的第三个系统，即“执行控制系统”就开始工作了。

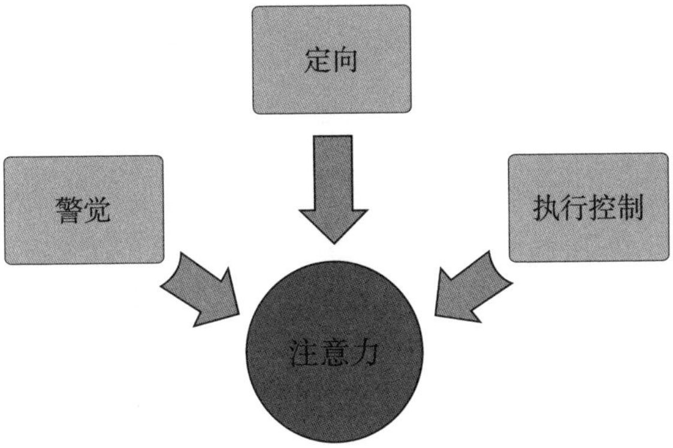

图 1.5　用来获得个人关注的三种神经系统

当教师在授课开始时说到“我们今天要做一些不同的事情”或“我有一个惊喜给大家”时，学生会意识到将发生意想不到的事情，然后他们的注意力集中程度会大幅上升。通过整合与艺术相关的活动，教师提供大量接触新奇事物的机会。让学生画出自己的答案，把答案写成一首歌，或者把它们表演出来，这些方式都会提高学生的兴趣和参与度。

我们意识到，一些 STEM 教师也许会对将音乐、舞蹈和角色扮演引入课堂产生抵触。一些教师会认为这是愚蠢、不恰当的。然而，请记住，使用新奇的事物并不意味着教师需要成为一个喜剧演员，课堂也不会成为热闹的舞台。它只是意味着使用不同的教学方法，这些教学方法应涉及更多的学生活动，并且学生活动应包含意想不到的教学内容和情感刺激。适当地使用新奇事物，特别是与艺术有关的活动，可以为学习 STEM 概念增添新的乐趣。本书后面部分提及的一些 STEM 教师的真实案例能够充分支持这一观点。

艺术缓解压力

创造艺术作品是一种愉快的体验，它能刺激大脑的奖赏系统，然后在神经元中传播一种被称为多巴胺的化学物质。多巴胺的产生会带给我们欢快的感觉，并且降低我们的压力水平。日本的一项研究将 57 名健康的大学生（27 名男生和 30 名女生）分为四组，每组学生参加 30 分钟的创造性活动或控制活动。创造性活动包括弹钢琴、泥塑、书法，控制活动是保持沉默（Toyoshima，Fukui，& Kuda，2011）。在每次活动前后，研究人员都会测量学生血液中的应激激素皮质醇的水平，并使用焦虑水平量表对每一名学生进行测试。参加钢琴、泥塑、书法活动后的学生，其应激激素皮质醇水平明显下降，这说明参与创造性活动能够减轻他们的压力。有趣的是，钢琴演奏带来的效果显著高于泥塑和书法。除控制活动组外，各组焦虑量表的后测得分均发生了明显下降，这表明从事创造性活动能减轻焦虑。换句话说，创造性活动是具有巨大价值的心理健康工具，它能在学校这样充满压力的环境里减轻学生的压力。

最近的一项研究测量了健康成人在参加艺术活动之前和之后的应激激素皮质醇水平（Kaimal，Ray，& Muniz，2016）。结果显示，在从事艺术创造 45 分钟后，应激激素皮质醇水平明显下降。参与这项研究的志愿者表示，艺术创造的体验不仅令人愉悦而放松，而且给了他们新的机会去认识自己在工作中迷失的乐趣。

所有的这些研究成果都证明，进行艺术教学是因为艺术本身的价值，而非因为艺术能够促进其他学科的学习。尽管如此，我们还是有必要记录学习艺术为学习其他学科带来的任何溢出效应。这是因为，随着学校对提高语言和数学成绩的责任的增加，艺术教育正面临被淘汰的危险。

> 艺术教育不只是为了那些想成为艺术家的学生。

令人鼓舞的是，美国越来越多的州已经通过制定政策来推动艺术教育，诸如将艺术成绩作为高中毕业要求的一部分，并制定标准进行评估。虽然各州重视的程度各不相同，但一些州已经开始为艺术教育制订更为长远的计划，并建立与州艺术理事会和地方艺术组织的伙伴关系。然而，我们必须保持谨慎，不能认为艺术教育只是为了那些想成为艺术家的学生而开设，因为这样的观念同时意味着我们只需要向那些想成为历史学家的学生教授历史，只需要向想成为物理学家、化学家、生物学家的学生教授科学。

艺术使 STEM 教师的教学更生动有趣

在一项对 4400 名现任或前任公立学校教师的调查中发现，每年平均有 8% 的 K-12 教师离开这个行业（Goldring，Taie，& Riddles，2014）。科学教师的离职率接近 7%，而数学教师的离职率接近 10%。如此多教师离职的主要原因之一是他们觉得自己的工作缺乏挑战，认为他们被课程束缚，只有很少的余地进行创造性的规划和教学。整合与艺术相关的活动可以使课程内容更为生动，让学生和教师觉得课程是成功和有趣的，并且为教与学的环节引入急需的创造性思维。当教师看到他们的努力使课堂成功时，教师选择留下的可能性就会增加很多。

艺术与 STEM 有许多差异

在对艺术和 STEM 进行整合的同时，我们当然应该认识到艺术与 STEM 具有许多差异。例如，判断好的艺术水平的标准和判断好的科学 / 工程水平的标准是完全不同的。艺术和 STEM 的区别还在于思想和作品的产生。科学家产生的任何想法，比如将含盐的池塘水变成适宜饮用的水，很有可能被别的科学家想到或在某个地方尝试，或者在未来某个时段想到或尝试。现实世界是这些设想能否实现的最终决定者。但是想想艺术家创作的作品，比如莱昂纳多·达·芬奇（Leonardo da Vinci）的《蒙娜丽莎》（*Mona Lisa*），约翰·菲利浦·苏萨（John Philip Sousa）的《星条旗永不落》（*Stars and Stripes Forever*），约翰·弥尔顿（John Milton）的《失乐园》(*Paradies Lost*)。如果他们没有创作这些艺术作品，就没有人能够创作出同样的作品。因此，艺术作品（如绘画、歌曲、诗）的思想与艺术家个人的联系比科学思想与科学家个人的联系更为紧密。当然，一些科学发现与它们的发现者的联系也非常紧密，比如阿尔伯特·爱因斯坦（Albert Einstein）发现的公式 $E=mc^2$，詹姆斯·沃森（James Watson）、罗莎琳德·富兰克林（Rosalind Franklin）、弗朗西斯·克里克（Francis Crick）发现的 DNA 螺旋结构。但是，其他科学家有可能在这些伟大的科学家之后同样取得重大的发现，因为他们所处的是能够引起强烈研究兴趣的前沿科学领域。

一些批评 STEAM 的人认为艺术与 STEM 学科在看待世界的方法上有许多不同。尽管艺术与 STEM 有着一些共同之处，批评者担心学生也许无法理解两者的关键差异。这一担忧具有合理性。但是，我们相信那些意识到艺术和 STEM 的学习是如何相互交叉和支持的教师有能力向学生展示艺术和 STEM 的区别。此外，我们在随后的章节中提出的整合策略会使得两者的差异更加清晰。

STEM 学习需要艺术支持

事实上，艺术能够在许多方面启发 STEM 学习。罗伯特·鲁特 – 伯恩斯坦（Robert Root–Bernstein，1997）提供了一些生动的例子。

- 巴克敏斯特·富勒（Buckminster Fuller）提出的测地穹顶形状能够描绘足球、建筑、病毒的结构，以及最近发现的复杂而巨大的分子结构。
- 美国国家航空航天局雇用艺术家对卫星数据展示进行视觉设计，在不失精确的同时使得普通人也能理解数据。
- 一位生物化学家看到织布时产生的纤维褶皱，意识到了另一种解释蛋白质折叠的方法。
- 计算机工程师按照一首特定歌曲的频率进行编码，以防止信息被拦截或破解（除非解码器知道这首音乐）。
- 基因研究人员将复杂的数据转换成音乐符号以方便分析数据，例如在一个染色体上进行基因序列解码。

文艺复兴时期的著名人物达·芬奇和米开朗基罗也许是 STEAM 融合学习的杰出代表。他们以画家和雕塑家的身份闻名于世，但他们同时也是赫赫有名的发明家、工程师、科学家。例如，达·芬奇提出了直升机和坦克的概念，并且在解剖学、流体力学、光学方面取得了许多重要发现。米开朗基罗作为一名建筑师和工程师，设计了罗马圣彼得大教堂的圆顶。这两位伟大的人物意识到了艺术和科学是没有边界的。他们的工作是鼓舞人心的，所以让我们仔细看一看艺术训练是怎样直接关系到 STEM 教育目标的。

学习 STEM 和艺术的技巧

正如我们在导论中提到的，美国国家研究委员会（NRC）为解决美国 K–12 教育缺陷提出了框架，而关于 STEM 学习的倡议正是这一框架的合乎逻辑的延伸（NRC，2012）。这一倡议有可能成为下一代科学标准的基础。美国国家研究委员会的框架包括了三个维度：（1）科学与工程实践；（2）跨学科概念；（3）学科核心概念。最后一个维度确定了物理、生命科学、地球科学、空间科学的具体内容，以及工程、技术和科学应用的具体内容。让我们先聚焦于前两个维度，这两个维度关系到了学习技能和广泛的概念。我们的前提基于最近的研究成果，即在获取与 STEM 学习相关的技能与概念上，接受过艺术相关教学的学生比未曾接受艺术相关教学的学生更具优势。

作为上述前提的佐证，我们在表 1.2 的左栏列出了美国国家研究委员会提出的框架中的前两个维度的实践与概念。在右栏中，我们列出了一些学生在接受艺术教学后取得的认知、情感、物理维度的技能。如表中箭头所示，左栏和右栏存在着相互作用。正如学习与艺术相关的技能可以促进对 STEM 概念的学习，将 STEM 概念引入单独的艺术课程中也能帮助学生掌握艺术技能的性质、发展和应用。

弹奏钢琴、创作诗歌、扮演角色、表演舞蹈或者创作绘画，使得学生增强了观察力，锤炼了细节把握能力，刺激了大脑网络，从而更好地了解事情的来龙去脉。这些都是优秀的科学家、数学家、工程师所需要的“工具”。学习艺术不仅能够使学生发展提高他们生活质量的技能，而且帮助科学家和工程师保持创新的源泉，在未来不断创新和突破。在第 4、5、6 章中，我们会更加详细探讨与艺术相关的技能是如何支持不同年级的 STEM 学习的。

表 1.2　美国国家研究委员会 K-12 框架中的实践与概念以及艺术相关教学中获得的技能

美国国家研究委员会框架中的前两个维度 ←——→ 在艺术相关教学中获得的技能	
科学和工程实践	乐器与声乐、艺术、舞蹈教学
1. 提出问题与明确问题	1. 寻找艺术创作的不同方式并且做出明智的决定

续表

美国国家研究委员会框架中的前两个维度 ←——→ 在艺术相关教学中获得的技能	
科学和工程实践	乐器与声乐、艺术、舞蹈教学
2. 发现与运用模型	2. 研究和鉴赏艺术家们的作品，例如分析贝多芬的一首奏鸣曲
3. 计划与执行调查	3. 为壁画设计涂色方案以及为颜色和颜色的变化注入含义
4. 分析与解释数据	4. 研究文学作品，诸如《罗密欧与朱丽叶》，并且创作芭蕾舞展现作品
5. 运用数学与计算思维	5. 制作一系列的陶量杯，计算黏土的数量以及达到精确比例所需的收缩量
6. 建构解释与形成解决方案	6. 依据当前的时事问题创作剧本
7. 运用证据讨论观点	7. 基于当前政局，通过圆桌会议的形式集体创作漫画
8. 获得、评估、交流信息	8. 根据温室效应理论创作木偶剧
跨学科概念	
1. 模式	1. 讨论和表演有节奏、旋律的音乐模式
2. 动机与影响：机制与解释	2. 运用各种材料在纸上创作一件艺术作品，例如使用水彩、粉笔、铅笔
3. 规模、比例和数量	3. 创作一件雕塑
4. 系统与系统模型	4. 通过视觉和听觉分析交响乐的编曲
5. 能量与物质：流动，循环，储存	5. 编排音乐作品以及描绘西宾夕法尼亚钢铁厂的建筑和周边土地的开拓
6. 结构与功能	6. 为舞台搭建布景
7. 稳定性与变化	7. 分析和聆听爵士乐在美国的历史

下章提要

在本章中，我们讨论了将艺术技能与STEM教学融合以及将STEM概念运用于艺术学习的优势。在下一章，我们将探讨神经科学和认知心理学研究者发现的脑和学习关系的成果，因为这涉及艺术、STEM和创造力。它阐述了关于“我们如何思考”的理论，考察了思维方式对学生成绩和教师成功的强大影响，并深入探讨了创造力的本质。为这些有趣的发现做好准备吧。

第 1 章　为什么要从 STEM 迈向 STEAM

思考要点

记录你接下来的思考要点、思路、策略和所需的资源。

第 2 章 有关艺术和创造力的科学发现

提出一个问题往往比解决一个问题更重要。因为解决问题也许仅是一个数学上或实验上的技能而已，而提出新的问题、新的可能性，从新的角度去看旧的问题，却需要有创造性的想象力，而且标志着科学的真正进步。

——阿尔伯特·爱因斯坦

选自《物理学的进化》(*The Evolution Physics*)

在美国，2002 年的《不让一个孩子掉队法案》(*No Child Left Behind Act*) 及其后续的 2015 年《让每个学生成功法案》(*Every Student Succeed Act*) 都要求新的教育项目必须经过严格的科学研究认证，证明其有效后才能使用。尽管不断有批评说这个要求扼杀了学校的创造力，但是这个要求不失为一个创新的好想法——在此之前，学校的很多教学程序都是借鉴从前的观察经验，或者只是凭着简单的直觉而采用的，没有任何科学依据。当然，学校并不能像化学或物理实验室那样精确控制所有的参数和条件，但是，还是有一些研究协议允许学校设置实验组和对照组，来进行项目测评和学校干预措施测试，这类似于一种在医学上使用的方法。另一项基于科学研究的创新，正如美国教育部定义的，要运用系统的、实证的、借鉴并汲取了观察或实验成果的研究法。其实，认知心理学和教育神经科学就是在这个过程中诞生的。

在这一章，我们要了解一些对教学和学习有借鉴意义的研究发现。具体来说，是要了解大脑是如何组织学习和思考的。这样做是为了帮助我们更好地理解：怎样才能将与艺术相关的技能和与科学相关的技能更好地整合在一起，来提高获取和保存知识的能力。这些信息非常有用，因为它们为支持艺术整合提供了科学依据，并且为教师选择教学手段提供了理论依据。我们还探索了创造力的本质，以及科学家们关于这一重要智力天赋的发现。

脑组织

一方面，我们经常听到人们把科学家、数学家和工程师视作很有逻辑能力、分析能力且做事精准的人。另一方面，他们认为艺术领域的人是具有创造力的、宏观的、视觉化的。这些描述在很大程度上是长期刻板印象的结果。显然，科学家也可以是富有创造力的，艺术家也可以是逻辑思维严谨的。进一步支持这些刻板印象的理论依据来自一些对大脑两半球功能研究的误解，这些误解导致一个流行但误导人的观念——人类分为“左脑型”和“右脑型”。自从脑半球功能分化学说出现以来，成千上万的研究试图解释它是什么以及为什么发展起来（例如，Tzourio-Mazoyera & Seghierd，2016），而现在正是一个澄清科学研究真正揭示了什么，并区分大众传说和实验结果的绝佳时机。

> 没有神经科学的证据支持“其中一个大脑半球始终主导一个人的思考、学习或行为”的论点。

人类大脑分为两个主要的半球，中间由一层电缆状的、被称为“胼胝体”的粗神经索连接在一起（见图 2.1）。这一层神经索允许信息在两个脑半球之间传输，这样人类就可以拥有整个大脑的参与协作和整合集成的优势。近年来，人们普遍认为两个大脑半球在信息处理过程中执行的任务有所不同。这一观念是通过观察患有特定类型脑损伤的人在思考和学习过程中发生了什么而得出的结论。比如，大脑左前部的损伤经常导致口语问题，表明它是一个在大脑中专门处理口语，特别是词汇的区域。使用脑成像技术进行的后续研究证实了这些特殊区域的存在。

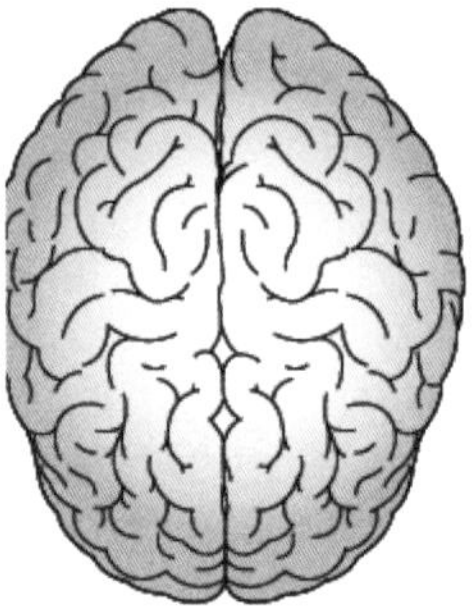

图 2.1　左脑半球和右脑半球的分工是专业化的，处理信息的方式不同。然而，在复杂的任务中，两个半球通过胼胝体连接起来一起工作，胼胝体是一束将两个半球连接起来的神经束

来源：Sousa (2017). 经允许采用

大体看来，对于右撇子来说，左脑控制着语言区；对于一些左撇子，他们的语言区在右脑（Duffau，Leroy，& Gatignol，2008）。左半球大脑理解词的字面解释，识别词语、字母、数字（Ellis，Ansorge，& Lavidor，2007；Ossowski & Behrmann，2015；Regel，Kotz，Henseler，& Friederici，2017）。它是分析性的，用理性的方式对事实材料进行评估，感知视觉处理中的细节，并检测时间和序列。同时，它也执行简单的算术和计算（Liu et al.，2017；Zamarian，Ischebeck，& Delazer，2009）。左脑的另一个特点是唤起关注，以便应对外界刺激，而且左脑似乎处理着积极的情绪，比如快乐

（Hecht，2010）。

与此同时，我们的右脑更多地从图像而不是文字收集信息，而且更多地感知视觉模式。它更多地通过语境来解释语言——通过肢体语言、情感内容、语音语调，而不是通过字面解释意义（Campbell，2006）。它专长于空间感知，认知位置、面孔和物体，并专注于关系型数学运算，比如几何和三角函数，以及数值逼近问题（Knops & Willmes，2014）。当人从事创造性任务时，它是高度活跃的。右半脑似乎处理着负面情绪，比如悲伤和压抑（Hecht，2010）。

一个提醒

正如大脑半球功能分化是个有趣的话题，同样有趣的一个问题是，这个结论是否会影响我们的学习方式和看待世界的方式。因为首篇关于大脑功能分化的研究论文早在 20 世纪 60 年代就发表了，所以大众媒体、商业广告，甚至滑稽戏演员都在评论，人类是不是大致可以分为“左脑型”的——即分析的、逻辑的、顺序的，和“右脑型”的——即整体的、艺术的、富有创意的。虽然许多人表现出这些能力的组合，可能被视为主要是左脑型的或右脑型的，但是没有神经科学证据支持“一个大脑半球始终主导一个人的思考、学习或行为”的论点。在解剖学上，胼胝体连接两半球并促进它们之间的交流。环境在不断用海量信息轰炸我们——如此之多以至于我们的大脑需要同时以两种不同的方式来处理它们！幸运的是，在处理大部分任务时，大脑两个半球是一起工作的，从而使我们对周围发生的事情有更完整的了解，并帮助我们决定是否应该做出反应，以及如何应对。

思考和学习

从本质上说，艺术整合是小学教师以及STEM学科教师经常使用的一种教学方法，即同时用特定的艺术形式和另一门学科进行意义的构建和理解力的演示，从而帮助学生在艺术和专业学科两方面都满足特定学习目标。学习可以通过任何一种艺术媒介进行，它利用创造力作为手段，将另一个学科领域的知识、技能和过程真实地联系在一起。由于这些联系，学生对艺术形式和STEM概念都有了更深入的理解。这些深入的理解可以满足具体而重要的学习目标，而这些目标又能够被各种评估方式衡量。为了理解与艺术相关的活动在STEM学科中拓展学生思维的方式，让我们进一步了解教学过程所要求的主要思维类型。

聚合思维与发散思维

描述思维类型的一种方法是把它们分成聚合思维和发散思维（见图2.2）。在聚合思维中，学生从各种来源收集材料，使之有助于解决当下面临的问题，然后把相关的事实、数据和过程拼合在一起，从而找到唯一正确的答案。聚合思维最适用于定义明确、答案确定的问题。这种方法通常适用于STEM领域，比如求解一个x的值，确定一个化合物的分子量，计算一个特定频率的波长，或者计算一个发动机的扭矩。而且，这通常是在标准化测试中衡量的唯一一种思维类型，因为它只有一个答案，便于机器打分，并且符合考试可靠性和一致性的要求。举例来说，在聚合思维活动中，学生会做以下活动：

- 用石蕊试纸来确定液体是酸性、碱性还是中性的（科学）。
- 解x在方程中的值：$5x + 17 = 52$（数学）。

◆ 在三种不同的桥梁模型中，确定哪一种可以安全地承受最大的重量（工程 / 技术）。

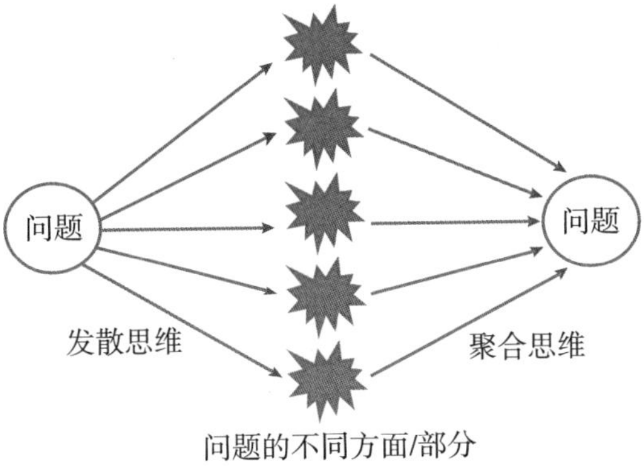

图 2.2　聚合思维和发散思维的差异

在一些 STEM 课堂中，学生们做的一些实验仅仅证实了他们已经学过的科学原理。这样的活动是不太具有趣味性和挑战性的。而且，学生的思维并没有达到布鲁姆分类（Bloom's taxonomy）的更高阶段（见第 10 章）。

在发散思维中，对于答案不唯一的问题，学生提出多种有可能解决问题的想法，这通常是通过把问题化解成几个部分，并且探索对问题的新的深入理解来实现。获得了这些理解后，学生可以用聚合思维把这些零碎的部分重新拼回去，并从一个不同的、意想不到的角度来解决问题。例如，用发散思维创造出不同的旋律和和声之后，需要用聚合思维把它们写在纸上，使用严格的乐曲记谱规则，这样其他的音乐家就能正确地演奏这首曲子了。发散思维最适用于那些开放性的、具有多维度解决方案的问题。这是艺术活动中典型的思维类型。若要衡量一个学生的发散思维如何，则需要问一些开放性的问题，比如：

◆ 写出下列物品的各种用途，越多越好：一个回形针，一条毯子，一块砖。

- 莎士比亚在写《罗密欧和朱丽叶》时，还可以设计哪几种结局？
- 如果你看到一个来自另一个星球的生物，你要怎么和它交流，才能表示你对它没有威胁？
- 对于一幅艺术绘画，你会用什么样的标准去评价它是不是高质量的？

进行发散思维的过程可以使学生实现更高水平的复杂思维。研究表明，当一个人的思维从聚合思维转向发散思维的时候，不同的大脑区域会被激活（Wang，Hao，Ku，Grabner，& Fink，2017）。教师在 STEM 课堂上用于发散思维的实际时间通常是有限的，而 STEM 领域——就像我们的学校目前所教的——非常适合收敛性思维，因为用唯一解的封闭式问题来测试 STEM 概念更容易。但是这样的教法可能会削弱学生的创造力。一些研究人员认为，不断强化进行聚合思维活动的神经通路，我们可能会限制支持创造性思维和发散思维的神经通路的发展（Kraft，2007）。其实，如果教师们愿意准备，还是有很多机会在 STEM 领域设置一些开放式的问题的。例如，教师可以要求学生做如下的任务：

- 你是否可以用常见物品，如一枚回形针、一条毯子、一块砖头，思考你能研究的物理 / 化学 / 生物原理？
- 你可以用哪些常用的家用物品使池塘的水转化成可以喝的水？
- 在几种不同的桥梁设计中，你可以用什么标准去选择最具有艺术性（并且安全）的桥梁设计？

这类问题需要大脑在存储长期记忆的神经网络中搜索已有的想法、数据片段和知识框架，以帮助创建可能的问题解决方案。就这样，发散思维驱动了创造性思考的过程，比聚合思维激活了更多的大脑区域，并建立了新的神经连接。使用这两种思维方式都能激发大脑潜能，使其发挥最大功能，对问题及其潜在的解决方案形成深刻而全面的理解。

当然，我们认识到，有些教师更喜欢用传统的教学方法来教授 STEM 概念。一些 STEM 领域的教师甚至对我们表示怀疑，质疑他们是否值得花费额外的时间来进行更多的发散思维活动——无论是否与艺术相关。这是很重要的，因为研究发现，教师对于学生学习行为的思维定式，实际上可以增强或阻碍学生在课堂上的创造力（Chan & Yuen，2015；Mullet，Willerson，Lamb，& Kettler，2016）。当一个教师明确表示创造性思考是有价值的时，学生也会重视它，而且更加愿意承担创新所带来的风险。

发散思维激发大脑潜能——这是一件好事！

因为发散思维要求大脑分析信息和处理选择，所以比起普通的问题解决过程，大脑激活了更多的中枢神经网络。一种在科学上对其证明的办法是，当一个人分别执行需要聚合思维和发散思维的任务时，测量他 / 她的脑电波（脑电图或 EGG）。一些关于脑电波的研究证明，比起执行聚合思维任务，人在执行发散思维任务时脑电波活动水平更高（参见 Jauk，Benedek，& Neubauer，2012；Wang et al.，2017）。有趣的是，在处理新思路时，女性似乎比男性使用了更多的大脑区域（Ryman et al.，2014）。更活跃的脑电波活动说明发散思维是更具有挑战性的，大脑需要更多神经元来响应，从而决定如何完成任务。这个过程涉及更多的神经区域的参与，允许大脑在不同和较远的神经区域之间形成新的连接，无论是在大脑半球内部还是在两个大脑半球之间。这些神经回路之间拓展出来的连接增强了大脑寻找新模式的能力，以及处理未来更复杂、更具挑战性的问题的能力。影像学研究证实，具有更广泛的神经连接的个体比那些具有较少连接的个体表现出更大的创造力（Takeuchi et al.，2010）。

一个简单的例子是对太阳能系统的研究。一名学者访问了一所中学，其中有一个课堂，学生正在学习太阳能系统。教室内有很多关于行星尺寸的数据表，上面记录着每颗行星的大小、到太阳的距离、表面温度、可能的大气成分等数据。学生被要求选两个星球，学习它们的特征，并把学到的内容在口头上分享给其他同学。虽然这种课程符合了课程目标，但是很难做到精彩和具有创造力。

而在另一个中学的类似课堂环境下，教师要求学生复习每个行星的基本特征，就像在上述场景中一样。但是，她随后就引导学生转换发散思维。她让学生各自挑选一颗行星，并且根据那个星球上已知的重力、大气环境和其他条件画一张图，描绘该行星上面若有一种生物，它会长什么样。然后学生会向全班解释为什么自己画了那个形状的生物。她还要求学生解释人类宇航员需要什么样的保护才能在那个星球上生存。最后，她问，如果可以重新命名这颗行星，你会选择什么名字来更准确地描述它？

发散思维改变大脑——那是更好的事情！

在 20 世纪 90 年代，认知神经科学家所使用的成像技术显示，发散思维激活大脑的许多区域，尤其是前额皮质（见图 1.2）。读者应该记得，这是大脑产生创造力和决策力的区域。但是，发散思维是否能真正改变大脑结构呢？答案是显然的。对这个理论最早的真实论证来自对音乐家的研究。例如，对三十位职业音乐家的脑成像研究发现，他们的大脑胼胝体明显比一个非音乐家的对照组的大（Schlaug，Jäncke，Huang，Staiger，& Steinmetz，1995）。回忆一下，胼胝体是连接大脑两半球的“粗神经线缆”，左右大脑之间的通信通过它们实现。然而，我们还没回答那个经典的问题：“到底是先有了鸡还是先有了蛋？”到底是对音乐的实践训练增加了大脑结构尺寸，还是这些人与生俱来就有更大的胼胝体，预先决定了他们会热爱并追求音乐？

对于“鸡和鸡蛋”这一问题的解答来自几年后的一项研究，即对出租车司机的研究，这个研究是由伦敦大学学院的学者开展的（Maguire et al., 2000）。为什么是出租车司机呢？因为司机在取得计程车驾驶证的过程中，必须经过大量的训练来记住数以千计的伦敦街道的名称和位置。这种培训平均需要两年时间。实际上，司机是在脑海中勾勒出了城市的地图，以及高效驾驶的最佳路线。这类知识需要大量使用空间导航，而这种技能被认为对大脑结构有影响。

研究人员将他们的成像设备瞄准大脑的一部分，该部分被称为海马。它位于大脑情感区域的深处，其作用之一是促进空间导航和巩固记忆（海马能帮助你记住开车上班的最佳路线，并且记住备用路线，这样你在最佳路线被封锁后还能选择代替路线）。出租车司机的海马均显著大于对照组。此外，海马的体积与出租车司机的工作年限有关，驾龄较长的出租车司机，其海马体积较大。有研究证据表明大脑具有可塑性——改变它自己的结构以适应环境需求的非凡能力。

关于大脑可塑性和音乐训练的进一步证据，来自一项对事先没有经过任何音乐训练的 6 岁孩子们的研究（Hyde et al., 2009）。一组由 15 名孩子组成的实验组接受每周半小时、为期 15 个月的私人钢琴课程；另一组由 16 名孩子组成的对照组在这 15 个月期间没有接受任何钢琴训练。不过，对照组的孩子们参加了每周 40 分钟的音乐课，内容是唱歌、击鼓、击打铃铛。大脑成像显示，钢琴组的孩子的大脑在胼胝体和额叶区域的大小增加了，而且与对照组相比，他们表现出更强的活动和听觉处理技能。对这一概念的支持来自其他类似研究的发现（Zhu et al., 2016）。这项研究有力地证明了空间导航和学习乐器之类的艺术活动促进了儿童和成人的大脑结构的发展。

为什么学校不进行更多的发散思维教学呢？

大多数的学生都经历过一种主要关注“怎样得出正确答案和怎样迅速得出答案”的校园文化。无论是随堂考还是标准化测试，都在强化这种“得出正确答案”的学习方法。小学毕业后，学生很少有机会练习发散思维。毕竟，不同的活动通常需要更多的时间，评价起来也要求更高、更耗时。坦率地说，很多教师自己也承认他们没有足够的经验和培训经历来从事发散思维策略的教育(Andiliou & Murphy，2010；Kampylis，Berki，& Saariluoma，2009；Mullet et al.，2016)。所以，绝大多数的任课教师都要求他们的学生将精力集中在白板上并且吸收白板上的知识。有几项研究发现，学生在校外比在校内表现出更多的创造力（例如 Runco，Acar，& Cayirdag，2017)。换句话说，现在的课堂不是为了鼓励发散思维或创造力而设计的。

现在的课堂不是为了鼓励发散思维或创造力而设计的。

即使在那些少数情况下——当学生被要求进行一项发散思维的挑战任务时——学生们也会因为他们不熟悉这种类型的挑战而畏缩不前。他们很快就会认识到，要解决这样的问题会花费更多的精力和时间。教师们告诉研究人员，最近对高利害测试、问责制的强调和对课程范围的缩小，减少了他们追求那些费时的、涉及发散思维的项目的时间投入和积极性(Olivant，2015)。除此之外，还有一个非常关键的因素——思维定式在产生作用，这是学生取得成就和发挥创造力的最大障碍之一。

思维定式：它可能阻碍，也可能提高成就

思维定式是指那些指导我们的行为举止以及与他人交往方式的信念、假设和期望。这些思维定式是从幼年开始形成的，随着我们成长，和我们的父母、朋友、文化因素互相作用。我们的大脑在大脑网络中储存了这些

互动的总结。新的经验加强并扩展了这些神经网络。最终，它们变得如此根深蒂固，以至于当这些熟悉的环境再次重现时，我们几乎本能地做出反应。比如，当我们看到一个亲近的朋友，在大脑控制情感和运动的区域神经回路的作用下，我们会自发地微笑，张开手臂表示热情。当一个严苛的老板或者一个恶霸出现时，不同的神经回路被激发，导致我们变得动作僵硬，并且表现出顺从和焦虑。

思维定式的研究人员认为我们在很小的时候就形成了一种关于能力和成功起源的、不是固定型就是成长型的思维模式（Dweck，2006）。那些提出“固定型思维模式”的人接受了一个前提假设：我们与生俱来就是聪明或不聪明的、能干或不能干的（见图 2.3）——虽然环境对我们的能力发展有一些影响，但是基因的先决作用决定了一个人是否可以成为一个伟大的科学家，或者一个好的棒球运动员。这个因素很强，决定了一个人能否在特定的事业追求中表现出色。持固定型思维模式的人相信取得成功的主要预测因素是能力。

相比之下，那些提出“成长型思维模式”的人以截然不同的立场看待能力和成功。持成长型思维模式的人认为，虽然遗传因素可能构成了我们发展的起点，但真正的成功取决于自己的决心和毅力。持成长型思维模式的人相信取得成功的主要的预测因素是努力。

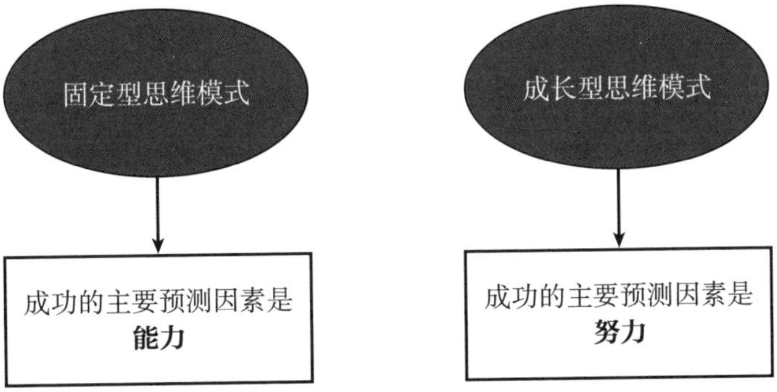

图 2.3　固定型思维模式专注于能力，而成长型思维模式专注于努力

大多数研究者都相信人是天生拥有成长型思维模式的。人类大脑从环境中收集信息并且巩固这些信息，从而做出那些有利于个体生存的决定。想象一下我们生活在非洲草原上的祖先，他们面临的许多决定涉及解决多答案的问题。哪条通过灌木丛的路径是最安全的？我怎样做才能避免遇到肉食动物或者有敌意的部落？在雨季，我能在路上捕获哪种类型的猎物作为食物？在哪条路猎取它们最合适？拥有过人的发散思维和成长型思维模式的个体比不拥有这些的个体更容易生存，从而更有可能把他们的基因传给后代。

当婴儿们探索自己的玩具和周边的世界，并努力从中找出意义时，这种成长型思维模式是显而易见的。既然我们认同人类天生拥有成长型思维模式，那么为什么许多学校的孩子表现出一种固定型思维模式呢？从出生到早期学校教育的那几年发生了什么事，以至于产生了这些巨大的变化呢？显然，那些孩子的父母或者其他监护人的态度和理念，通过直白的表达和含蓄的暗示，持续地向孩子们传达了关于能力的理解，当孩子们把这些信息内化的时候，它们改变了孩子们的思维模式。教师也向孩子们传达了这些信息，而且有时候不那么含蓄。

因为思维定式是一种强大和根深蒂固的力量，所以当学生听到他们被评价为“不聪明”时，并不感到奇怪，反而也会这样看待自己。当然同样的，当学生听到别人评价他们“很聪明”时，他们也会这样看待自己。“不聪明”的学生把他们的失败归因于他们的能力所不能控制的因素，得出类似以下的结论：“在我们家庭里没有人擅长科学或数学”或者“我就是没有任何音乐天赋”。结果往往是，这些学生刚一面对困难就放弃了——比如尝试发散性思维活动时，因为他们相信自己就是不具有完成这些活动的能力。

讽刺的是，在一个老师重视聪明而不是努力的课堂上，即使是天赋很高的学生也会受到负面影响。这些学生会断定，聪明是他们与生俱来的东西。当这些天赋高的学生遇到了他们不能轻易完成的任务时，就可能会暗示自己不够聪明，因为他们认为聪明的人不需要努力工作，但这项任务需要艰苦的工作。所以结果往往是，学生会拒绝接受挑战。事实上，持固定型思维模式的聪明学生通常会选择较容易的任务，并选择较容易的课程。他们拒绝接受对他们工作的负面反馈，追求高分而不是理解知识，因为他们认为分数是一个人聪明和成功与否的标志。

> 在一个老师重视聪明而不是努力的课堂上，即使是天赋很高的学生也会受到负面影响。

持成长型思维模式的教师认为，只要付出必要的努力，大多数学生都能学到大部分东西。持成长型思维模式的教师所教的学生认识到，他们应该赞赏努力，而不是天生的资质，而且他们可以对自己的成功产生影响。作为学习者，他们形成了一种自我效能感，与固定型思维模式的同龄人相比，他们更有可能为了学习而学习，在面对困难时坚持不懈，将反馈视为持续改进的一种机制。建立起成长型思维模式对教师和学生的成功都很重要。

改变一个人在 STEM 和艺术中的思维定式

在 STEM 领域，拥有固定型思维模式的学生会非常不情愿尝试挑战性活动，因为害怕失败，尤其是当他们有一个固定型思维模式的教师的时候。然而，有大量的研究证据表明，由于大脑的可塑性，教师和学生可以在一个具有挑战性、奖励性和激励性的环境中改变他们的思维模式，从固定型到成长型（Dweck，2006）。

这更可能发生在有以下情况的教室里（Sousa & Tomlinson，2011）:

- 教师与每个学生联系并表示对学生价值和潜力的信任。

- 班上的每一个学生都必须对班级的成功运作有一致的责任感。
- 作为学习者，学生要学着提高独立性和自我意识。
- 学生们是“课堂上的每个学生都能够并且将会成功地掌握最重要的内容”理念下彼此的合作伙伴。
- 在这个课堂中，学生的主要目标是与自己竞争，而不是彼此竞争。也就是说，对成功的期望才是学生的成长。
- 教师计划挑战优秀学生进行因材施教，以得到所有学生的支持来实现这些教学目标。
- 所有的学生分配到的研究任务都是同样有趣、有吸引力、重要的——所有这些任务都需要高水平的推理。

一些研究发现，参加艺术相关活动的高中生上学的动力更大，辍学的可能性更小。

高中阶段学生对音乐和艺术的兴趣增加

回顾之前给出的原理就能得出一个观点，从“固定型思维模式”到“成长型思维模式”的一个关键转化因素是兴趣。在学校里，一个学生对学习各种学科的动机随着学生的个人兴趣爱好、体育运动以及年龄的不同而不同。一项对 6 至 12 年级的 3000 多名学生的研究表明，他们对科学和数学的兴趣在初中时很高，但随着这些学生从初中升入高中，他们对科学和数学的兴趣明显下降（McPherson & Hendricks，2010）。相反，他们对音乐和艺术的兴趣在初中时比较低，到了高中后有显著提高。一些研究发现，参加艺术相关活动的高中生上学的动力更大，辍学的可能性更小（Thomas，Singh，& Klopfenstein，2015）。这些研究结果表明：将艺术相关的活动整合到 STEM 学科更容易激发学生的兴趣，并增加他们的学习动机，从而使他们更愿意留在学校。

艺术、STEM 和创造力

什么是创造力？市面上有很多不同作者视角的关于创造力的书。尽管不同作者关于创造力的观点有很多不同，但他们在几点看法上达成了普遍共识。可以肯定的是，创造力不是一个独立存在体，而是一个不同思维过程的集合。它至少涉及发散思维、洞察力和成果。然而，创造不仅仅是思考和创造新颖的东西，其产生的成果必须有价值，并且在其影响的知识领域中被接受。创造不仅仅是产生解决问题的多种方案，而且这些方案必须具备独特性和可行性。创造和幻想是有区别的。幻想产生的是使我们与现实世界脱节，并且永远不会发生在现实中的奇思妙想。创造则有一个目的：解决一个问题或者产生一项成果。它往往来自一些看似彼此没有关系的旧观念，并用新的方式把它们联系在一起。

创造力与智力

在第 10 章，我们讨论了一些关于智力的理论，大部分的研究人员都认为智力与创造力有关，但它们之间还是存在差异的。心理学家广泛地把智力看作解决问题的能力，并将其视为一种可以通过一系列测试得出智商的心理特征。智商高于平均水平的人往往能获得高水平的成功，但他们中成为成功的艺术家、作家、作曲家、科学家、演员或音乐家的却并不多。极富创造力的人往往拥有高于平均水平的智力，但许多智力超群的人并不是很有创造力。这一观察支持了一个观念，即创造力是一种独立于智力的大脑能力。

创造性思维的阶段

创造过程主要是由法国数学家雅克·阿达玛（Jacques Hadamard，1954）总结的，他认为这个过程包括四个阶段。尽管这几个阶段是他在半个世纪前就提出来的，但很多神经科学的现代研究都支持他所提出的观点。

以下是关于这些阶段（见图 2.4）的当前研究所显示的：

- 准备阶段：这是一个意识强烈的、关注任务的阶段，直到我们的思维过程陷入僵局——我们被难住了。看上去，人们越努力地专注于发现灵感，灵感就越难以产生。那是因为我们越专注于某件事，就会有越多的信息被发送到工作记忆区域（位于前额后面）。工作记忆是我们有意识地处理信息和想法的地方，但是它容量有限，当它变得拥挤不堪时，信息处理开始停滞。在这一点上，我们意识到我们需要适时休息，给工作记忆清除杂乱内容的机会。
- 酝酿阶段：这是一段放松、远离任务的时间。大脑可以用新的角度来审视这个问题，或者做个白日梦。我们曾经认为，做白日梦时大脑的活动会安静下来。但是脑部扫描分析显示，这其实是一个大脑高度活跃的时期。突然间，那些通常不直接互动的大脑部分开始相互传递信息（Snyder & Raichle，2012）。研究人员认为，由于大脑在这段时间内没有对外界刺激做出反应，在这段“停工期”，它可以将注意力转向浏览大脑内部网络并建立远程关联。这为我们提供了创建新连接和重新审视我们之前可能忽略的推论和模式的机会。
- 阐明阶段：当“啊哈”或“我明白了”的时刻发生时，解决方案或灵感突然变得清晰。一些研究人员指出，他们实际上已经发现了这个强大的洞察力何时会发生。通过使用脑电图，他们发现在灵感实际产生之前，大脑右半球有一股持续了长达 8 秒的脑电波（Sandkühler &

Bhattacharya，2008）。其他的研究也试图定位和描述代表这个顿悟时刻的神经活动（例如 Sprugnoli et al.，2017）。

◆ 验证阶段：该阶段发生于当我们进行所有必要的烦琐工作以验证解决方案是否真正有效时。该阶段，可能需要更多的聚合思维来收集必要的资源，从而实现解决方案。

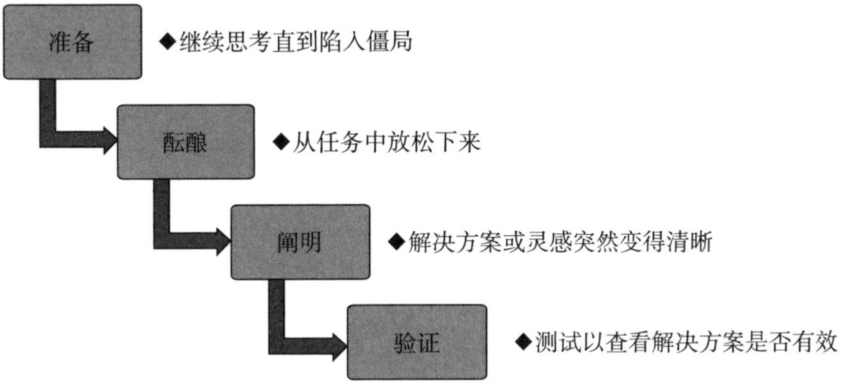

图 2.4　产生创造力的过程

来源：改编自哈达玛（Hadamard）（1954）

有两个令人惊讶的发现产生于目前关于创造过程的研究。第一个发现是我们认识到，越专注于解决任务，就越难解决这个问题。这个结果与我们长期以来的信念背道而驰，该信念是：我们越一心一意致力于解决一个问题，解决方案就越有可能出现在我们面前。事实情况似乎并非如此——主要是因为我们太执着于处理我们头脑外的信息。第二个发现是，当我们放松时，灵感更容易来到我们身边，比如在安静地散步或洗热水澡时。这些安静的活动让我们的大脑随意处理我们大脑内部的信息，让这些关联产生“我明白了”的时刻。当然，教师很难在任何教室里提供这种“安静的时间”，因为在课堂里教师为了“将课程知识倾囊相授”而不得不迫使自己继续讲课。

当我们放松时，灵感更容易来到我们身边，比如在安静地散步或洗热水澡时。

每个人都可以有创造力

就在几年前，许多心理学家还认为创造力是一种固定的特性——你要么有，要么没有。但是近年来，科学家发现创造力是人类天性的一部分——根植于我们所有人的大脑。仅仅与某人进行交谈就是一种创造性的活动。你的大脑必须从成千上万已储存的单词中筛选，选择你需要表达的想法，并根据语法规则将它们串在一起，以便你可以被他人理解——整个过程仅发生在几分之一秒内。当然，和智力一样，创造力也不平等地分布在人群中，一些人比另一些人更有创造力。作为医生兼研究员的南希·安德瑞森（Nancy Andreasen，2005）用“普通创造力”的术语来描述我们大部分人所拥有的创造力，并用“非凡创造力”来描述那些我们认为只有天才才拥有的创造力，如爱因斯坦、米开朗基罗、莫扎特身上的独特能力。但事实上，我们每个人在某种程度上都拥有创造力，并且有一个好消息是，我们可以变得更有创造力。研究人员是如何发现这一点的？事实上，“我们所有人都有创造力”这一观点拥有来自不同科学研究领域的证据。

一些研究涉及对不幸患病导致大脑额叶和颞叶区域退化的病人的实验。这种致命的疾病被称为“额颞叶痴呆”，它会慢慢侵蚀前额皮质。读者可以回忆第1章，这个区域控制着大脑的执行功能并抑制我们的冲动。医生在对这些病人的治疗中发现，即使他们的执行功能下降，他们也会开始对创造性的艺术项目产生强烈的兴趣，如绘画、雕塑（Seeley et al.，2008）。研究人员起初很困惑，后来他们终于意识到发生了什么。因为这个病破坏大脑前额皮质的神经元，大脑的控制冲动的能力减弱，所以大量创造性思维从大脑右半球释放出来。在病魔夺走病人的生命之前，病人可以享受几年富有艺术创造力的生活。

另一些研究涉及睡觉和做梦。比如，一项研究要求参与者用两个简单的规则来转化一串数字，使得数字串简化到一位数（Wagner，Gais，Haider，Verleger，& Born，2004）。研究人员在数字串中建立了一个隐藏的规则，发现这个规则会使任务变得容易得多。只有 20% 的参与者发现了潜在的规则。但是，重新测试三组参与者（睡着的、白天保持清醒的、晚上保持清醒的），获得 8 小时睡眠的参与者中的几乎有 60% 具有发现潜在规则的灵感。为什么会发生这种情况呢？当我们在睡觉和做梦的时候，我们的前额皮质会释放大脑空间，在思想中产生自发的、不受限制的联想——这些联想在我们醒着的时候，即前额皮质发挥控制作用的时候是不被允许的。在我们的梦中，许多随机的联想在现实世界中是不可能发生的，但有时候一个联想实际上会产生一些灵感，来帮助我们在醒来时解决一个实际的问题。

科学史上的创造力

科学史上记载了几次当发明家遇到困惑时，梦境帮助解决问题的例子。德国有一位生物化学家叫奥古斯特·凯库勒（August Kekulé），他为了发现苯酚的原子结构尝试了多年。1865 年，他写作的时候突然在壁炉边的一张椅子上睡着了，梦中一群舞动的蛇出现在他脑海里。其中，一条蛇咬住了自己的尾巴。凯库勒醒来后，意识到苯酚是一个环状结构，而不是像其他已知化合物一样是线性结构的。据说在 1845 年，发明家埃利阿斯·霍威（Elias Howe）做了一个梦，梦见他被食人族的部落抓住，他被食人族推到里面插满长矛的锅里，这些长矛在尖端有孔，而不是末端有孔。他从梦中醒来后，有了发明缝纫机的想法。阿尔伯特·爱因斯坦回忆说，在 19 世纪 90 年代末他做了个梦：他站在一个雪橇上，从山坡上滑下来并且速度越来越快。当雪橇接近光的速度时，他看见星星折射成了各种颜色。醒来后，他意识到这个梦对于研究质量和光速的关系有至关重要的作用，并最终推

导出了 $E = mc^2$。既然有这些关于创造力的证据，为什么当孩子们从小学低年级升到高年级，他们反而会抵制创造性活动呢？我们从教师那里得到的轶事报告表明，在小学阶段认为自己有创造力的学生占比高于中学阶段。遗憾的是，只有一小部分高中生认为他们有创造力。是什么原因导致这些学生对创造力的自我评价快速降低？学校是否"擅长"阻碍创造力的培养？学生们有没有内化这样一个错误概念，即创造力是一种罕见的天赋？

毫无疑问，原因有多个。这里有一个生物学上的解释。情绪大脑在 10 到 12 岁时就已经完全发挥作用了。然而，前额皮质发育缓慢，直到 22—24 岁才成熟。在小学阶段，前额皮质几乎不抑制孩子的活动。学生们可以为了他们的乐趣而随心所欲地创造。然而当他们进入初中时，他们的前额皮质已经足够发达，开始发挥抑制作用。学生开始担心教师和同学如何看待他们。如果他们说错了话、唱错了音符，或者画错了图怎么办？害怕犯错误会抑制他们的创造力，而且学生们在学校获得的经验是，犯错误几乎总是导致某种惩罚。

害怕犯错误会抑制他们的创造力，而且学生们在学校获得的经验是，犯错误几乎总是导致某种惩罚。

在 STEM 领域的创造力

人们对于从事 STEM 领域的专业人士的印象一般都是：冷漠、独立、被事实和经验数据主宰的个体。这样的印象可能符合一些 STEM 工作者的实际情况。但是，STEM 领域许多伟大的发现是由那些使用创造性思维过程将旧想法联系起来形成新想法的人取得的。我们都听过阿基米德在浴缸里认识到浮力的原理的故事，以及艾萨克·牛顿是如何对苹果从树上坠落这个过程仔细观察，从而得出了万有引力理论。这里还有几个例子：

◆ 约翰内斯·古登堡（Johannes Gutenberg）利用他对榨葡萄酒机的理解在欧洲制造了第一台活字印刷机。

◆ 亚历山大·弗莱明（Alexander Fleming）注意到：实验室里，由于没有盖住培养皿，一种意外留下的霉菌生长在一个细菌群中并且摧毁了它周围的细菌。这个过程导致了青霉素的发现。

◆ 莱特兄弟（The Wright brothers）并没有制造出第一架飞机，但他们利用自己在自行车和发动机方面的经验，制造出了第一架稳定飞行的飞行器。

◆ 当珀西·勒巴伦·斯宾塞（Percy LeBaron Spencer）在美国雷神公司（Raytheon Company）走过一个运行中的雷达管时，发现他口袋里的巧克力融化了。于是他在雷达管前面放了一些玉米，发现爆米花爆得满屋都是。由此他研制出了微波炉。

◆ 一次，在瑞士的森林中散步时，乔治·德·梅斯特拉尔（George de Mestral）注意到苍耳子刺粘在他的衣服和狗的毛发上。他仔细观察了毛刺是怎样互相粘连的，由此发明了尼龙搭扣。

◆ 亚瑟·弗莱 (Arthur Fry) 想到把一个同事发明的一种看起来毫无用处的弱黏合剂涂在一张纸上制作成书签，因为黏性弱所以该书签不会损坏书，他由此发明了便利贴。

上述每一个人都有一闪而过的灵感，由旧的想法萌生意想不到的新发现（Jung-Beeman et al.，2004）。灵感是创造力的一个组成部分。事实证明，当我们有了一个灵感，我们的一部分大脑会变得高度活跃（Jung Beeman et al.，2004）。这个部分叫作前颞上回，位于右侧半脑，就在右耳下（见图 2.5）。早期的研究表明，当大脑处理笑话和抽象的文学技巧（如比喻和微妙的故事情节）时，该区域会做出剧烈反应。研究者们指出，这些语言技能是和灵感联系在一起的，因为语言表达需要大脑在看似不相关的想法之间建立遥远的联系。

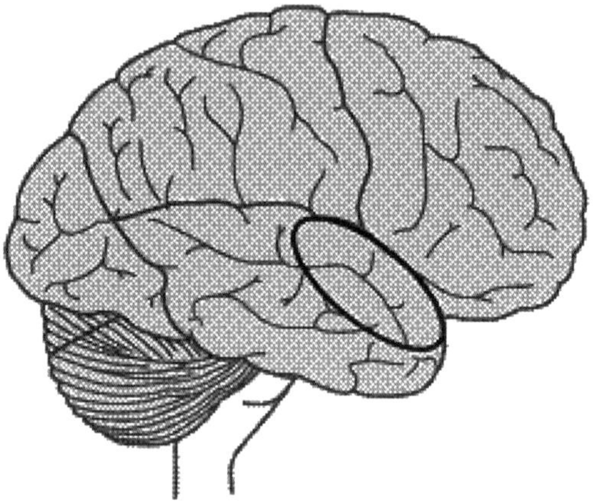

图 2.5　对灵感做出反应的神经元，是创造力的关键组成部分，位于右耳后面的前颞上回（椭圆形表示的区域）

那么为什么这些创造性的例子在 STEM 课程教室里没有被描绘出来呢？为什么有“STEM 比艺术更有逻辑性，但是比艺术缺乏创造力”的观点存在？为什么很少有高中生——大概也包括那些学习 STEM 课程的学生——认为自己是有创造力的？我们提出两个解释：首先，因为要覆盖大量的知识，大多数 K-12 的课堂里教的 STEM 概念涉及大量的记忆，很少有真实世界的经验，而且大多数时间用到聚合思维。在这些课程中，学生很少有机会接触到创造性的问题解决过程，也很少有机会接触到有关创造性成功的故事。正如一位善解人意的高中科学老师所说：“我有太多的课程内容要讲，所以不会在课堂上讨论那些费时的、奇特的想法。”其次，很少有与艺术相关的技能被整合到 STEM 课程中。结果，学生认为这些学科领域不需要创造性思维，而这些观念将留在他们脑海中，直到他们长大成人。因此，目前可以明确的是，我们需要将更多的创造性活动整合到 STEM 课程中，让各种艺术形式为艺术和 STEM 的融合提供一个理想并带有激励的方式。

在现实世界中的 STEM 专业人士

多年来，我们自己的详细观察结果是，STEM 课堂常常缺乏对 STEM 专业人员在现实世界中所做事情的特征的描述。比如，从初中到高中，教师太专注于教授教材内容，以至于他们不能使学生建立起对 STEM 概念、相关事件以及可能的解释的好奇心。学生在 STEM 课堂上的实践通常包括进行实验或解决结果已知的问题——这几乎无法构成挑战或激励创新。他们没有机会收集证据来建立自己对 STEM 问题的理论依据，或者与他人交流自己对 STEM 问题的理论解释。进一步说，STEM 课程假设学生在亲身体验真实世界的科学和数学之前，必须知道那些先前的科学家和数学家已经得出的成果。结果就是，K–12 年级的学生花了 13 年来努力学习其他人已经获得的关于自然世界的结论，而很少有机会提出他们自己的问题并寻求可能的答案。

如果学习没有迁移到新的情境，那么任何 STEM 学习的价值都是有限的。举个例子，根据实验数据（National Center for Education Statistics，2012），在 2009 年美国国家教育进展评估（NAEP）的科学实验中，2000 名 4 年级学生中有 71% 的人能够准确预测冰块融化时体积的变化，但只有 15% 的人能够解释为什么会发生这种变化。在整个测试过程中，4 年级、8 年级和高三年级的学生可以根据有限的数据，准确地报告发生在科学情境中的状况，但他们不能处理变量，不能做出决策，要知道，做决策也是进行实验的一部分。只有一小部分学生能够根据实验结果证明或解释他们的答案。总之，学生能够记住事实和报告数据，但不能解释它们。无论这些学生在科学课上接受了什么教育，这些教育显然都没有促进其科学思维的发展。相反，它鼓励死记硬背，很少或根本不了解其中所涉及的科学原理。我们要继续做我们正在做的吗？还是要寻找创新的方法让对科学的学习成为一种快乐而有意义的体验呢？

自2009年以来，我们取得过一些进展吗？2016年的研究结果显示，我们取得的进展是忧喜参半的（NEAP，2017）。我们在引言中对此进行了讨论，但结果值得重申和分析。4年级和8年级学生的成绩比2009年的分数略有提高。然而，高三年级学生的成绩仍然持平。参加NAEP测试的高年级学生中，约有40%的人甚至连"基本"的科学知识能力都没有表现出来，只有22%的高年级学生处于"精通"水平。然而，更令人担忧的是，很少有学生说他们在科学课上参与了实践活动和实验。例如，只有29%的学生"有时"或"经常"使用简单的机器，14%的学生很少这样做，57%的学生说他们从不这样做。关于生物课，62%的学生报告说他们很少或从不使用"生物"。更令人惊讶的是，只有17%的学生说他们"经常"使用显微镜，而18%的学生在各自的科学课上"经常"使用化学物质。现在的问题是确定什么样的经验可以鼓励学生在STEM课程中发挥出创造力，以及和艺术相关的活动如何成为这些经验背后的动力。这里有一个典型的实验，可以在普通的科学课堂上进行（Barrow，2010）。这个实验涉及以下研究问题：

冰块的数量如何影响水的温度？

传统的方法是量取一定量的自来水，并确定随着冰块的加入，水温会有多少摄氏度的变化。学生们已经知道水中加入冰块后温度会下降，而任务是通过不断添加更多冰块并测量水的新温度来实现的。每个学生单独完成实验和报告，提交给教师，教师对其评分并最终转换到下一个主题。让每个学生独自行动并提交自己的成绩报告，会导致竞争而不是合作的风气盛行。作者在很多场合看到过这种做法，但它并不能代表科学家和工程师在现实世界中进行的活动。

让每个学生独自行动并提交自己的成绩报告，会导致竞争而不是合作的风气盛行。

那么，我们应怎样把和艺术相关的技能融入教学，使上述实验更加具有挑战性和趣味性呢？第一个关键技能是合作，这是艺术家必须掌握的技能。不管他们是在音乐会或者戏剧中登台表演、创作乐谱、在合唱团中唱歌，还是在舞蹈团中跳舞，这些艺术家必须和其他人合作，使他们的创造性工作取得成功。在这个实验中，相比学生自己单独做实验，他们可以改为以 3—4 人为一个小组进行合作，来创造出新的研究思路（假如小组人数多于 4 人，一些学生就会仅仅观察，而不积极参与）。第二个把艺术相关的活动融入教学的重要技能是可视化。如果我们成功了，这个作品会是什么样子呢？第三个技能是头脑风暴法，激发对可能影响作品结果的变量的新想法。第四个与艺术相关的强大技能是反馈：不断自评和他评，以确定各个类型的行动是否能够提升作品。所以，利用这些技能，合作小组可以做以下的事情：

- 绘制各种不同形状的冰块的初始形态（可视化），例如方块形的、打碎的、半月牙形的、圆柱形的，等等，并确定当加入自来水时，冰块的形状是否使降温速率和最终温度产生差异。
- 讨论（头脑风暴）其他变量，并提出不同的初始水量（比如 50 ml、100 ml、150 ml），初始温度（比如 10℃、15℃、20℃），测量温度的时间间隔（比如 1 分钟、2 分钟、3 分钟），容器的材质（比如塑料、泡沫聚乙烯、玻璃或金属），水的类型（比如自来水、瓶装水、蒸馏水），容器的尺寸（比如 25 ml、50 ml、100 ml 的量筒容积）。这些变量可以被分配给组中的学生进行研究，他们随后会把结果分享给其他组员。
- 在收集和分析了他们的数据后，每个组向班里其他的学生汇报结果和定论，作为回顾和讨论（反馈）。

在这个场景中，艺术整合活动得到了认知神经科学研究结果的支持。第一，学生分组合作，讨论有关学习的目标，由此，共赢（整体大于单体的总和）的作用起效了。很多想法酝酿、冲撞，直到一个新概念出现。简单地说，众人拾柴火焰高。第二，学生互相讨论，我们知道讨论是最有效的记忆保存方式之一。通过交谈和分享想法，学生更有可能在脑海中处理和记忆他们学到的知识。第三，向班里其他同学汇报和解释他们的发现可以进行认知演练——这也是一个有效的记忆策略。第四，从同学那里得到的反馈给了他们重新审视、发现的机会，来确定他们的实验是不是正确的和精准的。

> 通过交谈和分享想法，学生更有可能在脑海中处理和记忆他们学到的知识。

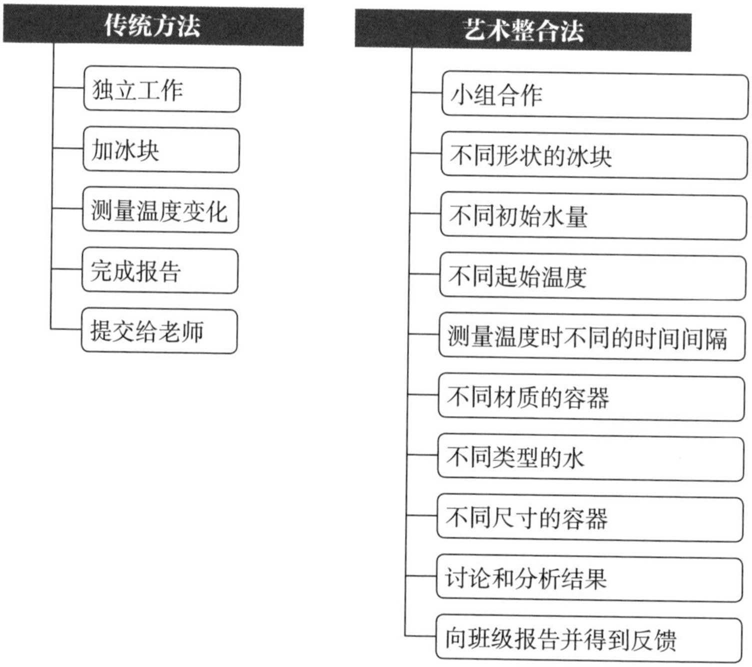

图 2.6　传统方法和艺术整合方法的比较

图 2.6 总结了两种方法。你认为哪一种对学生来说更有趣、更具有挑战性呢？坦言之，艺术整合的方法可能要花更多一点时间，但它是一个明智的时间投资：合作、可视化、头脑风暴和反馈都会大幅增加知识被记住的可能性，这当然是一个理想的目标；而且，比起传统的方法，关于什么是真正的科学探索，学生能得到一个远比以前更为准确的观点；再者，这些都是可以迁移的能力。

技术会培养创造力吗？

在今天的课堂中，既然技术已经在所有年级中稳步地应用，我们能不能假设现在的学生在 STEM 课程中更具创造力？这取决于技术怎样被应用。在某些课堂中，技术只是简单地被用来更快地做一件同样的事情，而不是让学生参与更多不同的事情。在这个场景中，技术是提高教学效率的一种手段。在教师主导的环境中，它成了一种更快"覆盖材料"的工具，使得学生兴趣停滞，注意力转移。让学生们在各自的电脑上以自己的节奏掌握 STEM 内容，当然比老师在整个学习过程中一味讲课要好。但是它真的能培养创造力吗？或许没有。这种方法究竟有什么创意呢？

反之，用技术和艺术整合的办法可使教师的教学更加简单，且更能激起学生的兴趣。教师可以这样做：运用自己的创造力向学生展示技术怎样帮助他们追求兴趣；将艺术相关的活动融入 STEM 教学中；合作和互助以达到教学目标；与世界各地的艺术和 STEM 专家交流；让学生对他们自己的学习和成就更加负责。技术可以帮助学生审视真实世界的问题，完成 STEAM 项目，学习像 STEM 专家一样思考和写作。

一些 STEM 和其他学科的教师把技术视为对他们的工作的一个潜在威胁，认为随着技术的成熟，也许学校会需要更少的教师。有这种顾虑是可以理解的，但没有必要，因为好的教师不会被机器代替。一项关于有效教学的研究文献的调查显示，成功的教师有以下三个基本特征：

◆ 他们知道怎样和学生、同事和家长建立有效的关系。
◆ 他们是充满活力的，而且知道如何用他们自己对学科学习的热情去激励学生。
◆ 他们真正了解每个学生，他们视每个学生为不同的个体，并选择能够帮助学生获得成功的个性化任务。

成功的教师使他们的学生在情感和智力上都充满参与感，而与艺术相关的活动可以提供情感成分，让平淡的 STEM 课堂变成激动人心和富有创造力的 STEAM 课堂。

下章提要

基于我们与学校合作的经验，下一章将解释什么是艺术整合，以及它与 STEAM 倡议的关系。它解决了教师们经常认为自己缺乏创造力的问题。此外，下一章还探讨了推行 STEAM 教学的各种模式，以及在其他学校取得成功的规划指南。

第 2 章　有关艺术和创造力的科学发现

思考要点

记录你接下来的思考要点、思路、策略和所需的资源。

第 3 章 把 STEAM 带入学校

糟糕的科学家不懂艺术，糟糕的艺术家不懂科学。

——阿尔芒·特鲁索（Armand Trousseau），法国医生

尽管有了普及 STEM 教育的倡议，但是我们还没有任何国家级标准来衡量这一倡议的有效性。美国有些州确实要求学区对不同年级的学生进行科学测试，但这实际上是在衡量学生们记忆了多少信息。正如第 2 章所提到的，我们观察到几乎所有的 STEM 课堂都缺乏创造性特征，而这些创造性特征恰恰展现了 STEM 专业人员在现实世界中所做的工作。这就是为什么学校必须转向 STEAM 教育。

现在有许多自称“STEM 学校”“STEM 学院”“STEAM 学院”的教育机构也在美国各地如雨后春笋般涌现。最有趣的是，还没有现存的国家规范或其他规范来核实这样的机构是否名副其实。有些学区和个别学校热切地寻求一种更有创意的方式来通过 STEAM 教育传递教学内容，在与那些学区和学校合作的过程中，我们发现他们希望得到一些指导方针，以确保他们的工作不仅在自己的校园内，而且在当地、全州范围内，乃至在全国范围内都有价值。然而，STEAM 教育不仅缺乏公认的测量方法，而且它的定义——艺术整合——也常常被误解。

什么是艺术整合？

艺术整合已经存在很长时间了。几十年来，芝加哥艺术教育合作中心(CAPE)，位于佛罗里达州西棕榈海滩的创新教育中心，以及现在已经关闭的、在南布朗克斯区的圣·奥古斯丁艺术学院，为公众带来了强大而持续的艺术整合和伙伴关系项目。归功于那些有远见的人，如今越来越多的组织在默默地做着类似的工作。当这三个组织在 20 世纪 70 年代末和 80 年代初成立的时候，没有可靠的方法来衡量艺术整合的成功程度，所以其成功与否依赖于传闻。幸运的是，霍华德·加德纳 (Howard Gardner，1993) 和玛克辛·格林 (Maxine Greene，1995) 对多元智力的研究为艺术教育开辟了一条新的道路。对于那些已经在课程中融入艺术的教师来说，这很容易理解：因为他们知道这是有效的。我们现在有研究支持那些艺术整合项目先驱者的开创性工作，这些项目实际上就是 STEAM 教学项目的前身。

这些早期的项目和伙伴关系产生了有意义的结果，为将艺术纳入所有学校课程奠定了基础。一些教育工作者发现了这一新兴的研究，该研究表明艺术的融合提高了认知能力和记忆力。这个发现促生了将艺术融入停滞不前的 STEM 项目的想法，以努力提高学生对这些学科的兴趣和参与度。在实施艺术整合的学校，学生参与度显著提高，尤其是在城市学校，出勤率提高、纪律问题明显减少。此外，对以艺术为基础的课外活动的兴趣大大增加，有些组织，比如华莱士基金会，在政府资助下降的情况下仍继续支持这些项目。

幸运的是，在无数个人捐助者的支持下，私人和家庭基金会、地方艺术理事会不断发展壮大。一些主要的基金会和组织，如美国艺术协会，继续帮助引领个人和地方慈善事业，支持艺术回归公立学校。像管弦乐队、博物馆、舞蹈和歌剧公司这样的艺术组织在与地区和学校的合作中非常慷慨，提供展览和表演来丰富学生的学习，激发他们对艺术的兴趣。更多的艺术家驻地项目让学生与专业的艺术家一起在一个扩展的项目中工作，在艺术中获得非凡的经验。

在这些非政府组织的努力下，全国各地的学校开办了器乐、合唱、舞蹈、戏剧和视觉艺术课程。这是一项令人惊叹的工作，但与我们所有学校对艺术整合和 STEAM 教育的巨大需求相比，还是相当不足的。慢慢地，艺术终于开始在学校重新站稳脚跟。然而，人们对于 STEAM 教育到底是什么和能做什么，仍然存有一些困惑。

STEAM 是什么？

> STEAM 教育与艺术整合不一样。

STEAM 教育与艺术整合不一样。在它的最佳形式中，艺术整合就像用搅拌机制作巧克力曲奇面团一样。你有非常具体的配方：一种艺术形式，比如音乐；一门课程领域，比如语言。它们就像面粉、融化的黄油和巧克力片，当混合在一起时，这些成分会相互作用，创造出一个新的东西。音乐可以加强语言写作课的效果，赋予其更深层的意义，并使用不同的韵律来增添激情。音乐依旧是那个旋律，学生写的单词仍然是相同的单词，但是文字与音乐融合，就像巧克力片混合在面团里，当被放到烤盘上时，巧克力片保留了它们的外观，面团也一样。现在，把这个类比更进一步。在加热之后，巧克力片看起来仍然像巧克力片。最终的产品是一种混合了所有成分的美味食品，这些成分仍然可以被识别，但混合在一起更美味。艺术整合是一个奇妙的教学工具。在这一过程中，课程领域和艺术形式都保留了它们各自的特点。然而，STEAM 教育的作用远不止于此。

我们研究过的大多数学校都认为 STEAM 教育就是艺术整合。我们经常遇到这样的情况：管理者和教师们都认为他们已经在教学策略中加入了 STEAM 教育，“我们已经用了”，这是一个常见的说辞。当一个专业的 STEAM 教育发展研讨会开始挑战教师们的思维模式时，他们的反应总是很有趣。尽管校方人员相信并宣称他们使用的是真正的艺术整合，但他们的教学策略和操作过程常常会表明，实际上几乎没有什么整合。以下是一些常见的情况：

- 教师们仍然在教室里独自工作。
- 没有证据表明 STEM 教师和艺术教师之间有真正的合作。
- 学生可能对 STEAM 教育感到兴奋，但教学策略没有让他们参与进来。
- 学生对艺术形式或 STEM 内容材料都没有更深的理解。

然而，当管理者和教师更深入地挖掘 STEAM 教育的真实方面时，兴奋感和对现实的反思会对整个教育团队产生巨大的影响。教师们开始意识到，他们虽然可能在和学生一起开展了一些创造性的活动，但他们并没有训练学生的创造力，而这种创造力正是培养和提高学生解决问题的能力的源泉。此外，教师们开始明白他们也并不是在训练自己的创造力。指导一个团队，帮助团队成员意识到他们必须改变教学思维模式，以便影响学生的学习结果，鼓励和激发他们的创造力，是令人兴奋的。更令人兴奋的是帮助一群教师发现他们都具备一些艺术能力。

帮助教师发现其创造力和手艺

> 对教师来说，理解创造力和手艺之间的差异很重要。

当人们对自己的创造力水平评价较低时，要改变它是不容易的。这可能是因为许多人混淆了创造力和手艺。创造力指的是你想要创造新事物，而手艺是实现它的方法。例如，你为学校的标志想出了一个新的设计，这就是创作的部分。现在，你必须决定如何将你关于新标志的创意转化为有形产品，从而让别人看到，这是手艺。你是在电脑程序上画图还是自己徒手画？或者做一个拼贴画？你是否确信自己拥有创造产品的手艺？有些人拥有颇具创意的想法，但缺乏把这些想法转化成产品让别人欣赏的手艺。因此，这些人认为缺乏创造力是缺乏手艺的原因。这就体现出了 STEAM 教育的美好之处。STEM 教师产生创造性的想法，然后与艺术教师或驻地艺术家合作，后者的手艺可以帮助 STEM 教师完成并交付产品。

研讨会案例

在进行专业能力开发的 STEAM 教育研讨会中，我们首先要让所有参与者相信他们是富有创造性的——创造力是每个人与生俱来的，且能帮助我们生存。为了做到这一点，我们经常开展涉及音乐的活动。下面的示例来自一个实际的研讨会，可能会对 STEAM 专业能力开发团队有所帮助。

在一个大型研讨会上，我们邀请了大约 500 名教师和管理人员，在短短 3 分钟内用三个声部和声演唱了克里斯·肯纳（Chris Kenner）的《千舞之地》（*Land of a Thousand Dances*）的开头部分。参与者们站着唱歌，鼓掌，玩得很开心，包括那些最初说“我不会唱歌”的人。他们是真的不会唱吗？重要的是，如果学校认真考虑将艺术思维和技能融入 STEM 课程，那么教师们必须学会相信自己也是有创造力的人。当专业发展达到这一水平时，就可以施以真正的努力，开始在学校成功实施 STEAM 教育。

这个唱歌活动实际上是为这些教师和管理人员在这个研讨会中模拟 STEAM 教育。下文讲述了该活动是如何进行的：

- ◆ 主持人开始唱歌的那一刻，观众们都惊呆了，所有观众都把“他在做什么”这个疑问写在了脸上。主持人没有说：“今天，我们要讨论 STEAM 教育。”相反，他采用的是 STEAM 融合教育的主持模式。观众们知道这个研讨会将有所不同，但不知道如何不同。即使是那些看上去不太情愿，把头埋在后面的桌子上不动的人，也会情不自禁地站起来唱歌、鼓掌。在那一刻，无论结果如何都不重要。主持人运用创造力来吸引参与者的注意力，并使其认可接下来的课程。而且，他们确实感受到了乐趣。
- ◆ 主持人没有做任何介绍，而是积极参加唱歌活动。我们意识到他冒着出错的风险，抓住了一个大好机会。然而，重要的是要采用一种模式，帮助教师在触及艺术时放下束缚，并有信心与学生一起投入到活动中。如果学校希望教师抓住机会，提出创造性的问题解决方案，那么专业能力开发活动就需要塑造这种开放的心态。
- ◆ 在唱歌和简短的介绍之后，一个互动的对话开始了，主持人扮演的是教练，而不是讲师。主持人要求参与者讨论在实施 STEAM 项目时可能遇到的挑战和障碍。最终，这些信息被收集并分享给了整个团队。主持人再次模拟了一个良好的课堂协作学习策略。
- ◆ 主持人指导研讨会成员研究在 STEAM 课程中可能有效的教学策略。在这里，主持人避免了总结，这样教师就必须从不同的方向尝试解决一个特殊的问题——如何建立良好的教学实践。
- ◆ 最后，主持人引导研讨会成员重新思考他们对 STEAM 教育的真正含义和意图的理解。

简而言之，STEAM 教育利用教室里每个人的创造力来实现学习目标。这里的“每个人”包括教师、助教、助手和学生。主要的目标是让教师认识到，他们需要在教学方法和策略上做出一些改变，尽管这些改变起初令人不安，但它们可以取得显著的创造性成果。

不同的学校和实施形式

STEAM 教育的另一个有积极意义的特点是，教育者可以以最适合本地区或学校的方式来实施。我们采用各种形式与公立、私立和有宗教背景的学校合作。下面这些都是例子：

- 由总监发起并支持的适用于全地区范围的方法。
- 由校长发起的适用于全校的教学方法。
- 由一个教师、一群教师、主任或校长发起的针对个别年级的教学方法。

在所有情况下，实施 STEAM 教育的最初原因是为了强化教学过程，以提高学生在标准化考试中的成绩。虽然这些测试仍然是生活的一个现实问题，但是管理人员和教师们仍在大声呼吁，寻找更有趣、更有创意的授课方式。他们认识到，如今的学生都是在与科技的互动中成长起来的，他们是数字原生代，因此希望在课堂上发挥自己的创造力，积极参与学习。

学校氛围的影响

毫不奇怪，我们所观察到的一个重要发现是，教师在具有良好专业氛围的学校里能够更成功地实施 STEAM 教育。在一些学校，教师们告诉我们，他们对高利害测试的要求感到厌倦，而这些测试结果对从工资到工作安全的所有方面都有所影响。虽然我们很清楚并不存在简单的解决方案，但是我们也认识到，考试和问责压力对教师的积极性和表现有巨大的影响。

在许多地区和学校，教师几乎没有时间进行高质量的专业能力开发，也几乎没有时间进行合作规划。

这里有一个具体的例子，说明学校气氛如何严重影响了其员工的积极性，尤其是他们对新课程计划的态度。我们最近正与美国东北部一个小型城市公立学校的 K-12 管理人员合作。当他们走进正在举行 STEAM 研讨会的媒体中心时，麻烦似乎已经到来，会场缺乏活力，而且明显缺乏友好的学术谈话。此外，参与者没有去吃自助早餐，这是一个明确的缺乏动力的警告信号。

主管已经召集过小组成员，给他们介绍了 STEAM 教育，并为每一位与会者购买了第一版《从 STEM 迈向 STEAM》。这些书在桌子上清晰可见，我们认为这是一种战术策略，让我们相信他们已经读过这本书了。很快我们就清楚，几乎没有人打开过这本书，更不用说读它了。

随着研讨会的进展和对 STEAM 价值的解释，积极的氛围慢慢显示出来。被认真思考过的问题和评论开始出现，我们马上就要获得一些富有成效的经验。

STEAM 教育是一个激发学生和教师创造力的过程，而不是一个打包的程序。

在这种情况下，我们很高兴他们没有读过这本书。他们的问题来自真正的担忧，而不是为了他们对这本书做出回应或者试图给人留下印象。太好了！有一件很有趣的事情是，在这些演讲中，管理员和教师们都在期待一个事先准备好的大纲——整齐地装在文件夹中，主持人演讲时会将其过一遍，就如他们常说的“一气呵成”。这是另一个关于 STEAM 教育的误解。事实上，STEAM 教育是一个激发学生和教师创造力的过程，而不是一个打包的程序。

最终，参与者意识到这次活动是与从前不同的，他们的兴趣也在增长。这实际上是 STEAM 教育的另一个模型，目的是激发学生的创造力，改变学生和教师的思维模式。随着教师和行政人员的讨论逐渐展开，他们的兴趣和创造力也在不断增加。在很多情况下，他们会更深刻地意识到自己是教育者，并重新审视他们在课堂上到底做了什么。这就是教师开始理解 STEAM 教育本质的起点。这是 STEAM 教育在起效果，只不过现在是面向教师而不是学生。

不同的地方和社会经济背景

STEAM 是一种通用语言。它没有极限和界限。STEAM 教育的核心是一种信念，即所有人都是或能够是具有创造力的。在和如此多处于不同情况的教师一起工作的过程中，我们看到疲倦的教师重新点燃他们的热情和已经休眠了很长一段时间的能量，因此受到了鼓励。像“我已经忘记了什么是有趣的教学”和“我觉得我可能在课堂上有点无聊”这样的评论很常见。STEAM 教育模式为教师们提供了一个让他们放松的领域，来把握在创意教学中面临的挑战，并共同规划。我们发现，STEAM 教育模式可以让教师重新补充能量，帮助他们找到自己的创造性灵魂，并给他们一种将这种创造力融入其教学策略的模式。我们不断地看到这一幕，说明了敬业的教师们愿意接受 STEAM 教育模式。

在过去的两年里，我们与不同社会经济状况的学校合作，包括：

- 面向中产阶级和城市地区的公立学校。
- 城市、郊区和农村地区的私立学校。
- 为有天赋的学生开设的私立学校。
- 面向中产阶级和市中心地区的教会学校。
- 特许学校。

实现 STEAM 教学倡议

当然，在不同情况下，最初的 STEAM 教学处理方法也是不同的。例如，在许多情况下，我们与整个学区进行合作，由负责人发起并控制议程。在其他情况下，该工作则由学校校长负责。下文列出了他们的典型议程和时间表。图 3.1 说明了基本方案。

对于学区：

1. 关于 STEAM 项目的议题由负责人提出。

2. 与课程或管理团队（视不同情况而定）进行 STEAM 项目介绍和规划会议。

3. 根据该地区设定的目标，团队制订至少为期一年的战略计划。理想的情况是制订三年计划。

4. STEAM 项目是通过精心制订的专业发展计划被引入教师和员工的时间表的。

5. 举行合作会议和头脑风暴会议，以决定如何最好地在学校实施 STEAM 项目。选项包括以下几点：

   a. 创建一些独立的小学、初中和高中。
   b. 创建直属学校的团队，可能是两到三所小学，这些学校的学生可以进入直属初中，然后进入直属高中。
   c. 让学校完全地独立运作。

6. 创建一个管理和报告格式，以系统地跟踪进展。

7. 一个小组通过头脑风暴会议来决定哪些项目可以在集群或个别学校实施。

8. 视情况继续进行专业开发，包括一些课堂观察和指导。

9. 探索以某种方式对项目进行成果展示，无论是在区域内还是在公众面前。

对于个别学校：

1. 关于 STEAM 项目的议题由校长发起。
2. 创建一个 STEAM 项目管理团队，通常由管理人员组成。
3. STEAM 项目是通过精心制订的专业发展计划被引入教师和员工的时间表的。
4. 与教职工进行头脑风暴，讨论实施 STEAM 项目方案的具体环节：
   a. 同一年级水平的实施。
   b. 跨年级实施。
   c. 年级组（K−3）实施。
5. 创建年级组的分组结构：
   a. 任命一个团队领导来维持会议议程，并协助跟进。
   b. 与管理部门一起创建工作日历，帮助管理流程。
6. 用头脑风暴法讨论，并协助每个小组举行会议，确定 STEAM 项目的内容，以及每位教师和每项学科内容将如何真实地参与到其中。
7. 每个月安排 45 分钟的团队会议来提供指导，评估过程、进展。
8. 为家庭、朋友、地方政府和学区官员规划一个“家长之夜”，使其可以了解学生的项目。

基本的学区规划

图 3.1 说明了一个地区的基本规划。这个图表相当简单，但细节决定成败。这里的重点是，专业发展是面向所有学校的。指导必须有一致性，在

理想的情况下，对所有专业发展的监督应该是一个人的责任，这个人可以是管理员、学校领导或顾问。这个规划的目标是分享教学策略，从小学到高中，为每个学生创设“绿色通道”。升学导致的“换车道”会让许多学生无法适应，浪费宝贵的时间。在许多地区，一所学校不知道另一所学校在做什么，这是不幸的。STEAM 教学过程的核心是协作。幼儿园教师应该知道高中教师的教学成绩和目标，比如说，数学。反之，从一个有创造力的 3 年级教师那里，中学教师可以学到很多关于教学的艺术，比如用黏土而不仅仅是计算机程序来教授循环系统。不同年级的教师应该分享他们的想法，如果可能的话，还应分享他们的资源。我们明白这可能是困难的。然而，将此作为目标可能会促进创造性的解决方案的产生。同时，这也是一个利用技术的好机会。像 Skype 这样的软件允许用户之间的即时通信，为分享和合作这一非常重要的挑战提供富有想象力的解决方案。

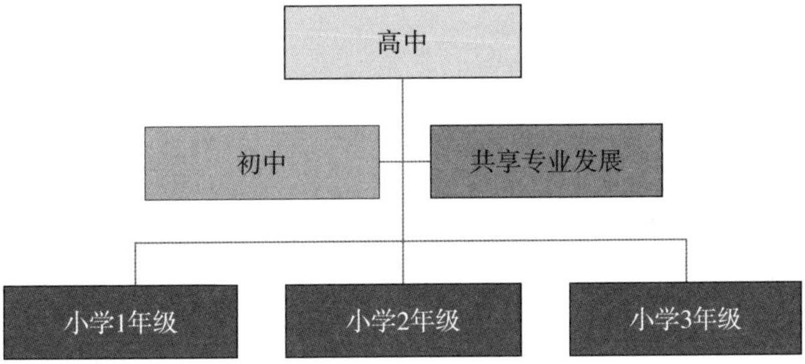

图 3.1　学区的基本规划

规划指南

这份规划指南可能会帮助学区和学校领导开始制订 STEAM 计划。它要求他们回答应该解决的重要问题，以便使时间和人力资源得到有效利用。

STEAM 项目规划指南（注明地区或学校名称）	
STEAM 项目的使命：（简短的声明，用以解释该地区或学校实施 STEAM 项目的原因）	
协理员	（负责监督 STEAM 项目的实施人姓名）
规划委员会	（规划委员会成员名单）
会议时间表	（规划委员会一起开会起草长期计划的日期、时间、地点等）
职业发展计划	（该地区或学校的专业发展计划大纲将被提供给教师、教练和管理人员，以供实施 STEAM 项目。大纲应该包括日期和具体时间，以及每项分支内容的简要说明）
后续指导	（规划委员会提出的长期计划和格式，建议对此进行后续辅导以协助 STEM 教师完成实施过程）
协作会议	（合作会议将允许 STEAM 教师分享他们的想法和成功经验，并解决他们遇到的任何问题。这些会议的参与者将会有所不同，这取决于他们是在整个地区实施 STEAM 项目，还是只在某些级别或学校实施。这些会议应该定期举行，以便协调者能够跟踪倡议的进展）
评　估	（地区或学校如何评估其 STEAM 教学倡议的有效性。评估策略可以包括前期和后期测试，来自教练、学生和教师的调查报告，以及管理者的观察）
公开展示	（对 STEAM 带来的成功和进步进行公开展示。它可以包括课堂内和校内的介绍。它还应该考虑 STEAM 展览，在那里学生可以向家长、社区成员和媒体展示并解释他们的项目）

你在更深层次上有什么规划策略？
◆当不同的教师合作并分享他们的想法和策略时，成功的 STEAM 项目就会产生。（2 年级科学教师）
◆最重要的策略就是直接行动。事情可以随着你的行动而改变。（2 年级语言艺术教师）
◆你找到了一种前所未有的与同事共事的方法，这种方法让人兴奋、充满活力。（K–8 年级公众演讲教师）
◆ STEAM 项目验证了我已在运用的许多策略。我意识到以一种“混沌控制”的方式管理我的技术实验室是可以的！它成功了！（K–8 年级技术教师）

我们正在学习的东西

在与如此多的学校师生、时间表、预算经费表打交道时，在任何情况下的最常见和最重要的因素是工作人员的奉献和使 STEAM 教育获得成功的决心。这就是“在框架内思考”模式非常有用的地方。教师总是对所有的事情都加以限制，例如预算、时间表、空间等。STEAM 教育不仅能鼓励伟大的想法，而且能使这些想法产生实际成果。由于必须“在框架内工作”，教师们为大多数问题想出了令人惊叹的创造性解决方案。尽管资源的可及性和对教员的时间限制各不相同，但是所有的学校在实施 STEAM 教育方面都非常成功。这是怎么做到的呢？

我们需要记住的是，STEAM 教育不是一个包装好的产品，这是我们已经反复强调的要点。实施 STEAM 教育必须具有灵活且支持创造力发展的风气。我们怎样在条件优越的学校执教，就怎样在条件艰苦的学校执教。在这个过程的头脑风暴部分，教师们非常注意他们工作场所存在的局限性，但这并没有改变他们的观点。在合作中（通常是第一次），教师的专业联系创造了一波共享的想法，这些想法不断变化，直到它们变得可行。这是 STEAM 项目成功的关键，也是 STEAM 教学过程的普遍基础。看着教师们再次对教学燃起热情，真是令人激动。热情的重燃意味着更多的创造力被激发，更多的挑战被征服。教师们反复地表达兴奋感受，比如“我已经忘记了教学可以是这么有趣”和“孩子们太投入了，我的问题学生不再让我头疼了”之类。在一种或另一种形式中，我们在所有的实施 STEAM 项目的学校听到了类似的说法。在本章和后面的章节中，我们介绍了一些教师和管理人员的实际陈述。

教师们对 STEAM 教育的热情让学生们受益匪浅。教师们报告说，学生参与度显著提高，他们对 STEAM 项目中涉及的内容领域的理解也大大增加。尽管教师在整个过程中使用了多种形式的评估，但最终，所有公立学校都采用了某种形式的标准化考试，以符合地区规定的评分标准。我们将在第 10 章详细讨论评估。

各州和地区管理标准化考试分数的方式各异，使我们目前很难将 STEAM 的教学效果有效地分离出来。然而，在回顾以教师为基础的评估时，教师会不断地将 STEAM 项目视为学生喜欢的东西。STEAM 项目允许他们深入学习过程，讨论和解释他们所学到的知识。当父母问“你今天学了什么”，学生可以和父母一起讨论并描述他们在 STEAM 探索中真正学到的东西，而不是说“没有”或“我不知道”。这比成绩单或教师来电的效果好得多。

下章提要

下一章讲的是我们关心，同时也是教师和管理者想要的参数，用于定义任何所谓的 STEAM 项目的完整性。其结果是一套全面的指导方针，概述了如何计划、实施和维护一个有效的 STEAM 方案的步骤。

第 3 章　把 STEAM 带入学校

思考要点

记录你接下来的思考要点、思路、策略和所需的资源。

第 4 章　创办 STEAM 学校的指导方针

每一门艺术都应该成为科学，每一门科学都应该是艺术。

——弗里德里希·施莱格尔（Friedrich Schlegel），德国哲学家

前面的章节提到，越来越多的学校声称自己是 STEAM 研究院或 STEAM 学校。当我们在互联网上核查这些机构的宣言时，却找不到任何能体现其作为 STEAM 学校的指导方针。如果我们负责帮助一所学校实施 STEAM 教育，我们认为一定要有一整套的指导方针。换句话说，要建立一所真正的 STEAM 学校，我们必须构建出一个框架来设定学校和全体职员应该达到的最低要求。到目前为止，还没有这样的指导方针面世。

在这项工作开始之初，我们就深知构建此框架的最佳资源就是那些已经开始 STEAM 教学或者打算参与这项工作的教师和管理人员。第一件事就是将中小学教师和管理人员召集起来，形成一个 76 人的团队。因为 STEAM 教育强调课堂上教师对学生创造力的培养，所以 STEAM 学校、STEAM 教师和 STEAM 教师导师应当具备这方面的特质。这个团队除了对指导方针提出自己的意见、建议之外，还通过网络收集了来自全国各地的 STEAM 学校的建议。

我们梳理了哪些特征不能作为 STEAM 教育或 STEAM 学校的判断

依据。

- 拥有精致的电脑教室
- 科学项目中增加了艺术内容
- 教给孩子们乘法运算的歌曲
- 所有学生都用平板电脑进行学习

我们不想让教育者们走入误区，以前的一些活动和尝试当然有一定价值，比如让每个孩子都用平板电脑学习。然而，STEAM 教育绝不是随便为之的活动和技术。经过几个月的工作，团队共同制定了一套实现 STEAM 项目教学的指导方针。下文呈现的指导方针对怎样建立一个严格意义上的、真正的 STEAM 机构做了具体描述。

STEAM 指导方针

STEAM 教育是一种创新，是在 STEM 课程、教学和评价中融入艺术。STEAM 教育的理念在近几年发展迅速，在 STEAM 教学中创造性和高阶思维等创新的关键要素得到大量运用，对学生成绩的提高起到了巨大的推动作用。

STEAM 项目已经在公办和私立学校开展了若干年。一些与 STEM 和艺术有关的教师、课程专家和学校管理者参与进来，提出建议，该方针应能对 STEAM 学校进行认定，或对经 STEAM 学会认证具有教学指导和督导能力的教师和管理者的事业发展项目进行认定。以下的方针就是这些努力的结果。

考虑到每个学校人力、物力和财力的不同，美国国家研究委员会提出的 K-12 框架根据推荐的时间安排来阶段性地呈现指导方针。学校的进度可以比推荐的进度快些或慢些，这取决于学校资源的多少以及社区参与的广度。实施 STEAM 方针的方法并不是一成不变的，应当与每个学校自身的情况相适应。真正重要的是，经历这些阶段以后，教师、学生和家长都能获益，学校管理者能有坚定的信念去支持和推进 STEAM 创建工作。

每条高质量的指导方针都有一个推荐指标，该指标代表着最佳的 STEAM 实践。最理想的状况是，学校满足十条指导方针的全部需求。学校应尽可能提出自己满足每条指导方针要求的证据，也可以提供一些为项目督学所认可的替代指标来证明他们的 STEAM 实践是最佳的。

该方针具有结构体系，这样可以让学校更好地理解方针制定的理由，也更好地理解如何将这一方针贯彻执行并给予观察和评价。这对于 STEAM 教育指导者和督学的职业发展也具有帮助。

方针 1: STEAM 任务和计划

为什么?

可以用印刷材料或类似新闻稿的电子文档给家长、地方官员和学校员工提供信息，一个可信又稳定的 STEAM 项目对于你的学校和学区都具有巨大的促进作用。

怎样做?

- 学校和学区的任务、愿景和教育理念应指明整合 STEAM 教育的价值。在支持性的印刷材料或网上信息中应包括 STEAM 项目的简要介绍。
- 学校和学区的短期计划、长期计划、战略规划和成就蓝图中应当指明 STEAM 教育的优先地位。这样就能确保 STEAM 项目不会像以前的许多项目一样只是昙花一现。

- 学校和学区的网站、信息发布和推送的材料应确立 STEAM 活动的重要价值。学区对某个可能实施 STEAM 项目的学校表示支持是很重要的。
- 记录下学校和地方机构（学区校委会、家长联合会）的不断合作，以求获取更多的公众支持。

方针 2：课程中的 STEAM 教育

为什么？

如果一所学校想要在 STEAM 教育方面变得专业化，那么其课程材料就应当有明显的体现。在许多学校，STEAM 这个缩写词可能没有被使用，但在所有课程出版物中，艺术和创造性的教学整合是显而易见的。

怎样做？

实际上，这比想象中容易。如果学校已经有教师采用艺术或其他创造性方式来进行授课，那它就更容易了。每个教师是否用同样方式和同样的术语来编写教学设计并不重要，关键是他们是否真正应用了艺术整合、不同领域的整合以及创造性的活动。

- 教师应给出教学设计、单元计划、课程结构图和其他流程，使学校和学区能更好地安排 STEAM 课程。
- 所有的 STEAM 教学设计都应该遵循《综合学习：从 STEM 迈向 STEAM》一书建议的形式。只有这样，才能更好地帮助教师拟定教学设计，也能更好地提醒他们参照多元智力理论和布鲁姆分类法。
- 学校的课程概述应显示各年级教学中关于 STEAM 教育的内容、指导标准和实践活动。有些地方的课程概述可能近期刚好在进行修订，可以增加 STEAM 附录，这很方便，可以避免重编。用简洁的文字解释 STEAM 教育会为刚入职的教师带来很大帮助。这能使人们达成共识，从而采用一致的教学方式。

方针 3：实施 STEAM 教育过程中教师的专业发展

为什么？

教师接受多级别的专业发展培训是十分必要的。培训内容包括对 STEM 和 STEAM 的介绍，对教师可能正在使用的创建体系提出强化建议，对教师如何在包含不同学科的团队中高效创建 STEAM 课程设计或项目做出统一安排。

怎样做？

- 召集学校和学区的骨干教师参与为期数天的 STEAM 课程工作坊，为他们提供研究背景和体验平台以实践应用，确保所有的参加课程工作坊的教师都能分享他们在 STEAM 课程整合方面的实践经验。可由学校管理者和教师联合会决定参与工作坊的教师人数。

要求教师能顺利完成 STEAM 课程训练和实践活动。理想情况下，科学、技术、艺术（包括视觉、设计、表演、文学）、数学、阅读和语言艺术（文学）、社会研究、体育、外语（在有需求的地方）等学科至少应有一名教师参加。各校的安排可能不尽相同，这与学校的规模和现有的教师配备有关。

- 本指导意见不仅适用于单独的学校，也适用于整个学区。例如，学区可能倾向于由各个年级推选的代表来组成工作团队。不管怎样，每个内容领域都应该有代表参加。

方针 4：STEAM 教学的领导和管理

为什么？

经验告诉我们，任何一个新项目要高效运行，都需要强有力的领导和高效的管理。这能确保所有教师同心协力，学生接受的教学指导理念一致且内容多样化。

这并不意味着所有教师都需要以同一种方式教学，因为任务可能是不同的。教师在设计 STEAM 课程时，能充分运用他们各自的天分和技巧，这就够了。教师应当分享那些有效的经验，并与其他来自不同领域的教师合作。

怎样做？

不同学校和学区的领导管理方式存在差异。学监、课程指导和校长都是在“学校”层面开展工作的。若课程设计团队像领导管理团队那样工作，事情一定完成得很漂亮。在这里，团队的组织结构各异，在地区一级，教师可以通过合作过程被指派或选拔。由于学校规模不同，团队可能小到只有 2 名教师，也可能大到多达 12 名教师。在某些特殊学校，校长和 STEAM 课程负责人应当寻求合作，并招募一些志愿者加入团队。不同年级、不同领域的教师（包括艺术、体育和外语教师）都要平衡分配。当然，不同学校也有较大差别。我们一起工作的一个学校就有全职的艺术教师，而不是兼职（每周上两天班）的音乐教师，在那里，艺术教师成为团队的一部分。

无论课程设计团队是如何组建的，它都有义务就 STEAM 课程相关事务与管理者进行充分的交流。

- 学监、课程指导、校长和任何相应的管理员都会通过专业发展培训充分熟悉 STEAM 课程，这样才能完全理解正在做的事情。
- 管理者把设计团队介绍给教职员工，向教职员工初步描绘整个项目的全貌，确保所有员工都能理解设计团队的重要作用。

- 设计团队与学区管理者要保持日常联络，监督项目的活动，提供活动和项目的升级服务，在必要的时候寻求更进一步的执行建议。
- 设计团队通过内部或外部资源为正在进行的教学提供支持。
- 设计团队为学校的决策提供建议，为学校的 STEAM 项目搜集资源。这些事情都在团队常规活动中进行，如在教职员工会议上。STEAM 项目是一个定期的活动议程项目。

方针 5：课堂中的 STEAM 教学

为什么？

理想情况下，学校所有的教师都应该一起为 STEAM 体系工作，这使基于学校自身现实来创造和分享一些新的理念成为可能。这一体系应当在课堂教学过程中得到体现。为了与指导方针一致，在教学计划和相关文件中，在教师们共同合作一门课程时，这一体系都应当有所体现。仅仅嘴上说我们在做 STEAM 教学是不够的。在教学计划之外，要有特定人员去观察教师和学生在 STEAM 教学方面的行动。

怎样做？

如果一项一项地认真执行这些方针，那么方针的落实就是有保障的。此外，还有如下一些建议。

- 学校和学区管理机构应在学校工作日给教师安排一些时间参加支持计划的专项会议，让他们坐下来正式讨论课程和 STEAM 计划。通常，这些会议关注纪律和学生家长提出的议题，这当然是可以理解的，不过时间还是应该留给重要的 STEAM 计划。

- 校领导应该排出开放课堂的日程表，允许 STEAM 专家进行定期调研和指导，回顾并检查课堂教学并找出好的实践方法。调研包括与教师及管理者会谈，了解 STEAM 教学在学校开展的现实情况。
- 有条件的学校可以用相机或摄影机记录下 STEAM 教学的指导过程和学生活动过程。这些记录应该上交并和相关的课程计划一起保存。
- 有可能的话，在学校和学区内，教师能使用浏览器、云盘或其他平台来分享课程设计和相关的照片、视频。

方针 6：STEAM 专业学习共同体

为什么？

STEAM 专业学习共同体旨在让教师联合起来互相帮助，发现潜在的创造性，某种程度上，也可以同学生一起工作。为了让工作更细致，许多学校都挤出一切可能的时间召开教职员工大会。这些会议常常关注管理方面的议题，如纪律、特殊事件、成绩单、毕业照等。建立专业学习共同体需要来自学校和学区提供的便利，只有这样才能确保它正常运转。专业学习共同体的培训机会是十分宝贵的，它能帮助全体教师对教学议题保持关注。当前的一些非教学性的议题很容易误导教师和管理者，成为员工大会的主要项目，挤占了本应用来讨论 STEAM 教学的时间。一些学校创建了专业学习共同体之后，教师带头人渐渐出现了，外部的培训就不再有必要了。STEAM 教学的作用就是帮助一些默默无闻的人显露出领导才能。高效的领导会带来更多的创造力。

怎样做？

- 在校长的支持下，教师一起为课程设计、互相听课以及相关讨论制定固定的日程表。

- 教师可以依托学校或学区使用的各种交流平台主动地定期共享最优的经验、课程设计和资源。校长、学区领导或其他相应人员应观察并支持这种共享。在开始阶段，还可以由外部的 STEAM 专家进行指导，以确保每个人都处于基本相同的水平。这是一件相当花时间的事情，但是经验告诉我们，要获得 STEAM 教学的成功，早期的观察指导是很必要的。教师团队应该尽可能作为一个集体来提交计划。本书中的一些教学设计格式可以作为合作教学设计的模板。
- 教师可以在专业学习共同体的帮助下参观其他学校，交流 STEAM 教学的最佳实践，分享经验。这一指导方针对于某些特殊的学校来说可能存在挑战，例如日程安排存在困难等，但是这是我们极力推荐的实践方法。
- 团队应当书写一份简短的年终总结报告以描述计划和建立 STEAM 专业学习的过程、最后所获得的成就、所克服的困难等。这份报告将作为专业发展活动中极具价值的资源，一年一年地流传下去。

方针 7：将 STEM 教育扩展为 STEAM 教育

为什么？

STEAM 教育的特性就是整合所有课程为一体，最好是所有专门领域的教师都来参与。我们来讨论一下“专门”一词。在太多的学校中，艺术、语言、体育教师被称为“专门教师”，而 STEAM 教育则要将创造性的艺术过程整合到各种内容的教育体系中。我们应该考虑把真正自由的艺术教育带回学校，有些学校已经在如此进行了。在许多学校，大量的艺术、工程和其他有趣的参与性活动被降格为只能在课后的社团中开展。或许我们能从这些社团中了解到有价值的课程，然后认真考虑把其中的创造性内容整合到日常课程中。

怎样做？

如果 STEAM 教育是成功的，这个日程表应该位于列表的顶部。这是战略计划（周期通常为三年）体现其价值的地方。如果校委会、家委会或者设计团队发现有困难出现，他们会把计划拆分成容易达成的阶段性计划。这样，挑战看起来就不那么让人畏惧。事实上，我们发现许多学校在头两年就已经完成了三年的目标。设计团队仅仅需要畅想并写下所有的 STEAM 教育目标——无论这些目标看起来有多离奇——先忘却它们一段时间，再回过头来把它们放到三年计划中，这就形成了有可能实现的梦想。

- 学生有机会参与有组织的项目活动，如乐高机器人联赛、目的地想象（DI）、“海鲈鱼”水下搜寻机器人设计比赛以及其他的一些项目。
- 学校给学生提供机会参与学校组织的探索活动，如动画实验室、摄影、3D 打印，等等。
- 学校为学生创造机会提升艺术经验，如合唱、器乐、视觉艺术、舞蹈和戏剧。这些努力可能需要社区的支持和参与，帮助引入本地的艺术家。学校或社区已经在教学策略方面对这些艺术家进行培训。这些艺术活动同数学、科学等学科的合作应该在书面的课程计划中有明显的体现。
- 学校应该让体育教师有适当的机会进行专业发展，从而确保体育课不仅仅是比赛、做游戏。在一些 STEAM 学校，我们可以看到数学教师和体育教师进行愉快的合作。孩子们十分投入地用篮球、呼啦圈和其他运动设施来玩一些与数学方程相关的游戏。数学课堂搬到了运动场，学习也发生了神奇的变化。篮球和呼啦圈代替了纸和笔。这有点吵闹却很精彩。

方针 8：STEAM 教育与未来

为什么？

各年级学生都能学习并理解 STEAM 教育的价值，学会规划人生，为升入大学做准备。

怎样做？

做这件事有许多方式。在以往常见的“职业体验日”里，家长们会来到学校分享职业经历，比如担任消防员的家长就会讲讲做消防员是怎样的。那么，“就让一切都重焕生机”（彼得·艾伦歌曲中的一句）。学校可能已经在做这样的事情，但可能没有将其放到 STEAM 教育的背景下。下文是一些可以为所做的事情增色的好办法。

- 分享课堂教学的教师可以将 STEAM 学科和 STEAM 涉及的领域同职业生涯进行联系。
- 学校职工要创造机会，让学生能通过职业生涯软件、网络资源以及家长和志愿者分享的职业信息在 STEAM 领域中探索自己的职业生涯道路。可能的话，学校可以举办 STEAM “未来之夜”活动，邀请工程师、科学家和艺术家来现身说法，提供更多信息，激发学生的热情。
- 学校要形成地区联盟，保持与附近大学和学院的联系，可以通过专家访谈或定点参观给学生提供机会，让他们了解 STEAM 领域的大学系科和专业。

方针 9：STEAM 教育在区域和全球共同体中的行动

为什么？

STEAM 教育应当与社会活动相联系，应当关注环境问题。在学校和社区的用心组织下，学生会在活动中表现得十分主动。比起开发一个新的活动，更常见的做法是把现有的活动放到 STEAM 教育的背景下。应当为已经开展这些活动的学校鼓掌——虽然开始的步伐小了点，但毕竟开始了。我们需要与年轻一代分享的是保护地球、懂得感恩回馈、关心他人的理念。

怎样做？

有一些建议如下：

- 让学生创建社会服务项目，包括寻找创意、做计划、执行和形成最终的报告。教师、家长和志愿者可以帮助和指导学生设立自己的基准和目标。
- 有可能的话，学校或学区的管理官员应该通过地方媒体大力宣传这些 STEAM 项目。
- 在有条件的地方，教师、全体职工和访客可以基于终极任务对学生进行学业规划指导。

方针 10：STEAM 项目展览

为什么？

这是一种让学生展示他们作品的好办法。不仅如此，更重要的是，这也是一个让家长、社会大众更好地认识并了解 STEAM 教育的好办法。不同于科学博览会，这种展览不仅仅是学生的展示，应当有观众参与进来。学生可以当访客的小老师，这是一种展示技能的极佳方法。

怎样做？

有许多方式可以实现。教师、家长和学生可以举办一个具有震撼力的 STEAM 项目之夜，在以往的科学博览会的形式中加入大量艺术性的创新（可能是与 STEAM 项目有关的合唱，或者用电脑程序谱写一首歌曲）。要确保家长们都能参与这个活动。一些建议如下：

- 学校要将用于公开展示学生项目的 STEAM 项目展览安排进日程。
- 学校或学区要组织和推出年度校级 STEAM 项目展览或博览会。

提醒：第一年就在一个地点开展学区范围的大型展览并不合适，若是在某个固定的时间，由每所学校在校内进行展览，则比较可行。尝试几年后，再组织一些学区范围的活动就比较恰当了。

- 学校和社区可以一起募集赞助，用于提供奖品、证书、茶点和音响系统等，或是帮助负担预算。这也可以促进学校和特定组织机构（如大学）的联系。

> 可以根据需要调整这些方针，但是一定要保持它们的本来面目。

我们已经看到 STEAM 教育是怎样唤起教师和学生的创造性，从而使他们更多地参与活动、具备更浓的兴趣、积累更有意义的教学经验的。不过，这只有在学区和学校认真制订并执行计划时才有用。谨记一句话：在教育领域，如果缺乏组织规划，没有目标和持续性的职业发展，没有坚持到底，没有评价机制，那么一个有着良好初衷的项目最终会变成无生命力的僵尸项目。我们不想这种现象发生在 STEAM 项目上。这就是我们要提供指导方针的原因。这些方针已经在实施 STEAM 项目的各种各样的学校中被证明是成功的。可以根据需要调整这些方针，但是一定要保持它们的本来面目。

给新接触 STEAM 教育的教师的建议

- 开放思想。激发学生活力的最好方式就是把不同学科整合到一起，使学生能从那些擅长的学科中受益。在活动中增加创造性的内容可以培养学生的想象力和好奇心。（2 年级数学教师）
- 从某一方面起步，然后不断完善。在很多方向上都会发现多种可能性，只要你坚持下去。（4—5 年级语言艺术 / 社会教师）
- 要认识到，所有的学科都很重要，且最后都能以某种方式融入你的项目中。（8 年级演讲教师）
- 学科综合的影响一定是积极的，因为学生不但能紧密团结，而且还会为他们的作品而感到自豪。孩子们一刻不停地讨论他们的项目，不断把它们推荐给别人。（6—8 年级数学教师）

下章提要

试图尝试 STEAM 教育的 STEM 教师经常会担心，这些尝试会对他们的工作造成什么影响，会如何影响学生的学业成就，以及应如何开始实施。下一节将会详细论述这些重要的问题，也会给出一些小建议，例如如何在 STEAM 教育的道路上起步，如何才能不影响其他任务且使 STEAM 教育日常工作保持正常运转。我们将一些来自已经实施 STEAM 教育的教师的建设性意见作为附加资源收录其中，还给教师提供了一张艺术感知评估表，帮助他们用有趣的方式反馈教学实施效果。

第4章　创办STEAM学校的指导方针

☞思考要点

记录你接下来的思考要点、思路、策略和所需的资源。

第5章 艺术与STEM整合的常见问题

创造性是允许你自己犯错误，艺术是知道如何对待这些错误。

——斯科特·亚当斯（Scott Adams），美国漫画家、作家

《呆伯特法则》（*The Dilbert Principle*）

只有提前花些时间组织课程和整合教学，才能将与艺术相关的技能与活动和STEM理念结合起来。我们将在后面章节进行说明。每一所学校和每一个教学环境都像我们的孩子一样各有不同，然而在推行一个被提议的新项目时，这一点常被忽略。有时，医生给的建议也可能不适用于病人的具体情况。在本章中，我们将首先阐明本书提到的“艺术”到底是指什么，然后会提出一系列关于实施STEAM教育的常见问题，并提供由已经在课堂上实施了STEAM教育的教师和课程专家所给出的评论和建议。

艺术是什么？

这是一个多么难回答的问题啊！完整的答案一定很长，随着越来越多的技术应用于艺术，很多新的创造形式目前甚至尚未命名。为了解释本书中的许多活动，我们列出以下的艺术表达形式。当然，艺术的美妙之处就

在于，一种艺术形式常常能与其他艺术形式交互影响。

> 随着越来越多的技术应用于艺术，很多新的创造形式目前甚至尚未命名。

音 乐

- 器乐知识
  - 独奏乐器
  - 管弦乐
  - 行进乐队
  - 作曲
  - 舞剧团
  - 管乐团
  - 爵士乐团
- 音乐欣赏
- 计算机合成音乐
- 合唱 / 声乐作品
  - 发声技巧
  - 表演
  - 合唱技巧
  - 作曲

美 术

- 素描
  - 铅笔
  - 马克笔
  - 蜡笔
  - 炭画笔
  - 粉笔
- 彩绘
  - 丙烯画
  - 油画
  - 水彩画
  - 卡通画
- 陶艺（包含镶嵌画）
- 雕塑
- 布艺
  - 绗缝图案
  - 印染
- 壁画
  - 人工绘制
  - 现成品艺术
- 纸艺术
  - 造纸
  - 折纸
- 艺术欣赏
- 计算机生成美术

舞　蹈

- 舞蹈介绍
  - 芭蕾舞
  - 爵士舞
  - 现代舞
  - 踢踏舞
  - 国际舞蹈 / 民族舞蹈
- 编舞
- 排练
- 舞蹈欣赏

戏剧 / 剧院

- 戏剧和表演课
- 演讲和发声
- 哑剧
- 戏剧和音乐制作
- 原创和改编剧本
- 戏剧 / 剧院欣赏
- 剧场技术
  - 剧院灯光设计与操作
  - 场景设计与建造
  - 音频 / 声音设计与操作
  - 服装设计与制作
- 木偶艺术
  - 木偶的设计与创作
  - 木偶戏舞台的设计与创作

电　影

- 电影制作
  - 电影编辑
  - 摄制
  - 创造音轨和特殊音效
  - 视频
- 不同题材
- 动漫 / 动画
- 电影欣赏

创意写作

● 不同体裁的创作	● 倾听 / 欣赏
○ 散文	● 技术
○ 诗歌	○ 翻译
○ 小说	
○ 戏剧	

建筑、园艺和景观设计

● 基础设计	● 理解当地生长条件
○ 传统设计	● 社区和学校的花园设计
○ 电脑设计	● 园艺欣赏
● 植物起源与种类	● 保护问题
● 原料	

所有这些艺术形式都可以通过网络与来自其他国家的学生合作并在项目中用到。

探讨几个常见问题

我们认识到，那些在学校教育探索中将艺术融合到教学中的教师或者艺术家，经常有一些很重要的问题需要解决。这些问题反映了关注的焦点，即教师自身是否需要在艺术方面进行拓展培训？这些培训需要在繁忙的工作中占用多少时间？学生的考试成绩是否会受影响？以下是我们对一些问题的回答，当然它们可能不是所有情况都适用。

问题 1：如果我既不是艺术家也不是有创造力的人，该如何做？

从各个年级的教师那里得到的最常见的反馈是，他们不认为自己在任何方面具有艺术才能。在教室里，除了“涂色”之外，必须创造艺术作品的想法让他们感到恐惧。我们常听到这样的故事，教师在孩提时代被告知“亲爱的，不要唱”，暗指他唱得很糟糕，或者没有经受过任何正规的音乐或者艺术训练。学生被告知在规定区域内涂色或者描绘，不允许任何自由表达，他们担心超出界限是错误的，但我们知道，勇于超出界限、面对未知，会激活大脑中解决问题的区域。尽管这些指导是出于好意，但它们实际上起到了相反的效果——阻碍了创造性表达。

> 你每天所做的事都可能是在做出与艺术相关的选择。

即使你很少有观赏现场音乐剧、戏剧表演、舞蹈表演或是参观博物馆画廊的经验，也不用担心。你每天所做的事都可能是在做出与艺术相关的选择：切换电视频道，挑选在家中或汽车中听的音乐，决定衣着的颜色和面料，规划家中的布置……创造性决定是你日常生活中的一部分。现在，让我们明确：创造性决定是学生在校生活体验的一部分。

我们走近 STEAM 是基于这样一种理念，即我们每个人都具有某些艺术才能，并且其中一些才能比其他才能得到了更好的发展。令人吃惊的是，很多教师在孩提时代学习过跳舞，参加过几年钢琴或其他器乐课，也曾花费数小时用乐高创作城市模型，细化画作（是的，人行道上的粉笔画也算），或者说出那句经典的台词“让我们表演个节目吧”，然后邀请家人和朋友在后花园里举办一场百老汇式的演出。

现在是时间停下来思考了。什么类型的美术和音乐使你感到愉悦？为什么？回忆你在生命中拥有过的艺术体验，并将它们带到活动中来。当你运用 STEAM，你很可能发现毕加索、巴兰钦，甚至嘎嘎小姐（Lady Gaga）深藏其中。勇于承担风险吧！这样做可以让你实践你所传授给学生的东西，并且你会发自内心地允许你的学生在学习解决真正的问题时同样敢于冒险。这也是全面了解 STEAM 领域的人在做什么以及怎么做的必要能力。本章末尾是一个自我评估表格，名叫艺术感知评估表，它会帮助你了解自己是怎样看待艺术的。

问题 2：整合艺术是否比“为了艺术目的”的艺术更好？

如果你是个爱看电影的人，你一定熟悉米高梅电影的片头所展示的米高梅标志—— 一头咆哮的狮子从一个电影胶片圈中冒出头来。胶片上写着拉丁文短语“Ars Gratia Artis”，意思是“为了艺术的艺术”。本书的目的是帮助教师在教授科学、技术、工程和数学核心素养时，将艺术作为教学工具使用。我们绝没有暗示艺术必须有利于学生的 STEM 课程学习才能在学校教学及校外教育中存在。毕竟，在 STEM 这一领域出现之前，艺术早已成为人类生活的一部分。

理想情况下，学校应该是这样的学习机构：合唱、器乐、舞蹈、美术和戏剧都应该在课程上有彼此平等的地位；年轻人参加合唱，表演管弦乐，或者画一幅壁画，然后跑去练习篮球。这是一个有文化的机构，使所有年轻人身上最好的那部分才能都得以培养。这一培养方案的效果似乎难以测量，但是当我们看到它，就会知道它是有效的，当我们听到它，就会感受到它的成效。

> 艺术帮助人们提升自我内省的能力和人际交流的经验，从而打破社会文化障碍。

这些经验促进了人际交流，培养了自我内省的能力，从而打破社会文化界限的障碍。这种在很多场景下一起工作和学习的共同经验培养了友谊，加深了不同文化背景的人们之间的理解，促进了人们对不同思考方式的接纳。艺术为“有意义的学习”的产生搭建了舞台。在全国范围内濒危的人文科学教育中，艺术却是一个不可征服的部分。不幸的是，高利害测试和学校朝向专业化的趋势，偷走了孩子各种各样的学习体验，而这些体验本应丰富他们的生活。

我们的目标是使这些活动和项目能在学校里愉快地共存，学校的管理系统可以促进艺术教师、学科教师及课外活动（例如体育）指导教师之间的健康合作，使他们在教授高质量的课程上互相帮助。例如，阅读教师可以从合唱音乐教师那里学到很多，因为后者经常通过一段合唱音乐里的歌词向学生教授超过他们年级水平的词汇。反过来，就学生如何学习句子结构、语法、断句和故事序列而言，合唱教师也可以从阅读教师那里学到很多。

问题 3：艺术家和教学艺术家之间有区别吗？

在接下来的章节我们将提出一些建议，包括让当地的艺术家进教室，他们将运用他们的专业技能提升学校对 STEM 教育的理解。理想情况下，这些艺术家会定期访问，并与学区建立工作关系。除了支付艺术家的必要费用，学区也应该建立一个培训项目来保证这些艺术家在教室里的教学是高效的。

我们意识到，这个项目必须与现有的当地和州政策规定相符合，与教学合同相符合。需要关注的是，艺术家进行教学是否拿到了相应的薪金？一些学区有外来的资金援助来支付这笔薪金。尽管困难重重，很多学区已经成功地实施了这类项目（例如在本书结尾的“资源”部分展示的创新教育中心项目）。

> 教学既是一门科学又是一门艺术。

当然，在选择教学艺术家候选人时必须谨慎。钢琴家、画家、舞蹈家或演员并不一定具有教学的能力。教学是一门艺术也是一门科学。一名艺术家，若没有接受过任何教育学培训，则需要学习如何教学。对于任何职业，很少有人能不依靠任何训练而只靠天生的才能就把事情做好。我们经常听到“她为教育而生”，或者“他为歌唱而生”。大多数情况下，这不是事实。教育和歌唱一样都是需要通过大量实践才能表现好的技能。

在 20 世纪 80 年代，圣奥古斯汀艺术学校在布朗克斯南部创造了一个独特的环境，在那里，学术教师和参与教学的艺术家每天一起工作。这就使让教师成为艺术家、艺术家成为教师的培训成为必需。这些年来，许多其他组织，例如芝加哥教育艺术伙伴协会，也做了相同的工作。不幸的是，美国的本科阶段和研究生阶段的教师培训在 50 年里并没有朝着好的方向有太大改变，仅有少量机构冒险创造了真正的创新性教学方法。我们的梦想是，将新的、独特的、具有指导性的策略在全国范围内的所有教育培训机构里实施，从而使艺术整合教学成为主要内容，但是这一话题超出了本书的范围。

培训艺术家成为教学艺术家是一个极具挑战性同时也颇具创造性的过程。与其他任何指导性的策略一样，该培训是一个在教室里应该发生什么的范式。这个培训项目面临的挑战是，不能破坏艺术的完整性和艺术家的作品，而要与艺术家合作，提升教学技巧和策略，同时还需理解教学标准。图 5.1 里的安排展示了培训教学艺术家的典型的全年安排，须注意这一培训包括接触多元智力理论和布鲁姆分类。你将在第 10 章找到关于这些模型的详细解释。值得庆幸的是，很多学校有音乐、舞蹈、艺术和戏剧教师。你应该和这些同事一起工作，如果他们也是很棒的教师，那么他们将成为你的巨大资源。正如你稍后将从本书中看到的，与这些艺术家和艺术教师合作的方式有很多，如果你付诸实践，你们双方都会感到愉快。

教学艺术家专业发展培训　A 部分——每一个阶段是 3 个小时

◆ 多元智力——将理论赋予实践。

◆ 布鲁姆分类——理解艺术过程的关系。

◆ 管理课堂。

◆ 创造有效的课堂计划和时间管理方案。

◆ 理解共同核心州立标准和年级水平预期。

◆ 与有特殊需求的孩子一起高效工作。

◆ 在一个多语种、多文化的环境里教学。

◆ 性情与教学——在教室里实际应用迈尔斯-布里格斯类型指标（MBTI）。

◆ 学校规章制度——理解你的职责以及所教地区学校职员的职责。

◆ 与其他教师、课外实践者或者另一位教学艺术家合作——与这些人员合作并开展讨论，明确在一个成功项目的背后推动真实协作的必要手段有哪些。

教学艺术家专业发展培训　B 部分——实践

◆ 观察（4 人）——对 4 位有经验的教学艺术家在课后活动场地开展的课堂教学进行观察。

◆ 导师-合作伙伴教学（2 人）: 与 4 位有经验的教学艺术家一起精心准备一堂课并加以实施。

◆ 沉浸一日: 开展一项完备的、持续一天的专业发展培训，重点内容为创建教案样例，向其他参加者展示部分环节，获得反馈意见，以及回顾 A 部分中所有的专业发展主题。

◆ 教学艺术家评估——持续开展管理部门评估、教育艺术家自我评估和专业领域的评估。

图 5.1　佛罗里达州西棕榈海滩的创新教育中心为教育艺术家提供的职业培训大纲

艺术教师并不总是能得到他们应该得到的尊重，只有在假日文艺会演的时候或者特殊展示的时候他们才变得重要。他们的教学时间经常被一些突如其来的事情挤占，他们在学校里的实际地位也不高。一个让音乐和美术教师不停换教室的学校，传达了一种态度，即音乐和美术没有重要到值得拥有一间专属的教室，这多么令人悲哀啊！其实，这些教师本可以成为宝贵信息和想法的金矿。让他们成为你的朋友吧，和他们一起进餐，然后一起计划你的工作。

问题 4：一个 STEM 教师能够像艺术家一样思考吗？反过来说，一个艺术家能像一个 STEM 教师那样思考吗？

我们承认，尝试使 STEM 课程与艺术相关活动相结合意味着承担风险。很多时候，教师，特别是小学阶段的教师经常被明确告知应该教什么，什么时候教。这种过于细致的管理方法会耗尽教师的所有创造力。反过来，和艺术家一起工作，可以激发教师的创造力，同时为学生提供令人兴奋和富有挑战性的体验。

想象一下与一名职业的制陶人一起工作，她的艺术不仅能帮助学生制造一件精美瓷器，还可以加强其数学概念（图 5.2）。当创作瓷器的草图时，学生必须积极地参与测量，所以需要用到视觉和空间智能。测量和估算所需的黏土量和烧窑时间将影响最终作品的大小，而这一过程也需要逻辑和数学才能。显然，整个过程都需要人际交往能力和内省能力，这些能力可以为学生了解、理解和运用数学运算能力创造动机。一位能意识到艺术打开创意之门的 STEM 教师，所带给学生的是一段奇妙的体验。正如我们指出的，艺术不仅在很多方面激活了大脑，而且它们也有助于创造支持性、丰富性和充满快乐的学习环境。合作学习的观念已经普及很久了（比如苏格拉底式教学法）。在 20 世纪 70 年代，合作学习的理念第一次进入课堂，教师像发现了新大陆，在此之前学生都是孤零零地坐在课桌旁，很少与他们的同伴讨论学习。但是对于合唱、器乐和舞蹈教师而言，合作式学习并不是新鲜事物，而是他们教学的基础，最终作品大多数都是协同努力的结果。

创造艺术融合的课程计划本质上促进了学校和课堂里的合作文化，以及教师和教学艺术家之间的合作。一个有力的佐证是当两个成年人一起工作，居然他们有时意见不统一，但最终能想出最佳的答案。这种良性互动的形成不太能被准确评估，但我们可以感觉到它，看到它，几乎可以触碰它。想出最佳的答案往往与“应试教育”相反，悲哀的是“为分数而教”恰恰成为许多学校的魔咒。教师使用不同的教学方法（如艺术整合）能给学生带来丰富的学习体验，更不用说教师自身的丰富经验。正如你将在本书后面看到的，使用艺术作为教学工具可以在保证相同教学效果的同时丰富每个人的体验。

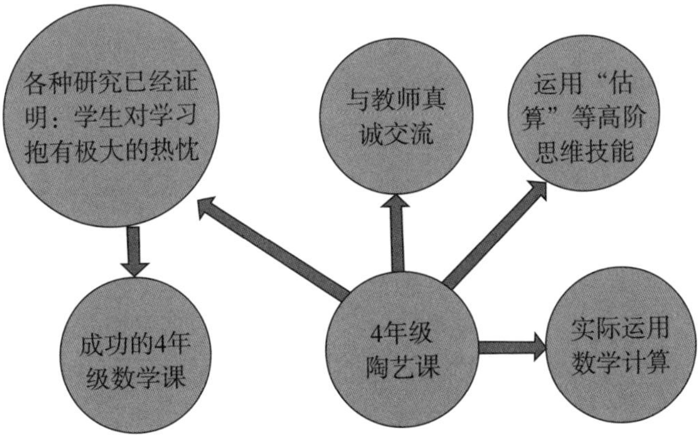

图 5.2　陶艺课需要学生应用 STEM 概念

你对一个新 STEAM 教师有什么建议？

- 留给自己比设想中更多的时间（5—8 年级科学教师）。
- 允许外部教练协助教学和指导教师合作（7—8 年级数学教师）。
- 大胆思考。一定要安排时间进行讨论交流，确保计划的顺利实施（幼儿园教师）。
- 探索话题的各个方面。选择一个你已经教过的主题，作为你的 STEAM 项目的基础，但不要一味地重复（1 年级教师）。
- 管理部门必须提供合作和对话的时间（初中课程指导教师）。

问题 5：如何做好日程规划，以便为艺术融合到教学做准备？

我们最初称这一部分为“创造时间的时间”，这听起来很诗意——像吟唱的歌词。当然，创造时间是不可能的，除非有一个特别高效的教师。教师每天要不停地扮演多种角色：教育者、指导者、照顾者，以及（经常是）守卫者。我们的目标是消除对艺术融合的错误看法，即认为它会增加巨大压力，将占用日常规划的大量时间。与其由我们说服你相信，不如你自己去看、去体会。

与任何其他有价值的教育策略一样，开始时，人们需要一段时间对新观念进行学习和适应，并进行实践。对于艺术整合，通常没有必要听大量讲座、阅读相关期刊和文献。然而，确实有必要让教师相信这是一种有效的教学工具，可以参考第 1 章和第 2 章中关于艺术整合的研究。另外，与一位优秀的教学艺术家进行真正的合作并共同制定一个教案也是必要的。这一活动基本上取代了传统的专业发展模式。即使没有这种合作机会，在这本书中也有很多关于艺术整合的教案和许多在线资源（见“资源”部分）。

无论是与艺术家本人还是网上的其他艺术资源合作，你都要意识到，这是用新的方法教授你本来一直在教授的内容的实验。也许，你实际上已经自己实践了一些本书建议的策略。

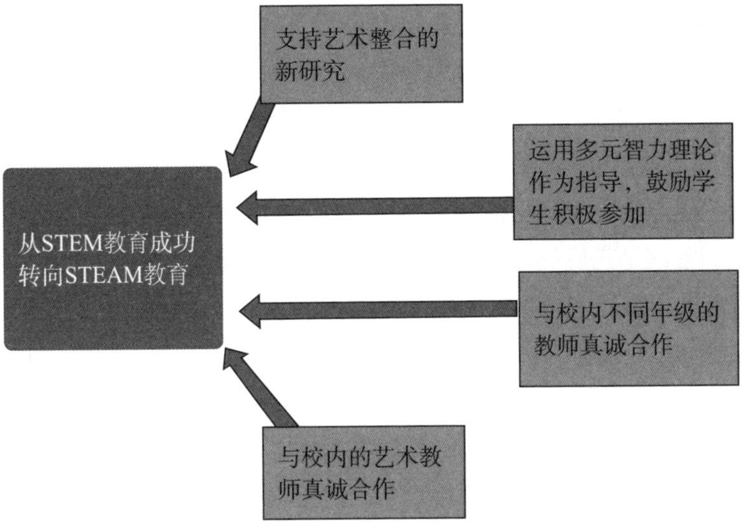

图 5.3　从 STEM 教育到 STEAM 教育成功过渡所需要的步骤

得到理解不等于允许。我们的经验是，即使是现在，很多小学和初中教师所工作的学校仍然并不乐意支持艺术整合，或是任何从语文、数学或其他有高利害测试的课程领域“拿走”时间的事情。可以说这是一个令人感到不安的现象。因此，如果你有一个有远见的、愿意承担风险的管理者，那就大胆去做吧。如若不行，那你可以考虑做以下事情：

1. 与学校管理部门创造艺术整合的案例，引用本书以及本书“资源”部分所列举的其他书中所包含的关于大脑的研究。

2. 开始创建艺术整合的课程计划和指导性策略，找时间与其他可能感兴趣的教师合作。

问题6：将艺术融入STEM教学会影响学生的考试成绩吗？

这似乎是任何与学校有关的问题中的首要问题。无论是新的项目或活动的增加，还是时间表的变化，这个问题都要被考虑。如何将大脑学习科学的研究成果与优秀的课堂设计和教师指导相结合，是任何学习的关键。艺术整合也不例外，然而在衡量艺术综合教学是否成功方面，还存在着一些重要的问题。大多数标准化测试并没有告诉我们一个孩子是如何学习一个特定的概念的，也没有告诉我们一个学生得到答案的思维过程。它只是告诉我们答案是正确的还是错误的。我们从第1章所讨论的众多研究中所知道的是，大多数有艺术经验的学生在标准化测试中比那些没有艺术经验的学生更成功。我们谨慎地不去自动假定因果关系，因此数据是令人信服的。

除此之外，当学生积极参与有助于内容学习的有意义且有创造性的活动时，理性的火花在迸发。随着兴奋、协作、探索、冒险和成功丰富着教学和学习过程，新的神经网络也在不断地构建和扩展。这样的经历会带来成功的学习，也会反映在学生的考试成绩上。

问题7：如何看待美国共同核心州立标准？

政策制定者曾希望美国共同核心州立标准（CCSS）将产生新的、更好的课程，但这仍有待观察。这些标准引发了一场关于教育政策的争议，尽管CCSS为这项举措付出了大量的资金和精力，但仍有人质疑CCSS能否对学生考试成绩产生影响。为什么？因为CCSS带来了预设的课程，而真正的课程一直是并且将永远是在课堂上发生的事情。由州、地方或学区编写的书面课程具有良好的意图，但它不能预测在学校，哪怕同一教室内存在的许多变化。学生的母语、文化、认知和身体能力的变化对需要不断调整教学内容和策略的教师来说是一个日常的挑战。

你的学生在学习方面学到了什么?

- 第一次尝试并不总是成功的。失败带来了有意义的自省（5—6 年级数学教师）。
- 有时你的计划不可行。你必须适应变化和改变你的计划（3—4 年级语言艺术教师）。
- 学生应认识到不同的学科是如何联系的，以便更好地整体理解（7—8 年级数学教师）。
- 这一切都是关于过程的（中小学校长）。
- 联系！使用音乐使我能够将社会研究（历史）和基本数学原理联系起来。孩子们有了更好的整体理解和兴趣（中学音乐教师）。

成功的学校依靠真实的课程范例，它们由特定学校的教师创造，且五年修订一次。真正的课程范例是建立在以下基础上的:

- 国家和州的标准
- 地区教学指导意见
- 学区的学生人数

成功的学校依靠真实的课程范例。

这并不代表课程要降低国家期望。它意味着需要问这样一些问题:“对于每一个 5 年级的学生，当他们从中学毕业时需要知道些什么？”“对于每一个高三年级的学生，当他们从中学毕业时应该知道、理解和能够做什么？”当目标被确定并与共同核心州立标准相符合时，教职员工才能一起工作帮助学生达到这些目标。教师需要考虑使所有的操作指向这一目标。我们认为，整合艺术的活动能帮助更多学生实现成功，特别是在 STEM 领域。

以下案例展示了一套 2 年级生物课 STEAM 类型的课程，这套课程在很多学校里都成功地使用过。它包含数学（测量花园的地基）、工程（设计布局）、技术（从网上获取最适宜种植植物的信息），以及和艺术相关的涉及可视化的活动。同时，这一课程体现了不同学科领域里的共同核心州立标准（在这个案例中，我们应用了佛罗里达州为 2 年级学生设定的标准，它们与其他许多州为该年级学生设定的标准相似）。

STEAM 类型课程案例——2 年级科学（生物）

视觉艺术项目

课程设计理念："迷你花园"——学生为个人室内苗园创作了布局规划图，这个花园由牛奶纸箱制作而成，制作过程需要学生测量纸箱的实际种植面积，剪裁出不同颜色的区域色块以代表不同的花和蔬菜，在画有代表种植区域的轮廓线的白纸上排布这些区域色块，决定如何利用这些空间以及种什么植物。学生合作创造种植园，测量、绘制幼苗的生长过程，并用文字记录整个过程。

数学

教学大纲：估算和使用标准单位，比较和测量物体的长度；回忆基本加法和相关减法的知识；估算、选用合适的工具测量，或者计算长度以解决问题；用几何模型演示整体与部分之间的关系作为分数的基础。

认知难易度：中到高

附加内容

科学：对比不同小组用同样的工具获得的观察结果；观察和描述植物和动物生命周期里的主要阶段；按照颜色、质地（颗粒的大小）、储水能力和支持植物生长的能力对土壤分类。

认知难易度：中到高

视觉艺术：运用合适的决策技巧以达到预期的艺术目标；将工具和技术作为艺术制作过程的一部分进行实验；在个人工作中运用艺术的结构元素和设计的组织原则来提高对创作过程的认识。

认知难易度：中到高

包含的多元智力

逻辑数学	语言	内省
视觉空间	人际交往	自然

布鲁姆分类

在这一活动中，学生认知水平的上升和下降取决于他们合作的程度以及他们用于设计和建造花园的创造力。

来源：改编自佛罗里达教育部门（时间不详）。

以下是一个 5 年级数学课 STEAM 类型课程的案例。

STEAM 类型课程案例——5 年级数学

跳舞 / 身体运动项目

课程设计理念："舞动世界"——学生学习太阳系和太阳、行星、月亮、小行星、彗星的特性，以及它们在我们的星系——银河系中的位置。在听取关于背景资料的一段介绍之后，学生以小组为单位，选择其中一个话题进行深入调查，记录他们的研究，同时绘画、剪裁或粘贴行星或天体的图片。小组成员一起选择他们运动或跳舞时要跟随的音乐。每个小组都会制作服装，可以简单为之，也可以在条件允许的情况下精心设计制作，描绘出星球或物体的颜色、大小和其他特殊标记（创作一个星座将会非常神奇）。因为这些天体坐落于银河系，银河系小组创作舞蹈来展示银河系的宏大，他们最后将教室包围起来。小组决定行星如何围绕着太阳并在银河系里移动，继而创作展示这一现象的舞蹈。通过这样做，他们将学会合作，学习他们各自代表的行星和恒星的特性，并且学会随着音乐的提示跳舞。

科学

教学大纲：认识一个由星云、尘埃和很多恒星，包括围绕着恒星转的任何天体组成的星系；识别我们的星系——银河系；认识所有行星的主要特征，对比内外行星的特性；区分太阳系中的以下物体——太阳、行星、月亮、小行星、彗星，并识别地球在其中的位置。

认知难易度：低到高

附加内容

视觉艺术：改进艺术作品是达到创造性艺术目标的一个必要步骤。

音乐：创作表演时运用视觉、动觉和听觉的手段来处理音乐元素。

舞蹈：在运动展示中运用时间、空间、力量和能量来表达感觉和想法；针对一个给定的舞蹈主题给出多种可能的可视化解决方案并进行实验，继而探讨每种方案的效果。

布鲁姆分类

在这一活动中，学生认知水平的上升和下降取决于他们合作的程度以及他们用于设计、建造和完成他们作业的创造力。

包含的多元智力

逻辑数学	音乐	自然
视觉空间	人际交往	身体动觉能力
语言	内省	

你在更深的层次上采用了什么样的规划策略?

- 保持灵活性，尽早开始规划，与团队集思广益，然后选择对学生最有利且“可行”的方案（幼儿园教师）。
- 让学生看到教师作为一个团队一起工作。我们选择的主题在所有班级中都被实施。学生能掌握知识，因为它是以多种方式呈现的（3 年级教师）。
- 从头到尾进行思考。设定现实的目标。向他人寻求帮助（中学课程主管）。
- 利用艺术教师增加创意和资源（中学美术教师）。

艺术感知评估表

在 STEAM 项目的专业发展研讨会上，我们首先担心教师可能会认为这个艺术感知评估表是可笑的。但是，我们发现这张工作表比我们所预期的更受欢迎，主要是因为它为他们的课堂实践带来了深入而有意义的交流。以下是一些现实且有趣的讨论。

指导语：读完每个问题，选择你的答案，并将答案写在____上。选项没有正确和错误之分。答案在评估表后。

____1. 你的学生在标准化数学考试中表现很差，你应该：

A. 争取校长同意改变你的日程表，为数学增加更多课堂时间，并且占用社会性学习时间

B. 要求采用新的数学教材

C. 寻找其他创造性的方式为学生呈现学习材料

____2. 在你的课堂上有几个不遵守纪律的学生，你应该：

A. 将犯错的学生送到校长办公室

B. 观察这些学生，并思考什么样的教学策略可能吸引他们

C. 让他们在教室后面静一静

____3. 以下描述中适合你的是（单选）：

A. 你经常想演奏一种乐器

B. 你在学校无法参加合唱团，因为你不会唱歌

C. 你参加了舞蹈课

D. 你从来没有参加过艺术课程，但是喜欢画画

E. 以上所有选项

F. 以上选项中的一部分

____4. 有一位艺术家每学期六次走进你的课堂参与教学，你会：

A. 很高兴有一段空闲时间可以赶一赶其他文字材料

B. 确保学生是安静的

C. 与艺术家一起工作以在他/她的艺术项目中增加关于测量和评估技能的内容

____5. 艺术整合从何开始：

A. 课程指导

B. 行政部门安排的讲习班

C. 意识到艺术确实提高了学习的各个方面

____6. 你的学校有艺术教师，而你：

A. 没有在日程表里安排与艺术教师合作的时间

B. 除了制作走廊里的美丽海报，完全不知道艺术教师在学校里还做些什么

C. 与艺术教师共进午餐，了解他们做些什么，讨论你们如何开展合作

____7. 评价学生能力的最重要决定因素是：

A. 智商测试

B. 标准化测试

C. 情商评估

D. 教师观察和评估学生在教室里如何学习和操作

E. 以上所有选项

____8. 你需要让学生保持注意力集中并理解某一科学单元，而这一单元在标准化测试中是重点，这对你是一个挑战，你会：

A. 申请假期，用四个月的旅行来做科学研究

B. 意识到你需要改变你的教学风格，使之更加具有创造性

C. 求助于针对性考试，以确定他们的问题

____9. 支持一项技能教学最有效的方式是：

A. 实施计算机辅助活动

B. 利用教材布置有技术含量的作业

C. 创造一个学生能够以合作的方式完成的手工艺术活动

D. 以上所有选项

____10. 空间能力是一项能力，它意味着：

A. 从两种维度思考问题

B. 让学生站在合适的位置

C. 不用特殊的眼镜观看 3D 电影

D. 让领导站在合适的位置

E. 以上都不是

____11. 你知道你有音乐才能，因为你：

A. 洗澡时唱歌

B. 在酒吧唱歌并得到掌声

C. 能够识别、复制、创作音乐并产生反思，还能选择使自己感到愉快的音乐

____12. 你的学生还不知道正电荷和负电荷的区别，你会：

A. 换一个问题

B. 把你的手指按在开着的灯泡插座上来演示

C. 让学生利用一张纸上的金属屑或纸屑，借助磁场来演示

____13. 在你的几何课上，你会：

A. 确保学生在各种形状的线条之间涂上颜色

B. 确保学生理解这些线条的目的

C. 鼓励学生尽其所能地画这些形状，然后让他们决定怎样涂色

____14. 你从来不和你的学生一起唱歌，因为你：

A. 嗓音不好

B. 当你在酒吧里唱摇滚乐时从来没有得到过掌声

C. 不会弹吉他

D. 以上都不是

____15. 数学中有一个测量单元，你会：

A. 设计一个需要用到直尺、彩色铅笔、蜡笔和绘画的活动来介绍这些概念

B. 按照教材建议的教学活动来教这些概念

C. 与学生一起设计一个项目，使用测量工具和艺术用品，使学生自始至终参与其中

____16. “富有创造力的喧闹声”和“无序的嘈杂”是有区别的：

A. 是的

B. 不是

答案

1. C. 分析薄弱环节，创建一个课堂计划，使学生能积极参与并用创造性的方式呈现他们的弱点。

2. B. 相信你的直觉，让创造力破壳而出。一项包含运动和舞蹈的活动可能帮助你达到目的。

3. E. 取一杯咖啡或花草茶，放松，然后找到你内在的“艺术家特质”。喝完咖啡或茶，然后开始思考如何创造。

4. C. 这个答案太明显了。

5. C. 如果你不同意这个答案，请参考第3题，把咖啡和茶替换为更浓烈的饮品，请重新阅读本书第1章到第3章。

6. C. 同样，太明显了。请开拓兴趣并在校园外吃午餐，它将给你带来很多好处。

7. E. 记住，不能用单一的方法评估学生。

8. B. 尽管答案A更具有诱惑性，但B才是正确答案。不过你可以休一个超短假——用几个小时的独处时间来改变你的思维模式。你可能想重新看一下本书第2章。

9. D. 作为教师，相信你的才能和直觉，也相信你对每一个学生如何学习的理解，然后决定什么方法可行。
10. E. 我们在这里必须指出 B 和 D 非常接近。空间智能是什么？请重新翻阅第 2 章。
11. C. 如果你能在收音机或其他设备上，从摇滚、经典、音乐剧、20 世纪 80 年代的流行乐和许多其他类型的音乐之中做出选择，说明你是有音乐天赋的。现在，你可以把音乐天赋应用到教学上。
12. C. 如果你选择 B，你就再也不需要用这本书了，不是吗？
13. C. 记住，这个过程在学生学习中非常重要。当然，并不需要总是呈现完美。试想一下，如果一个学生画的形状和颜色像火车残骸，这个学生能说出几何形状吗？有很多方式评估一个人理解和记住了什么。
14. D. 克服自我。有很多电子设备可以帮助你和学生一起唱歌以增加课堂的趣味性。如果你不会唱歌，为了你个人的发展，你可以去报名唱歌班。
15. C. 没有什么比让你的学生参与到教学过程的各个方面更棒了。有时他们会提出你从未想到的主意。再次翻阅本书第 2 章。
16. A. 区别在于你如何管理一个项目，如何与学生互动。富有创造力的喧闹对于每个人来讲应该都是音乐。

下章提要

现在，是时候进行一些实际的应用了。在下一章我们将看到教师如何在小学设计包含艺术相关活动的课程。许多教师已经开始这样做了，不过在这里你也许会发现一些对小学生来说有趣并有效的建议。

第5章　艺术与STEM整合的常见问题

思考要点

记录你接下来的思考要点、思路、策略和所需的资源。

第 6 章　在小学低段实施艺术整合（幼儿园—4 年级）

在某种程度上讲，五岁孩子的思想体现了创造能力的高度。

——霍华德·加德纳

《未来的五种心智》（*Five Minds for the Future*）

在幼儿园至小学 4 年级阶段，将与艺术相关的活动融入教学较为容易，因为这时孩子的大脑依旧是“未被渲染的白纸”，具有很强的可塑性。由于是“白纸一张”，他们通常不受同辈压力的影响，可以没有阻碍地去想或去实践。他们随心所欲地唱歌、跳舞、画画，从这些活动中获得很大的愉悦。他们中的大多数仍旧处于思维观念的生长期，相信自己什么都能做。他们的创造力和情感几乎是不可限量的，这主要是因为大脑的额叶没有完全发育成熟，不足以对难以控制的创造力和情感施加约束。他们对挑战的反应是快速和反射式的，抽象思维和发散思维时常会出现，虽然不一定很有条理。

这个年龄段孩子的大脑能将他们所处环境中的信号以惊人的速度收集、解析和分类，从而快速构建新体系。他们已经表现得像科学家一样，能够观察鲜花的各个组成部分、搬走石头去寻找隐藏的“宝藏”或观察进站的地铁，他们以这些方式去了解世界。有时，他们也会实践自己想到的粗略的实验，虽然有时会闯祸，但这些探索将有助于年幼的大脑发育，从而形成了解事物是如何工作和互相影响的思考模式。这个年龄段孩子的神经网络也正处于发育中，尤其是，那些与听说读写能力习得相关的信号通路也正在完善巩固。因为脑额叶尚未发育成熟，他们很少有反思性思维，所以这些孩子更愿意让成年人为他们做大部分的日常决策。教师要有机会让这些孩子参加艺术相关的活动，这样教师就能够引导他们发展认知策略，提高创造力。孩子也能在活动中学会与同龄人交往，体验并享受参与实践活动或亲手完成艺术品所带来的乐趣和满足感。

运动的重要性

除了与认知有关的神经网络的快速增长，控制和协调身体运动的神经通路也随着孩子尝试新的挑战，如打球、游泳或跳绳而成倍增加。大肌肉运动技能在这几年的发展是至关重要的，因为这些技能是生存所必需的，它们可以帮助人们躲开快速驶来的汽车或闪避打来的拳头。多年来，课间休息是约定俗成的，几乎所有的小学都认识到课间休息是必要的，因为孩子会在游戏中提高体能和社交技能。然而，最近的调查显示，超过百分之三十的公立小学已经取消了课间休息（Elder & Obel-Omia，2012）。

与此同时，研究表明，体育锻炼和约束较少的非结构化游戏对于保持并最大限度地促进孩子的认知发展有重要作用。有一项研究将就读于教授传统语音和算术技能的幼儿园与强调非结构化游戏的幼儿园中的四岁儿童进行比较（Diamond, Barnett, Thomas, & Munro，2007）。一年后，那些参与非结构化游戏的学龄前儿童在一系列至关重要的认知能力，如工作记忆、注意力和自制力等方面更胜一筹。研究人员认为进行非结构化游戏时孩子们沉浸于乐趣中，此时他们最专注。在低幼阶段，看似随性的非结构化游戏却对孩子的认知发展至关重要。

美国疾病控制与预防中心（CDC，2010）一份对五十项相关研究的综述发现，在学校期间的体育活动有助于提高学业成绩，包括平时成绩和标准化考试成绩。同时发现的还有：学生在课间休息不会对他们的认知能力、态度或学术行为产生负面影响。神经科学家告诉我们，运动能刺激产生更多新的神经元，特别是负责大脑学习和记忆的海马区的神经元。随着休息时间的减少，与艺术有关的活动（包括运动）在 STEM 技能习得中显得尤为重要。最近的研究发现，拥有规律的课间休息时间的学生比没有休息时间的学生表现出更好的认知能力、社交能力和情绪管理能力（London & Standeven，2017）。

小学低段的科学、数学和艺术

> 在与艺术相关的活动中，适当地渗透一些科学和数学的基本概念，是对这个年龄段的儿童进行科学和数学教学的有效方法。

在与艺术相关的活动中，适当地渗透一些科学和数学的基本概念，是对这个年龄段的儿童进行科学和数学教学的有效方法。或许你还记得孩子们第一次知道恐龙时惊喜的表情。他们通常很难相信，这些生物不是假想的怪物，而是数千万年前就曾生活在我们的星球上的。他们对恐龙的研究经常通过绘画、涂色，以及制作不同恐龙及其栖息地的黏土模型等方式开展。对太阳系的探索也可以通过歌唱、模型和海报制作来开展。多种形式的活动不仅能扩展学生在科学、数学方面的知识，而且容易实施，容易带动学生。

在这个年龄段，将艺术相关活动与科学、数学和技术相结合，可以实现四个重要目标。第一，它有助于学生“成长型思维模式”的形成。因为他们意识到，通过各种学习方式，他们能够多方面地呈现所学内容。第二，它帮助学生在艺术和科学、数学及技术之间建立联系，把这些领域看作是平等的，而不是其中的哪一个比另一个更重要。第三，在这些年级里，随着教师不断将STEM主题渗透进与艺术相关的活动中，学生并不会明显感受到这些学习领域的界限，因此创造力和潜在的天赋往往会得到蓬勃发展。第四，学生会认识到，他们的模型、海报、歌曲和其他艺术作品的创作在第一次尝试时并不总是成功的。这时如果教师继续鼓励他们去努力，学生就能学会坚持，在这个能够即时获取信息的时代，这是一个很重要的能力。坚持会让学生继续努力改进他们的项目，而不是仅仅满足于他们在互联网上找到的东西。

校园组织及其文化

小学低段教师面临许多课程和评估挑战，并且每天都需要进行繁重的教学管理工作。他们扮演着孩子白天在学校里的“代理父母”角色。比起其他任何年级，在系统性培养方面，低年级教师需要对学生倾注更多精力才能取得更好效果。显然，这不是一个简单的任务。正如我们前面所说，小学低段是孩子发展认知策略的年纪，也是发展创造力、社会化的年纪。当孩子取得进步时，家人、朋友和教师的掌声会让他们感到兴奋和鼓舞。但这一切都不是发生在真空中的。在开始讨论艺术整合之前，让我们来看看教学环境对认知发展的重大影响。

各个年龄段的学生，甚至是上大学后的成年人，都会对他们学习时的周围环境做出反应，但这在小学低段尤其明显。不同学校的硬件也有差异，可能是宏伟的百年砖石建筑、三层城市建筑，也可能是像乡村俱乐部一样绿藤蔓生的校园；有的教室可能配备了最新的技术，而有的可能仍依靠黑板；有的环境可能单调、肮脏，有的却可能光鲜明亮、配有精美设施。不管是什么情况，这些都是活动场所，教师相当于教练。无论周围环境如何，他们都必须鼓励和帮助学生成长，因为比场所更重要的是学校的文化。那么，它是一种探索性学习的文化，还是一味重复的文化？它是一种不仅欢迎父母和监护人作为团队成员，而且为家长提供支持，让他们可以在孩子的教育中真正发挥价值的文化吗？它是一种不仅接受其他文化，而且也把其他文化渗透到教育教学中去的文化吗？

> 毫无疑问，学校的文化极大地影响了教师如何教、学生如何学。

校园文化来自那些能看到每个学生潜力的教师和工作人员。他们尽最大努力使设施、设备有利于各种教学；他们关心、爱护学生，确保让学生既感到安全又面临挑战。毫无疑问，学校的文化极大地影响了教师如何教、学生如何学。

课堂文化

你可能无法控制课堂以外的文化，但你肯定可以在你的课堂内做很多事情。前面我们提到过，这个年龄的儿童会让成年人为他们做日常决定。简单地说，他们的思想就像海绵。你可以充分利用这一点，进行直接的教学或间接的指导。在艺术整合的准备过程中，你不仅要允许孩子们尝试和冒险，还要为他们创造这种学习环境。

我们参观过很多小学，教室里充斥着装饰品、海报和其他学习材料，以至于没有一块空地，从而造成信息过载。在某些情况下，窗户上也覆盖着类似的“装饰”。创建一个与孩子大脑的认知发育阶段相符合的环境，这是很重要的。但是有这么多物体在视线范围之内，大脑根本无法有效处理周围过度的视觉信息。创造力需要干净的“画布”，才能更好地发芽。还记得第 2 章中提到的四个阶段的创造性思维吗？有时候，孩子需要避免受到教室内视觉信息的干扰，才会孕育想法。当盯着云层时，孩子可能不是在忽视你，而是在思考、整合你两天前提出的几点想法。一扇窗户和窗外的云朵，也许是能激发一个创意的完美组合。因此，教师需要确保教室的文化环境能够以结构化和可管理的方式支持创造力。教室的文化环境就是为创意教学所布置的“幕布”“灯光”“照明”等布景设计。

> **STEAM 素材资料：冥想的力量**
>
> 试着这样做：某一天，当你的学生的注意力无法继续保持集中时，可以停下一切，放下笔，合上书本，深呼吸。让孩子们看看窗外，放松一下，同时看着天空漫无目的地想象，你也这样做。过了一会儿，告诉他们把“坏东西”和“干扰”从窗口送到天空，让所有美好的学习能量从天上飞进来。花点时间来给他们灌一些“心灵鸡汤”，然后，慢慢地、毫无察觉地回到教学中。你花了 3 分钟，却节省了 30 分钟的教学时间！这是一笔很值得的时间投资。

课堂外文化

课堂以外的学习文化是由系主任、主管、校长、学校董事会和家长会共同创建的。这些人中的许多人可能对艺术的整合，以及如何在 STEM 领域进一步提高学生的成绩缺乏清晰的理解。但你可以让他们看看当与艺术相关的活动与 STEM 概念相结合时，学生创意的火花。当然，如果你很幸运，已经有领导的支持，那就发挥自己的创意吧！

独立教学与整合教学

在低年级，通常是独立教学，几乎所有的科目都由一个教师教。这样的设计让人回想起以前的情景——一个学校只有一间教室，许多年级都由同一个教师教。虽然时代已经不同，但这种情形在低年级没有变。如果有一间独立的教室，你几乎可以完全自主地进行教室的布置和教学设计。在许多方面，这有额外的好处，因为你不仅可以创建艺术综合教学，也可以在支持和创造性环境中融合所有学科的文化。这样，你就可以在教学中跨领域整合各学科概念（快速回顾一下第 5 章中的问题 5）。

艺术整合的规划技巧

当在独立的教室里计划课程时，需要考虑以艺术整合为主导的统一、全天的计划。在这样做时，请关注以下方面：

- 创建一个包含用于科学和社会研究的活动新词汇表，其目的是使学生熟悉这些词汇。在实际运用它们之前，最好让学生先熟悉列表中的单词并掌握拼写。这样他们会对新内容感到更自信，由于他们熟悉这些词汇，阅读和家庭作业变得更加容易。

> **STEAM 素材资料：当艺术派上用场**
>
> 尝试：你了解总是“遥遥领先”的那一两个孩子吗？因为教师有时需要重复性教学，他们会感到无聊，但是如果他们快速给出正确的回答，又会在无意中削弱了教学重复的过程，降低了其他学习者挑战的难度。这种情况下，可以允许他们在教室的角落里创建词汇表，为即将到来的科学（或任何其他学科）单元做准备。他们面临挑战，会积极参与其中，你则可以继续你的重复性教学。这样，就能取得双赢！

- 尽可能多地合并内容区域。例如，学生在学习语言中陈述句和疑问句的区别时，也可以对数学或科学中的一个问题用疑问句和陈述句分别进行表述；还可以用戏剧来呈现写作作品，撰写涉及数学或科学学习内容的悬疑剧剧本。这个课题将会成为众学科云集的艺术整合项目！
- 如果学校有音乐或艺术教师，咨询他们的意见，邀请他们加入正在创建的课程计划活动，也可以与他们开展合作教学。
- 如果学校有计算机专家或精通电脑的家长，请他们帮助将该技术纳入艺术整合课程计划中来。

与高年级的学生合作数学教学——极致发挥“伙伴机制”

> 对于有些令人头疼的教学内容，请掌握得较好的学生去教其他学生是一个很好的办法，这对学生来说是一种有效的激励，也有利于他们的专注度和学习积极性的保持。

有时候，对于有些令人头疼的教学内容，请掌握得较好的学生去教其他学生是一个很好的办法，这对学生来说是一种有效的激励，也有利于他们的专注度和学习积极性的保持。与教师和更高年级的学生一起学习可以获得巨大的回报。例如，我们知道一所较为落后的小学，它被芝加哥的住房项目所包围，那里的教师让5年级学生与2年级学生结对，帮助他们学习数学。在第一次结对之前，教师分别单独对每个年级进行指导，然后学生开始实践。在一年中，他们每周见面两次，每次约30分钟学习2年级的算术运算和字词问题。学生们热情参与其中，甚至主动投票，自愿牺牲15分钟的午餐时间来学习，并且设计了灵活的时间表，最后每个人都很开心，学习效果显著。以下是在这个过程中所发生的变化：

- 学生的数学运算能力在各自年级水平中都显著提高。
- 两个年级的学生都有了学习和教学数学的主动性。
- 虽然也有失败沮丧的时候，但此时5年级学生必须去想如何更有效并创造性地教2年级学生，此举促使他们学会寻找新方法来解决自己在5年级数学中遇到的难题。由于学校里所有的学生都以某种方式参与到兼职的社区艺术家的项目中，创造性的解决方案开始在学生中遍地开花。在教师的指导下，两个年级都创建了关于学习和“伙伴机制”想法的笔记。随着项目的进展，年级教师和教学艺术家评估了学生的这些笔记，看到了希望和进步！
- 对于字词处理问题，两个年级的学生都表现出了明显的进步。虽然没有安排专门的测试，但是教师观察到，学生之间的口头讨论，有助于提高两个年级"审题"的能力！ 2 年级学生创造了文字问题和涉及数学的各种游戏以挑战他们 5 年级的合作伙伴，反之亦然。这样的讨论在传统的 1 个教师面对 30 个学生的课堂中几乎是不可能有的。

- 教师成为教练。在开始的时候，他们在教室四处走动，确保学生的互动是和任务相关并有成效的。最终，他们坐在一边，帮助处理出现的任何问题。随着两个年级水平的提高，互动活动也更为流畅。针对他们的懊恼和喜悦，教师不再是首要的求助对象。这时教师知道已经可以提高其他教学策略的标准了；同时他们也意识到，创造性已经在两个年级学生的日志中露出苗头。
- 学生真的交到了好朋友。2 年级学生想让他们的新朋友高兴，于是尽最大努力去学习，做最好的自己。数学瞬间变得有趣了！
- 纪律也不再是问题。学生自己自主掌握课堂时间，自主学习，这样，与同伴的友情以及他们的创造力都有了蓬勃发展。即使两个年级不在一起，这种氛围也融入了其他班级活动中。
- 另一个好处是，这个简单的过程对整个学校文化也有显著的影响。由于"伙伴学习"跨越了不同年级，在食堂、礼堂和走廊，相互之间的支持和关怀随处可见。这种重要的影响极大地改变了整个学校的文化，从而也戏剧性地改变了学校。
- 学生根据他们的日志条目，写了一个年底戏剧，并呈现给全校师生。他们给流行音乐重新填词，服装和布景丰富多彩、富有想象力，并专注于几何元素。虽然该剧并非旨在对观众起到教育作用，但它的创作过程不仅吸引了学生的兴趣，而且也激发了校长和教职员工的兴趣。他们的成果——"数学搭档"，红极一时！

艺术整合：独唱或二重唱？

我们承认，艺术整合的概念可能令一些教师感到不安。小学低段教师经常单独教授班级，很少有团队教学，所以教师通常单独完成工作。作为表演者，独奏表演可能是令人愉悦甚至是动人心魂的。它允许表演者完全自主地决定做什么以及如何执行该行为。然而，它有一定的局限性，其表演在结构中可能是目光短浅的，因此不受某一部分观众的欢迎。然而，二人合唱可以丰富每个人的表演，迫使他们探索其他未知的艺术领域，于是协作形式出现了。

艺术整合课程的备课就像独唱一样，教师单独行动可能是具有挑战性的。但是，如果你回顾第 5 章中的问题，你或许能松一口气。如果你有幸与艺术教师一起合作，那么要感谢这个宝贵的资源。这个同事可以提供新的想法，甚至与你共同教学。根据自身条件，你可以带个好朋友或者学生家长来帮助你完成艺术整合项目。利用这个机会，你不仅可以提升教学策略，而且可以丰富自己的教学经验，还能为 STEAM 项目添砖加瓦。如果你能够与另外一个年级的学生（就像“伙伴机制”一样）一起合作，那么就把自己看成一个合奏的指挥，帮助他们，将他们的才能融合到共同的学习目标中去。

关于低年级数学、科学与艺术整合课程的“独唱”，我们有些建议。在下一章中我们会给出“合唱”的建议，因为这些在较高年级中更常见。你可以根据你的实际情况采用这两种形式中的一种。

小学低段艺术整合课程计划的建议

在第 2 章中，我们将传统的和艺术整合的两种方法在小学科学课中进行了对比。这里有几个样本（见图 6.1、6.2、6.3）。在许多演讲和教师专业发展研讨会上，最能引发实质性和创造性讨论的是关于传统方法与艺术整合方法相对比的那部分内容。毫无疑问，所有的教师都认为艺术整合的方法是最有趣的。我们经常能听到诸如“我从未想过那样”“我的孩子会喜欢这个”的评论。但接下来，他们遗憾地提出，没有足够的时间来实施这样的活动。这正是能否实施 STEAM 教育的关键所在。在教师的引导下，我们有时把讨论的内容转向时间管理。我们解释说，当教师之间存在真正的合作关系时，实际上可以节省时间。例如，必要的科学词汇实际上可以由语言艺术教师而非科学教师来教授。当这个概念在许多其他内容领域得到充实时，作为 STEAM 教育的核心和灵魂，协作的理念对教师来说变得越来越容易接受。思维模式发生变化，真正的分享教学的想法开始受到重视。所有这些都归功于一张简单的幻灯片吗？真是这样吗？

幼儿园阶段——数学

- 大概念：描述形状和空间
- 认知难度：中到高

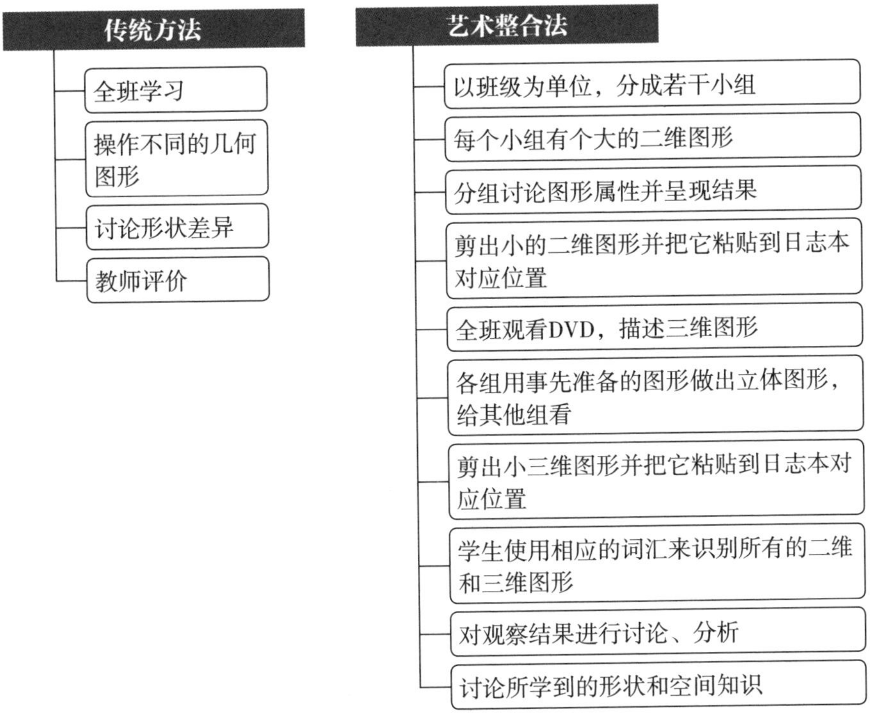

图 6.1　传统方法与艺术整合法的比较

需要注意的是，本例（和本书中的所有案例一样）是完全可以根据需要改变的。其目的是引入新的策略，而不是照搬教案模板。还记得在第 2 章中，我们提到的改变心态吗？这里的想法是：提供一份“开胃菜”，然后希望你去创建新的 STEAM “主菜”（见图 6.2 和 6.3）。

2 年级——科学

- 大概念：遗传和繁殖——植物和动物的后代与他们的父母相似，但不完全一样。
- 认知难度：中等

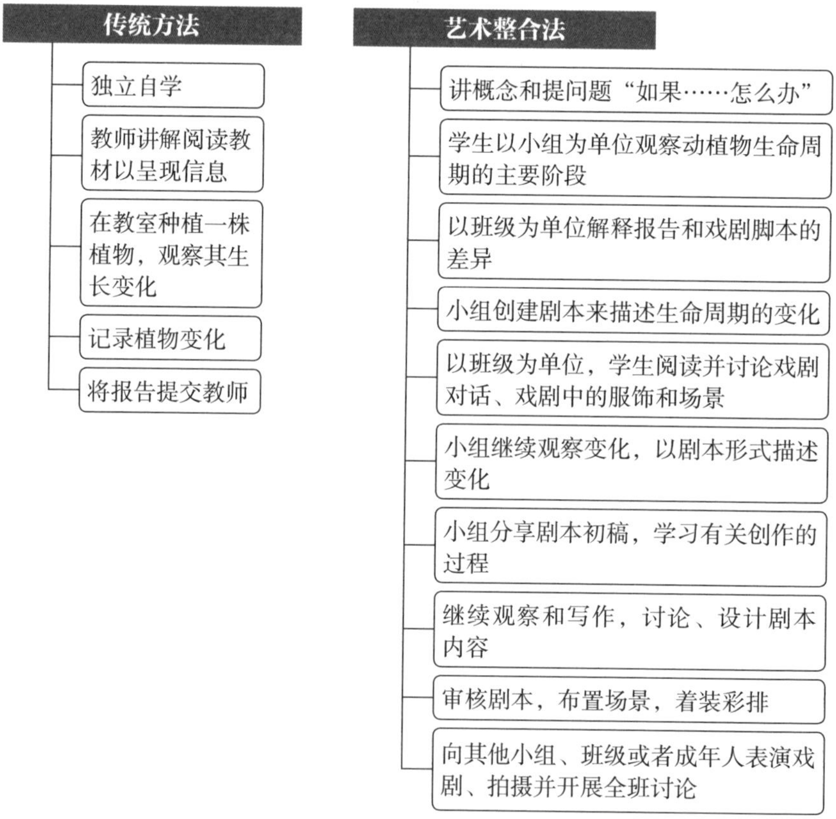

图 6.2 传统方法与艺术整合法的比较（动植物生命周期）

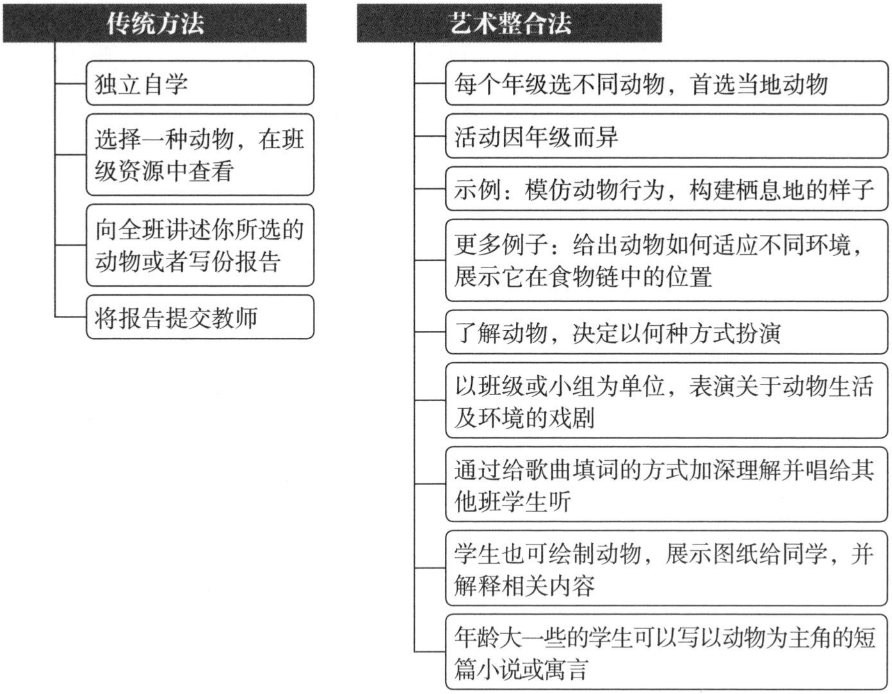

图 6.3　传统方法和艺术整合法的比较（动植物生存环境）

关于不同动物的与艺术相关的多个层次的活动

这个 STEAM 课程计划乍一看可能不是很灵活，但是随着你对课程规划的了解和对班级学生能力的熟悉，它就会起作用了。这是一个艺术整合课程计划的优秀样例，计划时长可能是几个星期甚至几个月。种子发芽和蝴蝶破茧都遵循自身的生命规律，所以要合理安排课程计划。这个计划可以穿插其他科学主题，从而减少时间的浪费。我们的经验是，学生会很兴奋，他们将确保项目顺利进行。在这个项目中，得到艺术家或任教艺术 / 戏剧的朋友的帮助是非常重要的。

这个例子是开始艺术整合课程的好办法。起初，它看起来可能像是负担，但实施后你会发现，许多部分是你之前已经在做的事情。这将使你有信心进入新的、未曾涉及的艺术整合领域。以下是专为教师单独实施而设计的教案格式，包含指导完成备课的建议。这个 STEAM 课程的教案模板可以根据你的需要调整。你将在第 9 章中找到 STEAM 课程在不同年级实施的更多想法。

教师独立完成的低年级艺术整合教案样本

项目名称：地球生态系统

主要课程科目：科学

整合课程科目：阅读和语言艺术

主要艺术形式：视觉艺术

整合艺术形式：音乐

授课计划

◆课时数：10。

◆每课时时长：根据课程计划而变化。

◆具体日期 / 时间：（具体填写）

所需材料：大卷牛皮纸，常见物品，颜料，马克笔，橡皮泥，剪刀，胶带，束线带，其他学生需要的材料，笔记本（见评价部分的注释），简单的音频设备。

如果项目要在教室之外的空间进行：

◆其他需要使用的空间：（具体填写）

◆与学校工作人员的适当规划：（具体填写）

注意：根据教室内的日常活动，预先确定如何在教室中安全和合理地完成这些布置。

多元智力的应用

在所涉及的项目上画 ×

×语言智力
__逻辑数学智力
×音乐智力
__身体动觉智力
×视觉空间智力
×自然智力
×人际智力
×内省智力

布鲁姆分类的应用

在所涉及的项目上画 ×

×创造
×评价
×分析
×应用
×理解
×记忆

评估方法：

文件包，笔记，书面测验，地区性考试。在该项目实施过程中，教室应开放，允许其他班级学生和客人参观。

笔记本是教师和学生形成评价的持续来源。根据实际情况，可采用一个以手写和剪贴为形式的纸质笔记本，也可采用电脑文档。无论是哪种形式，它都是该项目的重要组成部分，它涉及我们在第 2 章讨论的创造性思维。

课时 1

日期 / 时间:（具体填写）

教学目标:（1）介绍人类如何继续探索水、空气和陆地之间的相互作用。

（2）介绍项目：用艺术材料和录制的音乐在整个教室里创建多种地球生态系统。

教学设计：学生将观看描述各种地球生态系统的视频，并开始创建包含笔记和研究心得的日志。适当使用教材也是有用的。为了更好地将教室改造成无数的地球生态系统，学生将讨论所有的选项，专注于创造的可能性，同时认识到安全要求带来的局限性。这是一个很大但令人愉快的项目。

课时 2

日期 / 时间:（具体填写）。

教学目标:（1）复习“课时 1”中的内容

（2）指导小组如何进行合作。

（3）分别确定每个组的项目。

教学设计 : 在开放形式的讨论中，学生讨论他们在前一课所掌握的内容。引导他们区别空气（气流，风暴等）、水（海洋、雨水等）和土地（森林、沙漠、城市中心等），并给出相应的定义。然后，学生分成若干小组，每个组从沙漠、雨林、海洋、山脉、城市中心等主题中选择一个，并以一种“高于生活”的艺术形式来表现。学生分组后，引导各组进行头脑风暴，讨论特定区域的样子，并列出其特点。所有的小组将与全班分享他们讨论的结果。通过分享这些创造性的想法，后面的小组会产生其他的想法。如果时间允许，可以由每个小组选出一个人发言，并进行一些社会研究。

合理性检查: 此时，你应该对学生在这个项目中所能达到的程度有清晰的认识。你要仔细考虑项目在教室的布置，以确保在他们的创作过程中不会发生事故。拥有这些信息，将有助于引导学生，以免他们的创意太过疯狂，例如，当学生要搭建一个 3 米多高的模型山时，你可以引导他们“是不是有点太夸张了”，然后确定每个组项目展示物所放置的地方，最后项目展示物将布满教室，甚至可能被放到教室外。

课时 3

日期 / 时间:（具体填写）

教学目标:（1）词汇: 水循环、蒸发、降水（雨、雪、雨夹雪和冰雹等）、温度、气压、湿度、风速、环境、纬度和海拔（可以根据需要添加单词）。

（2）检查整体计划、组织和内务管理指令。

教学设计：运用你的阅读技能，用合适的方式呈现词汇。词汇表和定义、用法示例等是笔记本 / 日记的有效部分。其中的内容以口头方式共享。

课时 4、5、6、7 和 8

日期 / 时间：（具体填写）

教学目标：学生根据教师提供的信息继续进行各自领域的研究。回顾创作过程的各个阶段让学生明白，在完成最终产品之前，可能需要经历多次的尝试和失败。讨论后，他们在笔记本中完成初步的草图。之后，小组将他们项目的概念及需要的物资清单呈现给整个班级。这个计划应该是令人兴奋且安全的。在你批准这些计划之后，学生就可以开始他们的项目了。

教学设计：每节课开始时你都问“进展怎么样了”，鼓励讨论和分享想法。学生以小组为单位，用他们的研究来指导项目的进行。

示例：研究海洋的小组可能决定创建水下区域。墙壁可能需要用蓝色的艺术纸或织物覆盖。地板的一部分用沙滩色的纸或织物覆盖。岩石和珊瑚可以用涂改的纸板箱和黏土来制造。海洋生物可以用艺术纸和日常物品来制作（如可以用纽扣代替鱼眼睛），也可以用线挂在天花板上。

合理性检查：如果条件允许，最好花整个下午来完成，以保证有充裕的时间。这样的时间安排会比课表安排合理。记住，事先准备工作和事后清理工作都需要时间。如果能通过调整授课计划而获得大块的时间来做项目，那么收获会更大。

课时 9 和 10

日期 / 时间：（具体填写）

教学目标：回顾所有内容，并开始收尾所有项目。

教学设计：指导学生完成项目。此时挫败感可能会在学生中出现，但此时也是众所周知的“教育契机”。有学生可能因为缺少时间或者因为某个过程出现失误而面临失败、失望，此时帮助他做出选择，是解决问题的最好时机。请记住，解决方案往往不是单一的，学生应该学会用多种方法来达到他们的目的。例如，如果十磅的棉花球不会粘在一起，积云就做不出来了吗？可以考虑在白色枕套内塞几个气球，用绳系好或用别针小心固定、绑好，然后使用尼龙扎带或绳索悬挂在天花板上。

音乐和声音效果：这可能是具有挑战性的，但请记住，有创意的声音和嘈杂的噪声是有区别的。在具体的指导下，通过使用特定规模和类型的音频设备，调节音量的大小，雨林和海浪的声音，以及鸟鸣等动物的叫声都可以在同一个房间里呈现。我们建议学生自主选择音乐和声音类型，但音量大小由教师来决定。

合理性检查：其他小组仍在努力工作的时候，一些小组可能已经完成了任务。为了避免学生感到无聊，可以分配这些小组绘制邀请函。这些邀请函将发给校长、学校工作人员和其他班级，邀请其参观这一项综合了艺术和科学的大作。

课时 11 及后续

日期 / 时间：（具体填写）

教学目标：让学生展示和讲解他们的项目。每个小组都是其领域的专家，并与其他小组分享知识。这些项目将与其他班级学生、学校管理层、工作人员和家长共享。

教学设计：学生口头讲解他们的项目和呈现的内容，其他组和客人通过观看、触摸等方式体验该项目。

想法：这种规模的项目值得宣传。把消息发布出去，也许当地的报纸或新闻站会做个专题，宣传学生、教师和学校的大作，这是一种很好的宣传方式。

教师总结了课程格式，并列出了下面的格式模板，这非常有帮助。一位教师告诉我们：“设计模板带来了我们想不到的话题，这或许因为它对我们来说本身就是新的，也或许因为它是我们因工作生活节奏太快而忽略的。”

教师独立完成的低年级艺术整合课程格式模板

项目名称：________________

主要课程科目：

____

　　教学基准：________________

　　________________

整合课程科目：

____

　　教学基准：________________

主要艺术形式：

____

　　教学基准：________________

　　________________

整合艺术形式：

____

　　教学基准：________________

提示

实际上，你可以在一个项目中涉及几百个教学基准，但你只需关注在项目期间和项目结束时实际评估的教学基准。

<table>
<tr>
<td>

管理计划

授课计划

◆课时数：________________

◆每课时时长：________________

◆具体日期 / 时间：________________

所需材料

____

____

如果项目要在你的教室之外的空间进行：

◆需使用的其他空间：

◆与学校工作人员适当规划：

备注：

</td>
<td>

提示

你的时间安排和需要应从开始就非常具体，好的计划总是可以进行修改以适应意外情况。

</td>
</tr>
</table>

<table>
<tr>
<td>

多元智力应用

检查所有项目

__ 语言

__ 逻辑数学

__ 音乐

__ 身体动觉

__ 视觉空间

__ 自然

__ 人际交往

__ 内省

</td>
<td>

提示

←你要在项目中对每个智能至少涉及一次，以确保适合学习风格不同的学生。

使用此表作为“合理性检查”，以确保能覆盖各种多元智力应用。

记住，在项目进行期间，你的学生可能在各个级别之间变动。→

</td>
<td>

布鲁姆分类应用

检查所有项目

____创造

____评价

____分析

____应用

____理解

____记忆

↑ 复杂性

</td>
</tr>
</table>

评估方法：	**提示** 确保纳入多种形成性评估，并遵守当地教育部门要求。

课时 1 日期 / 时间： 教学目标： 教学设计：	**提示** 课时的数量将取决于许多因素。一定要给自己足够的教学指导时间，如果可能的话，甚至需要一些额外的时间，以防时间不足。

课时 2 日期 / 时间： 教学目标： 教学设计：

课时3

日期/时间：

教学目标：

教学设计：

课时4

日期/时间：

教学目标：

教学设计：

课时5

日期/时间：

教学目标：

教学设计：

课时 6

日期 / 时间：

教学目标：

教学设计：

下章提要

有经验的教师知道，中学学习对于学生来说可能是一个相当大的挑战，因为他们从熟悉的、独立的教室转向一个不那么个人化，而是更为部门化的结构。艺术整合可能使得课程以 STEM 科目为中心的转变过程变得更容易，因为这些类型的课程可以激发学生的兴趣并减轻学习的压力。在下一章中，我们提出了将与艺术相关的活动纳入 STEM 课程的建议。所有这些建议在一些已实施的中学里都取得了成功。

第6章　在小学低段实施艺术整合（幼儿园—4年级）

思考要点

记录你接下来的思考要点、思路、策略和所需的资源。

第7章 在小学高段和初中实施艺术整合（5—8年级）

大众传媒中充斥着大量现成的图片……因而学生只是坐在教室里被动地沉浸其中。这些不断灌输到他们潜意识中的图片，最终在学校里变成了老套的绘画。充满陈词滥调的故事，使他们形成了对世界的人为的、不真实的认识。

——托马斯·阿姆斯特朗（Thomas Armstrong）

《唤醒课堂中的天才》（*Awakening Genius in the Classroom*）

在学生青春期的前几年里，他们的大脑仍以显著的速度继续成长和发育。通常，成长和发育这两个词看起来是同一个意思，然而生物学家罗伯特·西尔韦斯特（Robert Sylwester，2010）明确区分了这两个概念，他认为成长暗示了在诸如大小或技能等方面的增长，成长是可以培育的；而发育描述的是结构和能力的修改或增加，发育是能够被观察到的。给植物施肥就会促其成长，我们能看到它发育出新的根和枝叶。类似地，随着学生加法能力的不断增长，乘法技能也会自然发展。

> 教师和（中）学生的情感纽带比低年级有固定教室时弱很多。

本书第 2 章曾提到：在 10—12 岁时，大脑的情感部分已经发育成熟，而理性部分则要一直发育到 22—24 岁。然而即便仍在发育中，它也对中学生的思维过程和反应产生越来越大的影响。该年龄段学生的应激反应会延缓，不再那么冲动，变得更加自省。前额叶更多地参与到决策行为当中，并能理解愈加抽象的概念和更好地应对涉及发散思维的挑战。同时，大脑的社交部分也不断成熟，这些学生开始衡量自身行为对于同伴的影响。同样地，文化偏见也变得明显，这些都会影响课堂的情绪和氛围。

前文已提及这个年龄段的学生对自己的创造力渐渐不再那么自信，这一点可以通过与已有研究中小学低段学生数据的对比得出。为什么会这样？因为学生在小学低段的那种无忧无虑的日子已经一去不复返了。现在他们的 STEM 教师中，大多数都专注于教学内容，每天与学生有交集的时间仅在课堂的 45 分钟内。所以，教师和学生的情感纽带也比有固定教室时弱很多。教师教学模式更加固定，STEM 课程比以往任何时候都更偏重知识容量。教师觉得教学需要涵盖教学内容，所以差异化教学就很少。评价也以考查聚合思维的纸笔考试为主，创意是几乎不需要的，学生都能得出正确答案（即学习结果的一致性）则是教师所期望的目标。在本书第 6 章我们讨论过，运动对这一年龄段学生的学习影响更大，因为他们更容易注意到一些环境中能使他们偏离学习目标的信息。尽管他们的注意力集中时间没有变少，但由于身边充满数字设备，学习对他们的注意力提出了更高的要求，而运动对他们集中注意力有很大帮助。

在小学高段和初中年级阶段的 STEM 课程中加入与艺术相关的活动变得尤为重要，因为这些活动能提供激发学生创意的机会，否则学生的创新能力会迅速消失。比如，教师让学生用音乐、绘画或其他艺术形式展现所学内容，并通过评估活动中的表现来完成部分教学评价，而非仅仅借由考试。以项目为基础的学习模块是一种很好的学习科学概念的方式，因为这些项目往往需要涉及 STEM 课程的一些领域，于是就可以使学生领会科学课程中横贯各学科的核心概念。

中学生的一天

3 年级—5 年级是学生社交觉醒的时期，社交往往成为学生的兴趣中心。因此，教师会觉得自己越来越像是社交引导者而不是教育者。中学生不仅要面对生活中激增的变化与困扰，还因为沉浸在社交媒体中，所以要应对一些不负责任的流行趋势带来的超出他们自身能力的问题。在谈及学习偏好和指导策略时，我们要牢记这一阶段学生社交发展的特点，并利用这些环境因素来寻找有创意的教学方式。

从根本上说，电脑、手机和其他电子设备的使用属于技术教育的范畴。然而我们很少在学校教学生如何使用这些内容，因为他们早就无师自通或从同伴那里学到了。那么下列问题就值得思考：学校最后一次开设打字或键盘使用课程是什么时候？鉴于使用电脑是学生生活的一部分，我们是否需要教中学生合适的打字方法以提高输入效率呢？在中学里，技术的使用已经是理所当然的，我们必须充分利用好这一点。在教学中，项目中合适的、有创意的技术部分能够吸引学生，而且会有非常好的教学效果。虽然你没有办法解决他们所有的社交难题，但可以了解他们的社交方式和所使用的社交媒体。在过去（这要看你追溯多久），一首校园舞曲或迪斯科舞曲能给学生带来欢乐并营造合适的社交氛围；现在，如果要与学生在各个层面形成良好的互动，教师就必须清楚如何寓教于乐。现在，你知道该如何做了吗？

如果要与学生在各个层面形成良好的互动，教师就必须清楚如何寓教于乐。

部门组织

在教学方面，甚至在学校本身，组织形式越来越细化。在这样的学校结构中，教师也越来越倾向于成为课程内容方面的专家，再加上学校对考试成绩的要求，教师很少涉猎课程外的内容。而这正是我们认为可以开展“自由的艺术式思考”的地方。要使艺术整合课程得到成功，被分离的各科教师需要超越学校结构、惯性思维和教学传统。教育改革家德博拉·梅耶尔（Deborah Meier）在多年前的论断仍有巨大价值：

> “没有被说服并参与其中的教师是无法做出改变的，即使教师参与其中，也会出现积习难改的情况。这种惯性会体现在教师个人对学校教育的看法中，表现于学生与家长对学校教育实施方式的要求中。”（Meier，1995，p.107）

当然，知易行难，改革难就难在这里。STEM 课程方案的初衷不是增加更多的课程，而是让教师意识到 STEM 课程的每个领域的交互性以及 STEM 课程与教师（包括非 STEM 课程体系的教师）的关系，从而提升学生的批判性思维和创造潜能。从管理角度看学校组织分化是有道理的，然而它已成为合作的限制因素。乐观地看，教师的合作和课程的整合能促使优秀教师意识到他们可以把擅长的事做得更好。

坦白地说，不同学科教师的合作确实受到很多实际层面的限制，比如说空间距离过大不利于合作，并强化了教师“待在自己位置”的惯性思维。标准化测试很容易造成教学僵化，我们的任务是在标准化测试的限制条件下，既不脱离考试又可以使教师和学生获得“灵光闪现”时刻的途径。本书的一位作者曾做过小学校长，在任时有这样一个成功案例：不是通过增加阅读时长，而是通过一周四次的合唱活动来提高学生的阅读能力。因为歌词中有许多生词，学生就看到了这些词在语境中的具体用法，从而拓展了词汇量。虽然这对于学生来说是一场硬仗，但最后，学生的阅读能力得以显著提高。在当时，这个案例不像现在这样有理论支撑。所以，确定目标，释放想象力，保持希望，开始创造吧！当然，还要享受这中间的乐趣。

中学课表安排的挑战

顺利实施艺术整合课程的最大挑战之一是如何把它融入日常课表。教师往往无法改变课表，但从教室门关上的那一刻起，课堂就完全是自己的。除了排得满满的课表，教师总会遇到一些突发状况，可能使得一个原本两周就能完成的项目变成长达四周的马拉松。不要因此而沮丧。能体会我们此处的用意就意味着你是一个善于规划的教师，会对日常教学中的突发状况有所准备。要设置整合艺术内容的 STEM 课程项目，最重要的就是要让学生和自己张弛有度。不管是独立完成还是与其他教师、人员合作，项目计划要有灵活性，以免在发生突发状况时，项目里的创意因此而鸡飞蛋打。这样的项目不仅可以吸引学生积极参与，也能激发他们的创造力。

在美国东北部的一所优质学校里，校长在教育主管的支持下，艰难地重整了全校课表以开展 STEAM 项目。除了传统内容，新的课表中还包括了教师团队会议，这些在学校鼓励下形成的教师团队能够根据需要制定具体的课表和教学安排。倘若行走在这个校园里，你就会看到喷薄而出的创意、浓厚的学习氛围，以及快乐的学生和教师。学生和教师会非常认真地听早间通知，从中获知各自的课程安排。这是多么令人惊叹的事啊！在校长被问及如何做到这些时，她搓搓手，笑着说道:“我只做了一些我认为 STEAM 项目在前景规划和行动方面的基础性工作，其他的都是学生和教师做的。开始时有些混乱，但慢慢地，连学生都会给出一些在课表和空间使用方面的好建议。也就是说，我只播下种子，然后让它自然生长就可以了。”或许这仅是一次偶然，但她的话还是很有启发性并值得借鉴。调整课程安排，这个看起来不可能完成的任务，其实也是可以破解的。这也意味着一些地方性、区域性的规定应留有讨论的空间，甚至可以为教学目标进行适当的调整。

> 要设置整合艺术内容的 STEM 课程项目，最重要的就是要让学生和自己张弛有度。

激发学生兴趣：音乐与科学的比较

6 年级科学的标准有一个基本要求是“区分科学与其他思维活动”。要 6 年级的学生做到这一点看起来就是一个困难但又绕不开的任务，因为到最后，学生在该项内容和其他要求方面的水平都要在标准化测试当中受到评价。下文就是在这样的挑战下，结合艺术整合项目来实现该基本要求的一种途径：

> 记住你要讲授的要点——科学知识一直在发展演变。现在我们知道在自己所处的太阳系外还有无数结构类似的恒星系，这是近 50 年内一个相对较新的科学发现。科学家通过科学方法不断地获得新发现。知道这一点的确很重要，然而在区分科学探索和其他人类活动的教学过程中，怎样才能激发学生的兴趣？
>
> 想想当下十几岁青少年听的音乐，去听他们所喜爱的作品。不妨让学生票选出本周最受欢迎的歌曲（这里涉及了一点对社会的认知，并让学生体验了民主生活）。让他们听一首你喜爱的歌，继而让他们写出这首歌与票选歌曲之间的差别。音乐在什么方面发生了改变？为什么 30 年前创作的音乐与现在的不同？由于学生与媒体有大量的接触，学生能够通过对比他们的发现，展开一场高水平的讨论。

学生的积极性被调动起来了，因为是他们自己选出了所喜爱的一首歌。可是，原来的教学目标是“区分科学活动和其他思维活动”，如何把两者关联在一起？现在可以问学生一个问题：他们所做的关于音乐的讨论与科学家们对实验结果的讨论有什么不同？他们会发现，与音乐不同，科学思考有以下几个特点：

- 立足于实验的、经验的证据，并有助于理解自然世界
- 几乎不涉及超自然、美学，以及其他认知方式（如宗教和哲学）
- 不会一成不变
- 需要尽可能做到客观（然而，由于科学实践是人参与的活动，难免会略微带有主观性）

在这个过程中，学生积极参与了高级的思维方式（比较和对照），也就是布鲁姆分类中的分析层面。他们在你的引导下进行讨论，并会因为经历过思考音乐随时间改变的讨论而抓住科学思想的本质。借由一首歌，任务就达成了！

不仅如此，这个经历还会产生其他效果。因为紧密联系学生生活而且吸引学生，通过音乐来实施教学的策略可以应用到很多课程领域，甚至可以把课后讨论作为作业。通过这样做，你可以让学生意识到，讨论人文艺术有助于理解 STEM 课程体系中的自然学科。随着时间的推移，与人文艺术相关的活动会逐渐变成 STEM 课程的重要组成部分。

教师间的合作

离开教室和办公室，约上同事吃个饭。合作有时就像冲浪一样，想做就要行动起来。本质上，合作就是教师聚在一起，取长补短。因为我们关

注的是人文艺术整合课程，所以在这里需要简单地回顾一下第 5 章中我们对人文艺术的界定。你需要全面了解合作的每一个同事，你可能会发现同事中有隐藏的画家、潜在的园艺师、专业的歌唱家，或是一个身材稍有点走样的舞者，只不过他们的艺术潜能需要你的支持和挖掘。教师们可以通过真诚的讨论和活动，进行互相鼓励和彼此充实，从而将新发现的天赋运用到教学中、带到学生中去。像这样的团队合作是非常有价值的，也是非常有趣的。这种趣味性会喷薄而出，把你们共同为学生所做的事情变得更加丰富。培养学生协作能力的最好方式就是身体力行，以自身为榜样。两个成人进行团结协作的成功范例，不仅促使学生在 STEAM 项目中借鉴这种与人合作的模式，而且还会对学生的个人成长有深远的影响。

STEM 学科教师与艺术教师的合作

我们的经验是，如果你有幸与艺术教师或音乐教师做同事，你可以将 STEM 教育升级为 STEAM 教育。要是他们非常友善且工作量没有大到一刻不停，那就更好了。无论怎样，都要顾及他们的时间并准备好所需的细节。多数情况下，他们没有时间进行头脑风暴，应使他们快速了解到在与你协作的时候需要完成哪些内容，所以见面的时候，背景知识要完整，内容要研究清楚。要做到这一点，在见面前要花足够的时间进行准备，完成项目的前期工作，对艺术部分要有成熟的见解。这部分越详尽越好，还有，你要做的不是告诉他们项目中需要哪种艺术形式，而是咨询他们，从艺术家的角度看，如何能一起完成 STEAM 项目的局部或全部。所以，在见面时要准备好所有的问题。

部分艺术教师可能没有合作的经验，这里必须说明的是合作的程度可以有很多层次，不仅限于“让音乐教师到教室教一首关于冥王星的歌”这样低水平的合作。或许你仍在为冥王星失去九大行星之一的身份而伤心，但这不能成为你请音乐教师来的目的，多数音乐教师能做的远远不止教一首歌这么简单。比如说，可以咨询美术教师是否可以在教室里按比例制作一个太阳系模型，那么这就是一个有深度的活动。由你来提供科学数据，由美术教师来提供艺术活动，这样，教案就逐渐形成了。如果同事中不幸没有美术、音乐教师，或者你没有与他们合作的机会，那么可以参考本节前一部分或后一部分。

STEM 教师与客座教学艺术家间的合作

对于各类需要艺术整合的学校而言，教学艺术家是他们梦寐以求的。在第 2 章我们提过这些优秀的艺术家经过训练后可以用教育术语进行沟通。他们清楚教师的需要，了解教学大纲，还很可能解决过在学校遇到过的各种困难。有教学经验的艺术家会带来很多经验和创意；相对缺少经验的艺术家会把他们在艺术方面的训练和能力带到课堂里来，但在教学经验和教育智慧方面需要更多地依赖 STEM 教师。无论哪种情况，你都将起到主导作用，就像在前面部分说的一样，你要知道你希望达到什么目标。本章中的教案格式样例会启发你实现合作的途径。记住，你不是要改变教案中的教学目标，而是要改变完成教学的途径。在合作结束时，你和学生会得到成功、有创意、有趣的经验。有教学经验的艺术家可以在很多地方找到，比如本地的艺术中心或艺术协会。在本书“资源”部分可以找到更多的建议。

来一场和 STEAM 课程相关的旅行

学生喜欢走出教室进行实地考察，而实地考察最大的优点是学生会非常兴奋，以至于在潜移默化、不知不觉中就完成了学习任务。由于现在对实地考察的限制很多，比如课表是否允许、考试、支出、成本、学生安全等，很多地区都对实地考察的效果提出了硬性要求。教育管理部门希望确保实地考察有明确可循的教学目标。要想在 STEAM 课程中采取实地考察的教学方式，要牢记以下几点建议：

- 提前完成实地考察的教案，确保这一经历属于教学策略的一部分，而不是完成实地考察之后再思考这些问题。
- 要想让学生有愉快的经历，就不要给学生布置很多的纸笔作业。在出发前要做好准备，确保学生清楚实地考察过程中的各项活动的目的和意义。可以让学生把所见所闻简单地记下来或画下来，照相机则是一个很好的工具，尤其在有照片打印设备的学校里，也可以根据实际情况选择让学生用手机拍下来。
- 最好能选择由场馆导游或类似工作人员来开展教学的地方，这样你的任务就是确保实地考察的顺利开展，而不是具体内容的教学。一定要确保所挑选的导游清楚教学任务的要点，优秀的工作人员能够把教学内容整合到讲解中，并能很好地配合你和吸引学生。
- 要了解学校所在地区关于实地考察的规定，确保能提供足够的帮助给学生，以达成教学目标。不妨找一两个学生家长来帮忙。
- 在完成实地考察后需要在课上进行回顾和总结，让学生为其他班级做介绍是一个不错的方法，既可以更好地完成教学目标，又可以分享实地考察的经历。

教案格式指南

完成下面这个教案看起来任务有点重，不过你要知道，这是一个艺术整合项目的拓展部分，该部分完全可以作为一个大项目的小单元。例如，你已经花了几个星期来进行二维和三维几何的教学，让学生借由距离和角度对图形进行过分析。在了解学生的性格、能力和需求后，可以通过三课时的艺术整合课程，在现实生活的情境中进行测量和对勾股定理的证明。

大观念和教学目标

在这个案例中，核心的内容是分析二维和三维图形，重点是证明勾股定理。

教学要求

如果有人坐在教室后面，记录你课上直接或间接完成的每个教学目标和教学要求，那么所记录的量会非常大。所以，备课时只需把要评价的教学要求列举出来即可。从这个角度讲，少即是多。

教学中的三个基本问题

备课时首要的问题是学生在与你共处的这么短的时间内应该学到什么。思考可以从布鲁姆分类的低级水平开始，到高级水平结束。比如说，为 2 年级的天气单元教学内容，可以设置以下 3 个基本问题：

> 首要的问题是学生在与你共处的这么短的时间内应该学到什么。

1. 天气是什么？（记忆水平）
2. 在居住地经历过哪些天气类型？（理解水平）
3. 龙卷风和飓风有哪些相同之处和不同之处？（分析水平）

而在 5 年级类似内容的教学中，教学可以通过以下问题展开：

1. 有哪些不同的天气类型？（记忆水平）
2. 用自己的话解释气象学家的研究方法。（理解水平）
3. 要预报明天的天气，需要哪些信息？找到这些信息并作出预测。（应用水平）

当然，没有必要限定问题的数量是 3 个，你可以设置 4 个或 5 个问题。

我们建议在多数情况下问题的数量最少是 3 个，以确保学生的思维经历从共性到发散的过程。在最后，你作为教师所面对的最重要的问题是：“在上完课后，我要使自己的学生认识、理解哪些内容，能进行哪些应用？”

管理规划

某些环节可能会成就一个优秀的教学方案，也可能会毁掉它。忘记和学校后勤部门沟通可能给你的教学方案产生毁灭性的影响，比如，在你和学生准备或已经种好了一个菜园后，才发现没有水管接口。在实施项目以前需要将准备好的清单提前发给家长、本地的公司等相关人员和机构，这对项目的顺利实施有积极的作用。

多元智力和布鲁姆分类的应用

霍华德·加德纳的多元智力理论和改版的布鲁姆分类能很好地为人文艺术整合项目的准备提供指引，所以要熟悉相关的概念（见第 10 章）。

新词汇

作为教育者，要知道学生的阅读能力，尤其是掌握词汇方面的能力，这将极大地影响其数学和科学的成绩。在你开始一个新的单元之前，逐步介绍每一个新词汇。聪明的教师都知道，视觉刺激的确有助于学习和记忆。可以考虑在学习新单元（比如 8 年级课程中的物质性质）前的一到两周，在教室前面通过艺术形式展示 10 个新词汇。这些内容会吸引学生，也可能会激发他们提问或形成创意。在开始新单元教学的那天，不妨通过一个小竞赛来创造些乐趣，看谁能说出诸如密度、导热性、溶解性和磁性等词汇的定义。这个活动的本质是让学生主动地使用这些词汇，从而在真正理解这些概念之前，就已经对其有初步认识。

评价方法

在遵守学校的规范和原则的同时，要保证有多种评价方法，比如让学生写一篇体裁不限且有助于理解的作文。过程性评价是最行之有效的评价方法，可以让你了解学生的掌握程度是认知、理解还是运用。简单地说，过程性评价能够帮助教师和学生根据教学目标决定在什么时间、通过什么方式对所实施的项目进行调整（Popham，2008）。可以根据情况选用合适的方式来完成评价，但一定要保证采取一些有创意的方式，比如表现性评价或档案袋评价。

7 年级——科学课

- 大概念——项目名称：能量传递和转换。
- 认知难度：中到高（图 7.1）。

6 年级——数学课

下面这个项目是由一个教师和一个客座艺术家带着 23 个 6 年级学生共同完成的，他们计划用三节课（每节课一小时）来完成。由于学生的热情和创意，他们实际上了十节课，也就是说项目持续了六周的时间。虽然占用了午休和课后时间，学生仍开心地参与其中。结果就是在狂欢节上，4 年级和 5 年级的学生都跑来参加他们设计的游戏。

从编写游戏描述和指南的角度看，语言艺术和阅读在这个项目中占了很大比重。最后，这个项目不仅完成了教学标准的要求，也使得学生理解了概率的本质、太阳系、水压和气压，以及涉及数学学习过程的棋类游戏。

- 大概念——项目名称：理解和熟悉分数乘除法和小数；书写、理解、应用数学表达式和方程。
- 认知难度：低—中—高

- **传统方法**
  - 教师讲解和指导阅读教材
  - 做关于能量传递的在线研究
  - 课堂讨论，视频呈现
  - 写报告、交报告
  - 纸笔考试

- **艺术整合法**
  - 学生观看2005年斯皮尔伯格导演的《世界大战》（*War of the Worlds*）片段，然后讨论外星人依靠闪电获得能量的案例，引出概念
  - 以班级为单位，学生介绍漫画书的制作过程，特别是分镜头的制作
  - 以讲座或视频形式，让学生理解能量既不能被创生也不能被消灭，只能从一种形式转换成另一种形式
  - 学生分组完成一个与能量转换有关的故事大纲
  - 学生分组用科学工具箱进行试验，了解吸热或放热能改变物体温度和状态，并记录结果
  - 学生以小组合作形式完成漫画书的文字和图画部分，理解漫画书必须通过故事和图画解释能量转换过程
  - 各小组展示作品，完成书面考试

图 7.1　传统方法和艺术整合法的比较

图 7.2 给出了一份完整的人文艺术整合项目的教案，教学内容是几何图形的测量。这份教案适用于小学多个年级段，需要多个课时来完成。

传统方法

- 独自自学
- 教师讲解阅读教材来呈现信息
- 使用作业本
- 解答应用题
- 总结性评价

艺术整合法

- 学生用预先准备好的牌做游戏，在游戏中发现数学知识，通过游戏理解数学知识，特别是分数和小数运算
- 教师通过全班阅读教材、做练习作业和讲解形式向学生呈现学习内容
- 以班级为单位，向学生呈现主题——为狂欢节创作游戏，游戏涉及上面提及的所有能力，讨论后让学生分成六组，每组完成一个游戏
- 学生以日志形式描述游戏创作过程和设计过程
- 合理安排全班的时间。教师和客座艺术家指导学生讨论制订计划，确保学生按进度实施
- 使用第2章提到的“创造性思维阶段”，在创作游戏所需组成部分时，鼓励学生解决遇到的问题
- 全部完成后，汇总所有的游戏，让学生都玩一遍。将评价工具嵌入游戏中

图 7.2　传统方法和艺术整合法的比较

中段年级艺术整合项目教案格式范例

大概念——核心的话题：玩转测量

艺术整合项目的教学目标：

◆三维几何图形和测量。

◆测量方法和词汇。

◆组织能力和信息管理。

◆体验合作学习的方式，经历解决问题的过程；根据课程标准与教学要求完成学习评价。

教案作者：X 教师

协助者：Y 教师

主要学科：数学

整合的学科：语言、人文艺术和技术

主要的人文艺术形式：视觉艺术

整合的人文艺术形式：无

教学标准的要求：无

责任和分工

按日期列出教师或教学艺术家的分工，确保每个人都按时完成工作

姓名：

分工和日期：

姓名：

分工和日期：

姓名：

分工和日期：

姓名：

分工和日期：

三个核心问题（理解）

核心问题 1：什么是几何图形？

布鲁姆分类中的水平：理解

核心问题 2：如何测量几何图形？

布鲁姆分类中的水平：分析

核心问题 3：几何图形在生活中是如何应用的，为什么？

布鲁姆分类中的水平：评价

项目规划

授课计划

◆课时总数：10。

◆每课时长：30分钟到1小时。

◆日期或时间：待定。

所需材料：空白的笔记本、尺子、铅笔、蜡笔、记号笔、用于头脑风暴的绘图纸（每人）、白板、打印的图案、固体胶、透明胶带、剪刀、日常用品（如硬纸板、铝箔、塑料片等）。

如果需要教室以外的场所：

◆所需场所：（具体填写）。

◆与学校职员合作的计划：无。

注：在教室后面放置一个长桌子，用来存放收集到的日常用品。

多元智力的应用

在所涉及的项目上画 ×

× 语言

× 逻辑数学

__ 音乐

__ 身体动觉

× 视觉空间

__ 自然

× 人际交往

× 内省

布鲁姆分类系统的应用

在所涉及的项目上画 ×

× 创造

× 判断

× 分析

× 应用

× 理解

× 记忆

新词汇（最少 10 个）

数学：正方形、三角形、矩形、六边形、多边形、梯形、估算 / 近似、二维、三维、长度、高度、深度、面积、容积、单位、凹多边形、凸多边形、棱、面、顶点。

视觉艺术：分析、观察、理解、选择

评价方法

项目全程会采取形成性评价。首先是公开讨论，其作用有两个，一是评估学生对教学内容的了解程度，二是根据讨论结果对教案进行调整，以满足学生的需求。其次，要不间断地检查学生作业和作品，这样不仅便于调整教案，还便于给需要帮助的学生提供额外指导。再者，在每节课的最后进行讨论，这样既能使学生回顾总结所学内容，还能看出他们的理解程度。最后，除了学生的总结报告，单元测验能够检验学生的掌握程度是否达到地方规定的要求。

合作教学　课时 1

日期 / 时间：

教学目标：介绍项目和涉及的材料。

教案：学生构思记录本的内容布局，并使用铅笔、马克笔等标出页码，用各种测量工具测量并给封面、表格、头脑风暴图表、生词表、学习笔记等内容预留出位置。

教师独自教学　合作课时 1 和合作课时 2 之间的活动

日期 / 时间：

教学目标：介绍几何图形的概念及其与三维物体的区别。

教案：学生首先要用到教材，然后通过视频来强化学生的理解，并以讨论的形式保证学生全员参与到活动中。最后，在记录本的某个区域总结所学内容。

合作教学　课时 2

日期 / 时间：

教学目标：认识多种几何图形。

教案：通过问题“我们在测量方面了解什么内容”展开，并利用所附格式在白板上进行头脑风暴。让学生用同样颜色的白板笔圈出同类内容，从而系统化学生的前置知识。然后学生把内容抄写到用于头脑风暴的图表里，并粘贴到记录本上合适的位置，在目录中添加该项的索引。

教师独自教学　合作课时 2 和合作课时 3 之间的活动

日期 / 时间：

教学目标：强化对几何图形的认知和测量。

教案：先进行复习，学生分成小组，让学生说出投影出的几何图形的名称。各组都分配到一定时间，以合作的方式回答各种相关问题，并写出几何图形的名称。天气允许的话，本活动可以在户外实施，白板可以用绘图纸代替。

合作教学　课时 3

日期 / 时间:

教学目标: 继续学习各种几何图形，并开始测量学生用这些图形创造的结构。

教案: 学生给学案上的几何图形上色，然后剪下来。在笔记中合适的位置添加标题，标题的内容是相应的几何图形，再把图形粘到对应的页码上，最后在目录上添加相应的索引。在每个图形上，给各边标上数字; 测量这些图形，并把结果以国际单位制记录在图形的旁边，最后写出周长。

教师独自教学　合作课时 3 和合作课时 4 之间的活动

日期 / 时间:

教学目标: 认识、绘制和运用几何图形，鼓励学生以体现自己个性的方式来美化这些几何图形，可以通过上色等设计来完成。

教案: 让学生在记录本上以多种方式研究每一个图形，比如运用拼贴画，为图形涂上不同的颜色和使用一些不同的技巧（如层叠、交叠、马赛克、网格等）。在第 8 次合作课后，每个学生要挑一个喜欢的设计，把它用在记录本的封面上。

合作教学　课时 4

日期 / 时间:

教学目标: 用打印的模板来创造几何图形，并进行操作。

教案：预先在普通纸上打印常见立体图形（如三棱柱、长方体、正方体等）的展开图，要求尺寸精确、有不同大小且上过色，然后把这些展开图从纸上剪下来。先让学生用尺沿边线准确地把展开图折成立体形状，然后把展开图的底面粘到记录本上。粘贴的位置要合适，这样在记录本合上时展开图不会超出其边缘，而打开记录本时展开图又能恢复成立体形状。平摊这些展开图并描出外轮廓，测量和记录外轮廓的各边长。

教师独自教学　合作课时 4 和合作课时 5 之间的活动

日期 / 时间：

教学目标：续“合作课时 3 和合作课时 4 间的活动”。

教案：学生继续该活动，以提高学生认识、绘制和应用不同几何图形的能力。

合作教学　课时 5

日期 / 时间：

教学目标：加快进度，跟上步伐。

教案：确保所有的学生都已经完成项目中前面的任务，学生可以独自完成，也可以同好朋友一起完成。完成以后，学生可以在电脑上观看辅助学习的动画视频。引导学生观察这些几何图形在艺术、建筑、布艺和家具等各个领域的应用，并让他们在记录本记录观察结果，条件允许的话可以附上照片、绘画或剪裁的内容作为记录的内容。

教师独自教学　合作课时 5 和合作课时 6 之间的活动

日期 / 时间：

教学目标：强化对几何图形的认识、绘制和操作。

教案：在记录本的相邻页面创建一个研究集，内容是用多种方式研究每一个几何图形，可以采用拼贴画、上色和一些诸如层叠、交叠、马赛克、网格的方法和技巧。在第 8 次合作课后，每个学生要挑一个喜欢的形式并将其使用到记录本的封面设计中。继续引导学生观察这些几何图形在艺术、建筑、布艺和家具等领域的应用。让学生赏析美国画家查尔斯·德穆斯（Charles Demuth）（1883—1935）的作品《最终》（*After all*）并讨论几何图形在油画里的应用，然后把讨论结果总结在笔记里，如果可能的话，附上照片、该画作的局部，或用自己的画来支撑观点。

合作教学　课时 6

日期 / 时间：

教学目标：通过制作三维图形来给三维进行定义。

教案：借助之前课上的立体展开图，学生利用卡纸做出相应的三维形体。这次不把它们粘到笔记本上，而是把几个面粘贴在一起，只留一个口子。每个学生要做三个不同的立体结构。

教师独自教学　合作课时 6 和合作课时 7 之间的活动

日期 / 时间：

教学目标：继续“合作课时 5 和合作课时 6 之间的活动”

教案：继续之前的内容。

合作教学　课时 7

日期 / 时间：

教学目标：通过测量和操作进一步了解立体图形。

教案：制作测量装置来测量先前制作的立体结构的体积，每个学生做 6 个微型的三棱柱和 6 个微型立方体，把它们作为测量装置。学生可以借用组内同学的装置进行测量，然后记录测量结果。继续讨论这些立体结构在建筑等领域内的应用。

教师独自教学　合作课时 7 和合作课时 8 之间的活动

日期 / 时间：

教学目标：认识、绘制不同的几何图形，并对它们进行操作。

教案：在笔记的相邻页面创建一个研究集，内容是用多种方式研究每一个几何图形，可以采用拼贴画、上色和一些诸如层叠、交叠、马赛克、网格的方法和技巧。在第 8 次合作课后，每个学生要挑一个喜欢的形式并使用到记录本的封面设计中。到这一步时，学生在小规模讨论组里比较他们自己的作品，然后互相给出对最后作品的建议。

合作教学　课时 8

日期 / 时间：

教学目标：突破局限，放飞想象。

教案：学生基于获得的硬纸板、塑料、铝箔等材料，来制作“非同一般”的实心立体结构。要注意预期效果，形状要适合学生课桌。学生制定测量方法，并记录边长和面积的测量结果。继续讨论这些立体图在建筑等领域内的应用。

教师独自教学　合作课时 8 和合作课时 9 之间的活动

日期 / 时间：

教学目标：强化在几何图形方面的认知、绘画和应用。

教案：学生选择所喜欢的几何图形，并把它们运用到记录本封面的设计中。课后作业的内容是让他们反思选择色彩和设计的方法，并简要地描述内封面的设计。文字部分要求句子结构合适、书写和标点符号正确。在经教师检查后，学生把文字部分输入电脑并打印出来，然后把它剪下来，再贴到封面内侧。

合作教学　课时 9

日期 / 时间：

教学目标：“不要掉队”。

教案：继续引导学生完成合作课时 8 中“非同一般”的立体结构的制作和测量，他们可以独立做或与朋友一起做。鼓励先完成的学生去帮助做得慢的。要求学生把封面和封面内侧都做好，并继续讨论这些立体图在建筑等领域内的应用。

教师独自教学　合作课时 9 和合作课时 10 之间的活动

日期 / 时间：

教学目标：总结和测验

教案：在简单介绍后，学生进行一个时间较短的小测验（按相应地区的教学标准要求）。在考完后，学生讨论该用什么样的方式解说、展示他们的学习成果，比如笔记，所制作的各种几何形体，所记录的几何图形在艺术、建筑等领域应用的资料。

合作教学　课时 10

日期 / 时间：

教学目标：项目总复习

教案：每个学生给同学（自己班和另一班的）简要介绍在这个项目中的收获和喜欢的内容，展示他们的笔记和所制作的“非同一般”的结构，介绍几何形体在艺术、建筑等领域的应用。

头脑风暴图表——在测量方面我们了解哪些内容？

测量的内容 / 测量的方法	质 量	时 间	温 度	长 度	容 积	角 度	货 币
	磅	分钟	华氏度	英寸	杯	直角	便士
	吨	天	摄氏度	厘米	升		美元
	克	小时		米	品脱		25 美分
	千克	秒		英尺	夸脱		5 美分
	盎司	年		码	加仑		10 美分
	克拉	月		英里			50 美分
		星期		千米			欧元
总计	6	7	2	7	5	1	7

众数：数组中出现次数最多的数。在总计中，哪个数是众数？

全距：数组中最大和最小数的差。在总计中，全距是多少？

算术平均数：可以通过将数组中所有数字的和除以数字的个数获得。在总计中，平均数是多少？

中数：对数组排序后，正中间的一个数。在总计中，哪个是中数？

（答案：7，6，6，6）

5—8 年级艺术整合项目课程教案格式

两个教师间的合作或教师与教学艺术家的合作

大观念——核心的话题：____

____

____

艺术整合项目的教学目标：____

____

____

教案作者：____

____

____

协助者：____

____

____

主要学科：____

____

____

整合的学科：____

____

____

主要的人文艺术形式：____

____

____

整合的人文艺术形式：____

____

____

分工和责任

按日期列出教师或教学艺术家的责任，确保每个人都按时完成工作。

姓名：

分工和日期：

姓名：

分工和日期：

姓名：

分工和日期：

姓名：

分工和日期：

三个基本问题（理解）

基本问题 1：

布鲁姆分类中的水平：

基本问题 2：

布鲁姆分类中的水平：

基本问题 3：

布鲁姆分类中的水平：

项目规划

授课计划

◆课时总数：

◆每课时长：

◆具体日期或时间：

◆所需材料：

如果需要教室以外的场所：

◆所需场所：

◆与学校职员合作的计划：

注：

多元智力的应用

勾选项目所涉及的项

__ 语言

__ 逻辑数学

__ 音乐

__ 身体动觉

__ 视觉空间

__ 自然

__ 人际交往

__ 内省

布鲁姆分类的应用

勾选项目所涉及的项

__ 创造

__ 判断

__ 分析

__ 应用

__ 理解

__ 记忆

新词汇（最少 10 个）:

评价方法:

合作教学　课时 1:

日期 / 时间:

教学目标:

教案:

教师独自教学 合作课时 1 和合作课时 2 之间的活动：

日期 / 时间：

教学目标：

教案：

下章提要

或许，开设艺术整合课程遇到最大挑战的地方会是高中。由于课时比初中紧，让 STEM 课程教师和艺术领域的教师合作不是件容易的事。不容易并非做不到，可喜的是，我们已经接触到很多在开设 STEAM 课程的学校。究竟该怎么做呢？下一章将提供从已开展 STEAM 课程的学校得出的实践经验，介绍在高中创造条件并顺利实施 STEAM 课程的方法。

第 7 章　在小学高段和初中实施艺术整合（5—8 年级）

思考要点

记录你接下来的思考要点、思路、策略和所需的资源。

第 8 章 在初中高段和高中实施艺术整合（9—12 年级）

唉，要是我学过艺术该多好啊！

——威廉·莎士比亚

《第十二夜》（*Twelfth Night*）

人在向青春期过渡时，大脑会发生很多变化。在青春期之前的几年里，大脑形成的神经连接比它实际需要的要多。这种多余的神经连接，可能会降低大脑的工作效率。为了防止大脑性能的降低，在青春期早期，神经细胞就开始了修整——细胞凋亡。就像一个农夫拔走弱苗以保证优苗生长，大脑削减那些不再被需要的神经连接，以便使其余的神经网络更加快速有效地发挥作用。与此同时，随着大脑额叶的发育，青少年的执行能力明显增强，开始表现得更为成熟。大脑开始具有探索、决策的能力，并开始在做决定之前先评估社会影响。不羁的少年正慢慢成长为一名更理智的成年人。

在高中的几年里，学生的创造性表达能力显著增长。虽然他们的求知欲理应处于一个空前的高度，但多年的在校生活使他们的好奇心降低。须知，只有少数比例的高中生认为自己是有创造力的，该值低于初中时的数据。学生在小学阶段提出的“为什么”的问题到高中时已经转化为“只需告诉我我应该知道什么”。固化心态正在大比例地迅速蔓延，这是一个灾难！当绝大多数学生认为自己没有创造力时，他们就再也不会去尝试创造性的活动了。

随着额叶神经网络的扩展，大脑的寻找模式能力几乎得到完全激发，同时学生在相关概念之间建立抽象联系的能力显著提高。但是他们是否具备了学习 STEM 课程的有利条件？除了学习并理解 STEM 学科内部（如数学与科学学科）之间明显的关联之外，他们还会参加有助于与艺术或者其他领域建立联系的活动吗？他们会理解科学进步如何影响我们国家和世界的经济历史、政治历史吗？他们会认识到掌握熟练的语言技巧对在数学和工程方面取得成功的重要性吗？他们会探索艺术如何为 STEM 领域的重大发展做出贡献吗？在 STEM 领域内，这些或许是不可能的；但在 STEAM 领域内，它们是可以实现的。在这一章，我们将提供一些 STEM 课程整合艺术活动后转为 STEAM 课程的案例，这些案例充满新鲜感和趣味性，以便尽可能吸引学生和维持学生的注意力。

在高中的几年里，青少年的运动技能已变得更加协调，这使他们在运动活动中感到更加自信。作为表达社交身份和获得同伴认同的方法，音乐和舞蹈对高中年龄段的学生来说开始变得重要。参加团体性的体育运动在学生当中是普遍的，但也有些学生更喜欢体操或舞蹈之类的个体活动。这些活动在形式上要么是即兴的表演，要么是精心设计的动作，在目的上或是为了竞赛，或是为了讲述故事。

作为表达社交身份和获得同伴认同的方法，音乐和舞蹈对高中年龄段的学生来说开始变得重要。

大脑中与社交相关的部分也日渐成熟，被同伴接纳的需求使得学生花更多的时间和他们的同龄人在一起，减少了和家人在一起的时间。因此，同伴关系往往成为青少年获得社会支持的首要来源。当然，一些学生在社交方面比其他人更成熟。当其他人感到尴尬和害羞时，这些学生已能够和同龄人轻松自如地进行交流。艺术相关活动可以鼓励社交较少的学生与他人进行积极而有意义的互动，使得他们认识到一起创建 STEAM 项目的价值，并从中获得个人满足。

STEAM 与高中文化

由于时间的限制和教育文件的要求，在高中有目的地将与艺术相关的技能整合到 STEM 课程中并非易事。然而，我们相信教授 STEM 课程的教师们会和他们的同事们一样想让学生获得最好的体验和成果。如果他们意识到将艺术相关技能和主题引入他们的课堂可以提高学生的兴趣和成就感，我们认为他们将至少会考虑我们建议的这种方法——将 STEM 教育转化为 STEAM 教育。如果 STEAM 的概念与学校文化相容，STEAM 课程就更容易开展。

一般来说，一所学校的文化反映在它的校训中。我们来看一看下列以某种形式出现的美国公立高中的校训：

- 在步入成年之前的关键过渡时期，让学生为大学或职业生活做好相应的准备。（芝加哥公立学校）
- 发挥学生潜能，促其成为有用之才。（达拉斯公立学校）
- 营造轻松学习氛围，追求学术卓越。（丹佛公立学校）
- 提供高质量的教育以保证所有的学生充分发挥自己的智力和社交潜能，从而使学生成为终身学习者和具有创造性的社会成员。（费城公立学校）
- 提供平等机会，挖掘学生潜能，使学生成为心智成熟、富于创造、

严于律己、语言得体、通情达理、身体健康、富有民族责任感的成功人士。（旧金山公立学校）

在对私立学校和天主教学校的调查中，我们获得以下的育人目标：

- 使学生有能力成为对社会产生积极影响的人。（费城教区）
- 因材施教。（费城教区）

无论是公立的还是私立的，学校都是为了教育青少年而存在的。学前班、小学、初中的育人目标相对要简单得多，而高中的教育目标是专门针对“从放浪不羁的少年慢慢变成心智成熟的成人”的人生阶段而定制的。许多高中的校训反映了其所处城市的状况，而与周围的困难处境形成鲜明对比的是，学校以强烈的个人成长目标来作为回应。学生们在高中这几年中发展与成长时，学校管理者、教师、父母和监护人往往比学生的成长略微领先一步，总是在寻找下一个策略来帮助引导青少年。高中通常是青少年从教师和同龄人那里学习生活技能的地方，他们在这里习得如何应对挑战、成功和失败。他们开始形成各自的生活方式，并在此基础之上逐渐成为不同的个体。因此，一所高中的文化对于一个学生能否成为有用之才具有至关重要的、决定性的作用。幸运的是，艺术教育和艺术整合教育的力量成为高中为困难学生提供成功经验的关键因素。

回顾高中的目标

无论其校训如何崇高，高中的真正目标一直都是让学生为高中毕业后的生活做好准备。当然，19 世纪末至 20 世纪初，大多数高中的入学考试将入学率限制为人口的 5% 左右，并让这些选中的学生为进入大学做好准备。20 世纪初，高中开始开放式招生，并在课程中提供更多的实用性选择，包括各种类型的职业培训和文科课程等。高中的目标转变为让学生对毕业后的任何选择做好准备——无论学生正式毕业与否。大学并不是每个人的选择，因此高中的实践科学、基础数学、机械制图和家政学等课程实际上是让不读大学的学生为就业和生存做好准备。高中阶段艺术课程得到蓬勃发展，几乎所有的高中都有乐团、管弦乐队、合唱团、美术班、辩论社，也都有一年一度的戏剧作品表演。

20 世纪早期的学校是社区不可分割的一部分，在那里，艺术为城市街区和新郊区社区增添了文化价值。

在一所规模小的高中，因为学生很少，学生拥有极好的条件跟艺术活动亲密接触。橄榄球队的四分卫会在管弦乐队演奏长号，啦啦队员既会在校报社工作也会在合唱团唱歌。艺术与学生的一切交织在一起，是自然而然发生的，而不是因为有研究人员认为这是重要的。20 世纪早期的学校是社区不可分割的一部分，在那里，艺术为城市街区和郊区新社区增添了文化价值。从结果来看，丰富的艺术教育造就了成功的、具备解决问题能力的成年人，正是他们建成了美国规模惊人的国家基础设施。他们中间，受过大学教育的学生中涌现出了一些 21 世纪最伟大的思想家，他们对社会做出了不可估量的贡献；而那些没有选择进入大学，而是去从事其他职业的学生，比如在工业领域工作的学生，他们中的许多人成功创业并发展至今，成为国家的经济支柱。

在 20 世纪中叶，让学生上大学成为高中教育的首要目标。当 1957 年 10 月苏联发射了第一颗人造地球卫星——斯普特尼克 1 号卫星时，西方世界震惊了：苏联的太空计划显然远远领先于美国的太空计划。艾森豪威尔总统迅速签署了《国防教育法案》，采用政府资助或低息贷款支付学费的方法鼓励学生上大学，学习数学、科学和外语，并成立国家教育委员会来打造科学和数学的示范课程。这些努力导致了全国学校对 STEM 教育的重视。“当苏联赢得太空竞赛时，谁有时间关注艺术！”这成为当时的准则。

就像 20 世纪 50 年代令人震惊的黑白恐怖片《幽浮魔点》（*The Blob*）中的魔点一样，这种教育目标和结构上的巨大变化渗透到了民族文化中，导致了课程和资源分配的剧烈变化。以国家安全的名义，地方高中合并成了巨型学校，高中的课程设置演变成了以大学为中心的形式，并且高中教学技巧发生了巨大的变革。讲授成为主要的教学策略，因为它可以使教师高效地“涵盖全课程”。

20 世纪末至 21 世纪初，这些改变的“魔点”已大大地减少了创造性和创新性教学的可能性，因为高利害测试——尤其是在识读和计算能力方面——已成为许多教学策略的主要焦点。由于资源的再分配和预算的缩紧，大学先修课程和国际学士学位课程有所增长，而艺术和其他创意课程有所减少。对越来越多的学生来说，学校变得不再那么有意义了。全国高中毕业率约为 82%。这与其他发达国家相比如何？2015 年，美国高中毕业率低于中国、丹麦、芬兰、德国、意大利、日本、挪威和韩国 [经济合作与发展组织（OECD），2017]。

大学的情况怎么样？45% 的大学生未能在 6 年内毕业——对的，6 年！美国曾在大学毕业生方面领先世界。与此同时，其他国家已经追赶上美国，并且有些国家已经赶超美国，例如澳大利亚、丹麦、日本、新西兰、俄罗斯、西班牙和土耳其（OECD,2017）。来自“完成美国大学”组织（Complete College America，2016）的一份报告同样让人感到不安：约 42% 的大学生被安排了数学、阅读和写作方面的新生补习课程，因为这些学生在高中时没有为大学学习做好相应准备，而在 2010 年时此比例为 40%。

45% 的大学生未能在 6 年内毕业——对的，6 年！

讲这些的目的不是要贬低高中。两位作者都在高中任教多年，深知哪些动态化的事物会影响到高中。我们知道教师和学生都想成功，尽管一些影响学生获得成就的因素超出了学校的师资和管理所能达到的条件。当然，正如在本书导论中提到的，按目前所知，STEM 教育显然没有达到预期。它既没有有效提高学生在 STEM 领域的表现，也没有缩小学生 STEM 成绩方面的性别差异和族裔差异。

毅力的重要性

我们认为已在前面的章节中展示出充分的证据来证明将艺术相关技能整合在高中 STEM 课程之中是使更多学生在这些课程中获得成功的一种方法。艺术整合从本质上来说，肯定会激发 STEM 学生的创造力。当学生常常经历创造性活动时，他们会认识到坚持的重要性——需要不断地工作直到任务完成。很多教师经常听学生说“只需告诉我答案，然后我们继续后面的”。通过其浅显的指导和频繁的填空式测试，学校已教会学生如何找到正确的答案，然后继续。当其他问题出现时，他们认识不到坚持的重要性，也没有完成任务的热情。这不是科学和数学的本质，更不是科学家、工程师和数学家工作的方式。

> 当学生常常经历创造性活动时，他们会认识到坚持的重要性——需要不断地工作直到任务完成。坚持加上热情，你将获得毅力！

坚持不懈比许多人认为的要重要得多。近年来，很多心理学家，比如宾夕法尼亚大学的安吉拉·达克沃斯（Angela Duckworth），研究了毅力和创造性成就之间的关系（Duckworth，Peterson，Matthews，& Keely，2007）。研究表明，拥有坚持完成一件事的热情和能力是获得成功最重要的因素之一。这种兼具热情和坚持的品质叫作毅力，它对个体成功的影响比智力智商要大得多。达克沃斯开发了一个量表来衡量个人的毅力，发现毅力可以弥补天赋。毅力好、天赋一般的人会比天赋高、毅力差的人更易成功、更具有创造力。这是因为后者在面对困难时倾向于放弃，而前者坚持完成任务。不出所料，达克沃斯的另一个研究发现：毅力分数高的初任教师比毅力分数低的初任教师更有可能留在具有挑战性的、资源匮乏的学校。在资源匮乏的学校里教师需要具有创造力，才能用有限的教学资源提供动态的、有意义的课堂教学。他们利用自己的创造力帮助学生用廉价的材料制作模型或海报，进行科学实验。

随着更多的高中学校将 STEM 课程转化为 STEAM 课程，学生将更多地参与具有创造性的活动而从中受益，提高自己的创造力和内驱力，强化毅力。这些品质不仅会使他们在 STEAM 课程中获得成功，而且也会使他们在其他学科领域获得同样的效果。也许社会组织会认识到保留艺术教育的重要性，艺术教育不应仅仅是艺术整合教育，而应成为一个独立的艺术教育课程。政治家、教育管理者和那些决定教师必须教什么的人可能会发现，伟大的教育者一直知道：艺术对于学习的过程和生活的品位是不可或缺的，它赋予学习和生活以活力。假如高中学校想让学生为毕业后的生活做好准备，现在比以往任何时候都需要将艺术积极地融入高中，而 STEAM 课程就是其实现的途径。

艺术课程、艺术整合，还是两者兼具?

大多数高中仍然留有一些艺术训练课程。然而在那些大型的、以大学课程为导向的校园里，对于很多学生来说接受某种真正的艺术教育是很难的，尤其是当学校预算紧张的时候。在最好的情况下，学生在高中期间会有一到两次机会学习为时一个学期的美术或音乐课程，而舞蹈或戏剧课程几乎没有。高中教学安排往往会限制教师拥有合作教学的机会。尽管如此，在高中进行艺术整合比在小学、初中更有前景。关键因素在于：高中生有能力在教师的引导和辅助下自己独立开展工作。依靠技术提供的丰富的艺术资源，高中生可以进行大量的自主学习。事实上，许多高中学校的项目能像大学一样提供在线的指导帮助。

艺术体现 STEM 人性的一面

教学是一门艺术，也是一门科学。教育神经科学的研究告诉我们大脑如何学习会最好，我们应该为教师提供需要的知识，以便教师采取合适的教学策略，营造良好的学习氛围，从而使学生成功的可能性最大化。但是，将计划转化为动态的表演和面对面的教学体验是一门艺术，而这构成了 STEM 课程的戏剧性。人类向年轻一代传递知识和智慧是所有文明的基石。各学科中成功的教师可以提供各种概念和各种信息资源，所以他们的学生可以成为自主且富有创造性的学习者。创造包括尝试和犯错，做出选择与决策，以及评估最终成果。

人类向年轻一代传递知识和智慧是所有文明的基石。

想象一下，演员们依据剧本开始工作，研究作品的时间段，然后在导演的指导下塑造自己的角色。导演带领演员经历包括学习新知识、进行协作、自我反思、完成评估、展示最后成果在内的一系列艰难过程。观众做出最终的评价，其反馈可能会要求改动剧本或者舞台，以便获得更好的结果。现在想象一下，学生在研究问题时也遵循类似的模式。学生从一个假设（脚本）开始，研究关于这个主题的已知内容，并在 STEM 教师的指导下进行实验。他们合作并反思自己的发现，这就要求他们不断改进实验以获得最终的答案。作为一个创造性的思维方式，在这里，艺术与科学共同发挥作用。当然，技术可以提供信息，但它不能提供来自人类的互动、支持和指导，而这正是创造力的产生和繁荣所必需的。

规划艺术整合课程：重演还是新节目？

我们在第 5 章中已指出，教师往往会找到一个教学“舒适区”，形成思维定式，且往往意识不到自己处于一种重复的模式中，年复一年地以同样的方式进行教学。从本性来说，人都喜欢常规而回避改变，教师也不能免于此种特征。这种重复模式形成的原因之一是，高中教师是高度学科分化的，且很少需要深入其他课程领域。具有讽刺意味的是，早期进行学科分化的目的之一就是让教师了解在三到四年内学习某一科目的学生，以便针对每个学生调整教学策略。不过，这是在 STEM 课程涵盖所有学科内容时出现过的情况。现在，以数学为例，数学被细分成“代数 I”到“高等微积分”等五到十个主题，造成了教师愈发“专家化”的现象。分化授课的概念已逐渐演变成“迷你学院”的授课机制。无论是出于学生的选择还是行政决策，这种授课形式和学生分组一起造成了一种缺乏远见的教学氛围，导致的结果是，教师会经常重复使用雷同的教学策略，有时甚至会多年注意不到这种现象。现在，是时候让僵化的教学模式更新迭代了。毕竟，实践出真知。

从 STEM 到 STEAM：一个教师的灵光闪现

本书中的一位作者最近在新西兰郊区遇到了一位高中科学教师。毫无疑问，那是一位敬业的、智慧的教师，他对自己的职业充满了热情，也对教授新生的生物课充满了热情。作者大致浏览了这位教师的课程规划，并钻研了这位教师的一篇精心设计的关于细胞结构的教案。它涉及了学生小组协作、形成性评价、关键问题和科学探究等重要活动。学生小组最终的报告为专业级别的演示文档，拥有出色的设计和演示效果。大多数学生都能够很好地利用互联网，他们所展示的形态各异的细胞图片都是从网上挑选出来的。当该教师被问及对这个项目有何看法时，他认为这反映了平均水平，并且和过去五年的结果大致相同。

回顾过去五年中针对同一内容做的教案，他明显根据学生的反馈做出了调整，但这些改变都致力于节省时间和在课前为学生准备更好的在线资源。这个教学计划主要为了解决学生的技术需求，它有助于那些熟悉计算机程序的人将展示材料创作得更好，结果形成了一系列从“良好”到“优秀”的演示文稿。教师的投入主要在于辅导学生使用电脑程序，而不是学习细胞结构。这位教师也注意到，非常精通电脑的学生会在竞争中处于领先地位。

最后，作者问他“你曾经考虑过让学生用黏土创建细胞模型吗”，经典的“我明白了”时刻出现了（参见第 9 章“细胞生成”示例）。这位教师立刻醒悟了，他说这是多么浅显的项目，他怎么从来没有想到过。经过深入了解之后，他发现该高中存在一个大型艺术项目，虽然部门之间没有任何的合作，但他因此认识了一些艺术教师，并确信他可以建立一系列合作课程。他认识到 STEAM 教育的力量，并立即决定修改来年的教案。

STEAM 教育的推进

显然，我们鼓励教师、教学艺术家、艺术家间的合作，这能给教师提供最丰富的经验。当教师们进行合作时，他们不仅能从中学习新的信息和策略，也开始改变对自己的学科领域、对学生、对他们自己的看法。如果你参与了这些合作，你肯定会有思想上的改变，因为艺术充实着每一个人。你是否在第 5 章做过艺术感知的评估？你是否已反思自己的艺术爱好，并尝试将它与教学策略进行联系？例如，你对摇滚音乐感兴趣，你可以用它来导入物理科学课中的一个单元——由于波源或者接收器的相对运动而引起的声波或电磁波中的频率偏移。你可以很容易地吸引学生的注意力并将整个单元的教学内容用摇滚音乐串联起来。

> 当教师们进行合作时，他们不仅能从中学习新信息和策略，也开始改变对自己的学科领域、对学生、对他们自己的看法。

我们前面已提到，在高中的几年里，随着额叶发育成熟，学生的创造性潜能显著增长，然而这些学生中很少有人认为自己是有创造力的。调查学习 STEM 课程的学生，找到其中对音乐、美术、舞蹈、电影和技术感兴趣的学生。下面是一个简单且可执行的调查案例，此调查案例由一位执教视觉艺术的高中教师开发而成（Middleton, 2008）。根据你的课程需要来借鉴它。

高中 STEM 学生兴趣抽样调查

姓名:____________　　　　年段:________________

这次调查是为了让我更好地了解你。你不需要回答任何让你感到不舒服的问题，但请尽可能多地回答问题。谢谢！

1. 你为什么选择这个课程？____________________
2. 你在空闲时间时喜欢做什么？____________________
3. 你最喜欢哪种风格的音乐？____________________
4. 你父母或兄弟姐妹中有在艺术领域工作的吗？____________
   如果有，是做什么的？____________________
5. 你参观博物馆或美术馆的频率是怎样的？________________
6. 你曾经上过艺术课吗？______如果有，是什么时候？____________
7. 你会绘画、素描或者做漆艺术品吗？________________
8. 你会演奏乐器吗？______如果会，是什么乐器？____________
9. 你曾经上过舞蹈课吗？______如果有，什么时候？______还在上吗？______
10. 你曾经参加过专业的舞蹈演出吗？______多久之前？____________

11. 你曾经参加过专业演出吗？______多久之前？____________________________

12. 你最近有参与过戏剧表演吗？______如果有，什么时候？在哪儿？________

13. 你如何描述你对技术的兴趣？

____

14. 在下列任何你感兴趣的事情前面打钩：

____画漫画或卡通

____创作一部电影

____参观艺术博物馆

____在报社或者杂志社担任作家

____设计房屋和建筑物

____编排舞蹈来呈现著名的事件

____黏土雕塑

____利用卡纸和木头制作模型

来源：改编自 Middleton（2008），已征得作者允许。

有了这些信息，你就可以做类似于这样的事情：安排对美术感兴趣的学生教对数学感兴趣的学生画不规则的圆锥曲线；鼓励热爱表演的学生和你一起创作一个运用逻辑推理、猜想、论证方法找到凶手的故事；吸引“拯救地球俱乐部”的成员和你一起创建“地球系统及其模型”章节的交互式教案。在座位上不能安静坐着的男孩需要进行互动，而不是被留堂。这个坐立不安的男孩不一定是对话题不感兴趣，而可能是他需要以更积极的方式参与进来。艺术提供了无穷的互动方式，以吸引学生、激发动力并助力思维模式的进步。也许这个男孩将成为你的下一个学生助理。所有这些活动都有另外一个好处：它们能助长自信心——一种不能被直接教授的品质。

传统 STEM 课程与艺术整合 STEAM 课程典型案例比较

9—12 年级——科学课

- 大概念：生物的多样性与进化
- 认知难易度：中到高

在高中生物学课堂里，这是一个常见的主题。也许是因为众多争议围绕着这个主题，它经常通过以教师为中心的讲授模式来实施，借以事实、照片和视频来完成，而学生成了被动的旁观者。在 STEAM 艺术融合方法中，学生积极参与这一主题，并深入了解我们地球上生物多样性的起源和影响。

注意这两种方法之间的主要区别。艺术整合的 STEAM 课程是以学生为中心的、有趣的，可以提高学生的参与度和理解度。教学过程中可以进行形成性评价，等单元结束时再进行各种各样的总结性评估（包括表现性评估）。

现有两个艺术整合 STEM 测试单元已被证实能激发学生热情，并给熟悉信息技术的学生提供创造的机会，让其在此过程中获得经验。教师（有时会和学生一起）决定单元的复杂程度。这两个单元都需要大量的时间，可以在其他相关课堂教学进行的同时持续好几个星期。

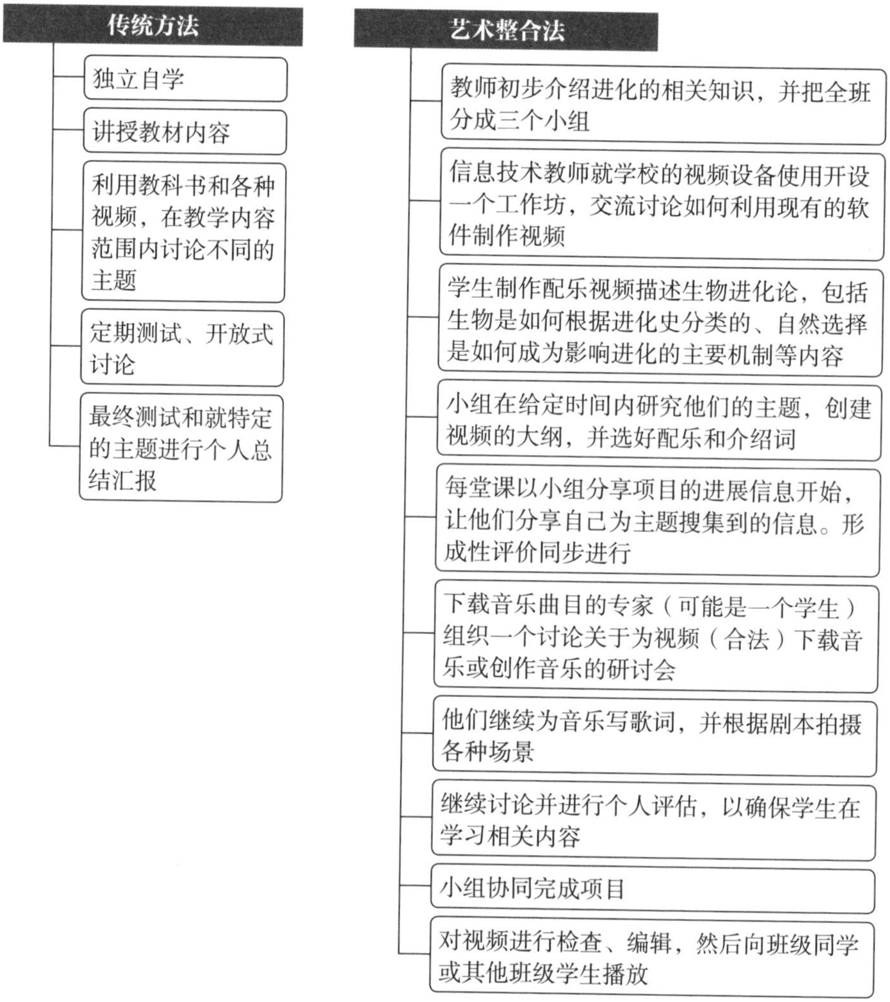

图 8.1　传统方法和艺术整合法的比较

科学（生物）：9—12 年级“它是活的！”——收集材料创造人类骨骼形态和系统

高中生是媒体迷和电影迷。他们被神秘的游戏和电影世界中那些难以描述的生物所吸引。曾令人恐惧的生物被赋予了人格和更加可信的存在理由，不再仅仅让观众受到惊吓。年轻人已对“震撼力”有所免疫，已经接受它并从中受益。他们从许多吸血鬼电影而非教科书中知道了血液的不同类型。那么，不妨通过这种方式，让我们一起构建一个有趣的、互动式的、创造性的教学单元：人体解剖学与人体系统。

课程目标

- 能够识别中轴骨和附肢骨的主要骨骼以及骨组织。
- 能够识别并了解肌肉组织的结构及组织形式。
- 能够识别人类的主要肌肉。
- 能够识别并了解脊髓、内分泌系统、心脏和心血管系统、淋巴系统、循环系统、呼吸系统、消化系统和神经系统的功能。

艺术目标

视觉艺术

- 能够通过整合在艺术创作过程中的好奇心、兴趣、注意力、复杂性和艺术意图来进行展示并自我表达。
- 能够识别审美选择的基本理论。
- 能够依据已有的或衍生的标准评价他人的作品。
- 能够使用描述性术语和各种艺术分析方法解释艺术作品的意义或目的。

社会 / 情感目标

- 能自信地做出选择，能够阐述做此选择的依据，甚至据理力争。
- 在进行创造性活动时，若涉及未知技能，能够通过合作学习的方式解决问题，在合作过程中互相帮助。

项目： 这是一个长期的项目，需要相当充分的规划和调度，毕竟，我们要建造的是一个人体模型。这个项目可以简单，也可以复杂，简单如仅仅展示骨骼结构，复杂如展示各部分骨骼的主要特征、结构中枢和外周神经系统，或者用一个花园喷泉泵和一根塑料管来演示循环系统。创造性的过程（见第 2 章）必不可少，“孵化阶段”贯穿整个项目。它可以包括 3—5 个，甚至 50 个州的标准，这由你来做决定。为了实现多样性，我们将教学计划分为四个模块，以便根据特定的情况来调整课程计划。每个模块大约是 1—3 周，项目前期每周 1 天，项目快结束时每周 3—5 天。

活动

模块 1： 使用教科书、讲座和视频向学生介绍人体系统和人体器官的概况。向他们介绍这样的任务：通过网络进行研究并捕捉最有趣、最特别的艺术品的形象，然后利用这些现成物品进行艺术创作。他们用传统笔记本电脑或平板电脑记录工作。研究过程应被从头至尾地记录下来。为了增加趣味性，可以展示电影《青年弗兰肯斯坦》（*Young Frankenstein*）中弗兰肯斯坦博士最终找到父亲日记的视频片段。它不仅好玩，也会使学生了解保存详细日记和笔记的重要性。

模块 2： 要求学生对现成品艺术或装配艺术进行研究，并确认他们对哪些艺术作品感兴趣以及为什么感兴趣。他们也需要研究可回收材料和可再生材料的优势。如果可以的话，请一个专门从事此工作的本地专家，让他通过例子来解释相关作品及其制作过程。与学生一起解释和讨论创作过程（如第 2 章所述）。提醒他们记录所有的研究和意见。

将班级分成小组并讨论如何“创建”这个人体模型。他们将会讨论使用哪种材料制作骨骼（木头还是塑料管？），用什么代表肌肉（可雕刻的泡沫垫还是纸浆？），用什么代表主要器官（用闹钟代表心脏？用回收的排水管和罐头做消化系统？混合使用搜集到的东西做大脑、眼睛和耳朵？），等等。然后，小组成员聚集在一起，确定用于创建这个人体模型的最佳材料。他们会用传统的笔记本电脑绘制初步的设计图，呈现所有的材料和物品，包括这些材料和物品代表的是什么骨骼或器官，以及它们之间是如何连接、如何支撑的（注意：你需要找个会使用简单电动工具的人作为助手——制作的骨头要能转动，所以如果你不会使用电动工具如钻头和电锯，找一个同事来帮助你）。当然，要确保具备完善的安全措施。需要提醒的是，你可以联系当地的百货公司，让他们捐赠一个模特台用以摆放仿人体模型。其间，学生继续进行研究并进行人类系统相关知识的典型课堂教学。

模块 3：学生将收集到的物品放到盒子里带来，并根据人体系统进行分类。可以考虑找一两个学生用计算机制作一个列表来记录各部分物品。学生继续和伙伴合作，或者以小组形式绘制仿人体模型。最终，学生应该能够解释每个部分的功能和目的，以及它如何与其他部分相互作用。

模块 4：学生对人体模型的最终艺术表现达成一致，并开始制作。在这一阶段，你必须充分发挥你的组织能力，别忘了提前规划好，为兴奋的学生们留足额外的时间，因为每个步骤都可能耗费双倍的计划时间。你可以让学生以每组 2—4 人的形式工作，每一小组负责人体模型的一部分，例如一只胳膊、一条腿或者躯干。一旦各组件制作完成，就可以进行最后的组装，并添加补充成分（组织、器官、静脉等）。这个项目的复杂程度由你决定。

评价：学生单独或成对地描述人体模型的特定组成部分及其功能。你可以自行设立规则来评价学生们的记录。如果你的学校或地区有要求，你可能还需要进行传统的测试。

材料：不同种类的未分类的物品，例如电钻、锯子、螺母、螺栓、画线工具、长丝、胶水枪。

多元智力目标：视觉空间智力、身体运动智力、逻辑数学智力、人际关系智力、内省智力、自然智力。

布鲁姆分类目标：记忆、理解、应用、分析、评价、创造。

数学 / 科学——9—12 年级“生活区”：社区花园的设计与建造

大多数学校都有某种形式的“绿色组件”在发挥作用。它可能像一个回收系统一样简单，也可能像一座节能建筑一样复杂。无论哪种情况，只要有一些土地可用，这个项目就可以在任何情况下运行。在郊区和农村地区，花园可以建在地面，而在城市地区，花园可能需要建造在花盆中。这是一种应用许多数学概念并融入科学元素、艺术元素、设计元素的绝佳方式。

课程目标

数学

- 在真实情境中应用和解答线性方程组和不等式。
- 在真实情境中应用几何理论。

科学

- 在真实情境中应用生态学和地表知识的概念。
- 根据当地气候和条件选择植物种类。

艺术目的

视觉艺术

比较艺术品、建筑、设计和 / 或模型来理解技术和实用软件是如何影响审美素养以及当地社区的。

社会/情感目标

- 积极参与一个项目，不仅会对学生产生影响，一般来说，也会影响到当地社区。
- 长期从事一个项目，需要勤奋和耐心。
- 学习和接受不同社区的风俗和文化差异。
- 与同学及社区成员合作。
- 从内心深处尊重我们所处的环境。

项目：世界各地都有各种各样的社区花园，它们的设计和用途就像他们所在的社区一样多种多样。这是一个长期的项目，所以要根据当地的气候来计划安排。本教案在结构上分成四个部分。你可能需要细分每个部分，调转一些部分间的顺序，或者基于当地学校时间表和天气条件把某一部分的授课时间延长至横跨一整年。依靠你自己的判断，但尽量不要删除任何部分，因为很多活动是连续的。可以考虑与当地花园俱乐部或者本地扩展服务商进行合作，让相关人士为你提供丰富的信息和帮助。

这也是一个可大可小的项目，我们相信，项目一旦开始，学生将主导整个项目的推进。这是一个真正的艺术整合项目，是让数学、科学、社会研究和艺术教师展开合作的理想环境。它的可能性是无限的，对社区的整体影响也是不可估量的。

活动

通过视频或幻灯片向班级展示世界各地的社区花园（可以选择谷歌图像）。让学生寻找全球文化的差异，并鼓励他们研究线性方程的各种应用（如：阶梯花园是怎么设计的？斜率是多少？），观察不同花园在几何形状、艺术形式及植物类型方面的差异。学生将反复观看这个视频，其目的是增强他们的观察能力，使其能随着时间的推移找到更多线性方程的应用。

学生通过纸质或电子的方式记录所完成的内容。为了便于设计，你可以购买简单廉价的园林设计软件，这是电脑基础设计的必经之路（网上有一些非常基本的免费程序可使用）。这些程序还提供了大量的数学应用程序，对你和这个班级都有很大的帮助。你可以决定采取传统的用铅笔、尺子绘图的方法，还有计算机生成图标的方法，来保证学生参与其中。

模块 1: 向学生展示线性方程组和不等式的概念，并向他们展示如何在实际中应用，例如它们在几何概念中的应用以及在坐标系中的表达。同时，提醒他们注意所观察的花园，鼓励他们重复观察以便找到其中更多的数学概念应用。在观察一个花园时，鼓励他们反向推导并形成方程。

如果可能的话，在合适的时候邀请一位专家来讨论一下建花园的事情。专家将会帮助你和班级确定花园的最佳位置，并提出建议和注意事项，比如花园应该是固定式的还是可移动的。你可能需要让一些学生画出各种不同的可能性，最后再用图像形式展现整个班级关于最终产品的总体决策。你邀请的专家将向你提供土壤类型、肥料、灌溉方式和植物材料等方面的方案，最大限度避免浪费时间、金钱和精力。学生将会选择植物种类，并且制定一个时间表或日程表，用以描述农作物（若建的是菜园的话）什么时候可以收获、什么时候可以被社区所使用。

一定要和那些管理工作场所的人保持联系，因为在整个过程中，他们将是关键的盟友。可以依靠他们了解当地建筑和环境法规，以及安全事项、灌溉可能带来的排水问题。

模块 2: 班级以小组为单位，评估花园所需占用的学校或社区物业区域的面积，并利用之前所做的笔记开始设计花园。提醒他们，在做出艺术选择时，必须应用代数和几何知识。本书作者之一指导了一个这样的项目——用釉陶工艺做出灌溉用的喷水器，其成品不仅具有很强的视觉冲击力，而且具备灌溉的全部功能。

模块 3：以班级为整体，以合作学习的方式共同决定最终设计和安装方案。此处可做限定：在适用情况下，每一个为建筑做出的艺术选择都必须有数学方程和细部图的支持。这些图纸和图表最终将单独打印，再装裱在花园的各个地方，让数学方程“活起来”。

模块 4：完整的花园需要合适的土壤、有机肥料、堆肥箱和盆栽。基于你所给的时间、科学和数学教师的参与度，学生可以开始监测植物的生长、植物需要的浇水量、堆制肥料的使用等情况。

评价：这是完美的形成性评估案例。在设计的同时，学生也在应用数学和科学技能来支持这个项目，无论它是否有效。这样，创造性过程就产生了，他们在必要情况下可根据你的指导寻求一个备用计划。如果需要，可以根据学校或地区的要求进行笔试。

材料：世界各地的各种社区花园的视频（1—2 个月前，将这个任务分配给 2—3 个在视频领域称得上“高手”的学生。这项研究将是有趣的、启发性的，并充分尊重该视频的著作权）；园林设计软件；适当的木材；建造花园的工具和硬件；地上花园的装饰物；低压灌溉系统（可以从家居装修商店买到，很容易安装到一个简单的水龙头上）；土壤；护根物（可以从回收站和本地推广服务中获得）；种子；植物；引导标示。

多元智力目标：视觉空间智力，身体运动智力，数理逻辑智力，人际关系智力，内省智力，自然智力。

布鲁姆分类目标：记忆、理解、应用、分析、评价、创造。

高中教师尝试过的其他活动

- 要求学生制作一个复杂的机器来演示食物链或食物网。
- 当学习音调时，要求学生设计制作自己的乐器，为同学们进行演奏并解释它发声的原因。
- 通过歌舞来论证板块构造的概念与运动。

- 要求学生使用一种艺术形式来演示或说明水循环（形式不限）。
- 要求学生创建一个动态场景（详见第 9 章）来表示化学反应的动态平衡。

这些教师还提到，一旦适应了 STEM 课程，他们就开始融合艺术相关活动，学生也开始尝试使用其他方法在学习 STEM 内容时融入艺术。有了这项创新，高中 STEM 课程就可以成为令人兴奋的、富有创造力的项目，更容易让学生参与进来并真正掌握他们所学到的东西。

下章提要

自本书第 1 版出版以来，作者已经旁听过很多 STEAM 课。在下一章中，我们将讨论我们听课期间遇到的一些争论和问题，以及教师们是如何解决它们的。

第 8 章　在初中高段和高中实施艺术整合（9—12 年级）

思考要点

记录你接下来的思考要点、思路、策略和所需的资源。

第 9 章　来自教学一线的发现

实践出真知。经验是最好的教师。

——拉丁谚语

许多研究成果已经出现在本书的第 1 版。我们研究了学校探索 STEAM 实施的过程，并考察了 STEM 教师所说的课程单元。它们对 STEAM 课程和项目的实施有很大的帮助。从那时起，我们有机会在活动中看到我们的著作。在这种情况下，"这布丁好不好吃，只有吃了以后才知道"（即"实践出真知"）这句话比虚浮的东西更有说服力。

本书第 1 版在两个章节中介绍了 19 个数学和科学课时计划范例，也包括一些分散在不同章节的课程计划。课程计划的大部分内容都很受欢迎，但是最令人感兴趣的是"教师如何使用课时计划"。我们将它们标记为"开胃菜"，原因是它特别有效。让我们简要回顾一下教师在 STEAM 实施中的作用：

- 合作研究教学策略。
- 挖掘自身创造力，鼓励学生发挥自己的创造力。
- 承担适当的教学风险。

如果你已经读了本书第 1 版和这一版的前面几章，你会发现，以上三点对于真正的研究者和致力于 STEAM 领域的研究人员来说是比较简单的。但现在，我们开始专注于以下内容：由真正的教师（而不是演示员）和我们这些提供专业视角和具体辅导的人，对一些最初的“开胃菜”加以细化、寻求反馈，并定期观察。

对于作者而言，体验 STEAM 教育的最好例子就是坐在教室外的走廊与 5 年级的女孩讨论“如何使用小海绵将纸弄湿并扭曲来制作纸质吊桥”。这些学生特别可爱，也很热情，正如这些教师和管理者一样，但是她们不需要我们！她们带着强烈的好奇心，真正地讨论和分享教师所提供的各个细节。毫无疑问，她们正身处一条创新的列车，而且旅程不会很快结束。

她们做记录，拍照片，有时候甚至讨论一座特殊的桥能够承受多少沙子。有多个小组一起来处理同一“工程难题”。这就是 STEAM 教育。它的内容丰富有趣，我们敢说，它虽然被“传统教学”结构所包围，但充满活力：学生们记笔记，在画出最后草图之前，先在黑板上画了一遍又一遍，直到完成最终的绘制。与此同时，当争论出现时，教师会不断地指导学生使用适当的话语形式，那是很令人兴奋的。有太多想法值得分享，在持续不断的体验和讨论后，一个小组最终创造了成功的设计，这款设计赢得了全班同学热烈的掌声。当然，你也获得了连续学习的机会，这个机会是偶然出现的，没有任何特殊预兆。

第 1 版中的原始“开胃菜”现在未被包括在第 9 章中，但能在附录中找到。我们希望这些“开胃菜”能给你提供一些灵感，就像它们给其他人提供灵感那样。

关于原始“开胃菜”

接下来所要论述的课程计划“开胃菜”是完整课程计划的开始，有很多东西会使你想要投入完整的课程中来创作适合自己的 STEAM 课程计划。“开胃菜”中呈现的构想是你创作旅途的开始，各年级适当的课时计划随着你自己班级和年级层次的改变而调整。在回顾第 2 章创造性思维各阶段的内容基础上，花点时间去准备和酝酿你的课程计划。参照第 6 章、第 7 章和第 8 章结尾处提到的课程计划格式来创作课程，有助于与你的课程进度保持一致。在创作的过程中请记住：

- 基准不包括在“开胃菜”中，因为州与州之间没有确切的基准和代码。在课程计划中，除了 STEM 基准外，还应该包括语言艺术、社会研究和其他课程领域的基准。根据你所在学校或地区的特色，你还应该制订一些特殊的课程计划。记录日志不仅是创造性写作练习的一种方式，还可以提高学生语法和标点符号的正确率。
- 这里提到的艺术项目绝对不是唯一的，教师还可以使用其他多种艺术形式。发挥你的创造性思维，借鉴其他教师和教学艺术家的教学艺术，想出一些令学生感兴趣的新奇的艺术项目，让学生主动参与其中。
- 课程计划所需要准备的材料是不同的，这取决于你所能获取的课程资源。假如你改变主课的“辅料”，学生可能会觉得更精彩，对其更感兴趣，那么你就成功地制作了一份“大餐”，这种改变只有你自己知道，别的教师都是无从得知的。
- 时间安排是一个难题，切记不要安排连续多天的活动，要注意，如果每个活动的间隔持续两天以上，你就可以创作一个“有联系的活动”，让学生的记忆串成一条线。这个活动没必要占用太多的时间，可能就像午饭前或排队等候解散前的讨论时间那么短。

科学——幼儿园:“我眼中的世界”

课程目标

◆ 细心的观察,更好地认识我们生存的世界和生活中的事物。

艺术标准

◆ 探索艺术的基本结构元素,特别是颜色的结构元素。

社会 / 情感目标

◆ 生成艺术品的构思和影像,提升自我认识。

活动: 让学生使用索引卡片、标识、水彩、颜料和彩笔创建一小本关于原色和合成色的名册。给指定数量的卡片涂上颜色并把颜色的名字打印在卡片上,然后将这些卡片装订在一起形成范本。学生将参观学校周围或学校所在街区周围的建筑,记得引导他们去观察自然界和周围建筑中存在多种的颜色。使用手册,让学生确定他们能找到多少种色彩,鼓励学生去决定他们最喜欢什么颜色以及喜欢这种颜色的原因。让他们明白花费时间细心观察事物的重要性。他们会讨论对不同色彩的感觉,例如讨论浅绿色的嫩叶或暗褐色的废弃大楼。最后,学生会徒手绘制参观过程中最喜欢或记忆最深的画面,有时候也会给他们自己画一幅画,用不同的颜色来描述他们的感受。不断地训练学生的创造性思维并唤起他们的反思意识。

评价: 学生的最终作品将会显示他们的观察能力及自我意识。

材料: 索引卡片、蜡笔、标识、颜料、彩笔、绘图纸和订书机。

多元智力目标: 语言智力、视觉空间智力、人际关系智力、内省智力、自然智力。

布鲁姆分类目标: 记忆、理解、应用、分析、评价、创造。

来自教学一线的发现

- 许多教师直到 5 年级才适应这个计划。他们超越了色彩理论目标，在活动中添加了分块几何图形的内容。
- 研究过程中我们发现，许多老式建筑在我们面前隐藏了非凡的建筑设计构想。
- 一名 2 年级教师提供了表演道具，让学生在其徒手绘制的自画像旁创作独白。她关注的是他们的姿势、措辞和语言表达是否清晰。她非常耐心地教导学生，细致到某个词语的使用。这真是一件不可思议的事情。

科学——1—5 年级：栖息地

课程目标

- 通过栖息地模型理解自然世界。
- 通过细心观察认识生物有机体间的相互依赖关系。

艺术标准

- 通过创建景观，展示四种不同的栖息地模型，景观需要包括对本地动植物的展示，需要使用自己搜集的材料或再生材料来制作。
- 理解和创建景观环境背景墙、地面，并用黏土做成植物和动物。

社会 / 情感目标

- 协同努力与独立意识。
- 开发精细运动技能。
- 按照循序渐进的指导要求，逐渐感到怡然自得。

活动：首先，让学生对每一种环境的组成部分进行头脑风暴，包括景观、天气和本地动植物。将杂志中的图片剪切粘贴起来，完成景观背景的拼贴。使用模型黏土、天然材料和再生材料完成景观拼贴。可以用造型黏土创造植物景观。在某些时候，学生会讨论每种环境下植物的生存情况，以及当地的动物及其捕食者的关系。

评价：写日志、形成性评价、必要的学区 / 学校测试。

材料：平纸板、杂志、积木块、艺术纸、胶带、自己收集的天然材料、再生材料、剪刀、胶水、模型黏土。

多元智力目标：语言智力、逻辑数理智力、身体运动智力、视觉空间智力、人际关系智力、内省智力、自然智力。

布鲁姆分类目标：记忆、理解、应用、分析、评价、创造。

来自教学一线的发现

- 大型专业发展研讨会中，全体成员都认为这个计划是“不可能的”。我们把这种结果理解为完美实施课程计划的基础，然后了解了教师真正关心的问题，继而给教师重新分组——没有按照年级来划分组别，而是混合分组。
- 课程计划“开胃菜”被不断地咀嚼、消化、重新设计，6 种不同的栖息途径逐渐清晰。不同年级彼此协作。
- 有一个班级已经与机构合作来帮助那些无家可归的人。这使得这个项目呈现出完全不同的、富有洞察力的、有深远意义的体系框架。一名学生在评论中写道：“如果人们在桥下生活，怎样才能更安全？”运用 STEAM 理念的教学提升了年轻市民的社会责任感。

科学——3—9 年级：用织物设计展现消化系统

这一系列课程与人体解剖类似，学生学会绘制和剪切人体消化系统相关的机体部分。如你想的一样，你可以让 3—5 年级学生的设计简单一些，6—9 年级学生的设计稍微复杂一点。如果要使用背景音乐促进学生学习，最好不要出现歌词，以免分散他们的注意力。

课程目标

◆ 理解消化系统，掌握其机体工作机制。
◆ 提高在线研究水平，对信息的使用要合乎伦理道德。

艺术标准

◆ 从经典绗缝与时装设计中观察不同织物的用途，讨论结构的色彩与纹理，解读艺术家和设计者的目的。
◆ 明确创作过程并将其用于具体的科学主题。
◆ 在艺术创作过程中，检查和修改艺术作品并逐步细化每一项工作，使其最终达到个人的艺术标准。
◆ 使用标准评估自己和他人的作品，从而在艺术过程中做出选择。

社会 / 情感目标

学习和欣赏艺术创作过程，学生将学会如下内容：
◆ 认识到解决问题的方法不止一种，不同的艺术家有不同的观点。
◆ 彼此交流各自的想法，协同解决特殊的艺术难题，理解和睦相处与团队合作的价值。

活动： 学生学习消化系统，理解它在人体中所起的重要作用。简单地辨别消化系统的各个部分，例如嘴、会咽、食道、肝脏、胆囊、胃、胰腺、小肠、大肠和阑尾，学生以小组合作的方式进行网络调研，使用纸质材料创建包含其研究内容的独立文件夹。每一组中，由一个学生躺在棕色牛皮纸上，胳膊放于身体两侧，另一个学生则清晰地勾勒出该学生的身体轮廓（从脖子到膝盖）。他们一起将牛皮纸剪成身体的形状，自行选择背景音乐以增加项目的趣味性。

每个小组内部讨论消化器官的大小和形状，在剩余的牛皮纸（或其他可用的纸）上徒手绘制器官图案，然后根据器官的实际颜色选择一种织物来代表它，选择时注意项目的整体艺术风格。他们按照结构图案绘制、裁剪，最后将其粘贴在人形牛皮纸上。每一个消化器官都用适当的标签标记。采取电子或纸质材料形式为每一个器官创建一个文件夹，对其信息进行保存。

评价： 学生口头解释消化系统的工作过程和各部分标签的含义。简单的纸笔测试是最终的评价方式。

材料： 各种各样的织物片、大卷的棕色牛皮纸、铅笔、记号笔、糨糊、绗缝针、胶水、绘制标签的厚卡片、电脑和打印机。

多元智力目标： 视觉空间智力、身体动觉智力、逻辑数学智力、人际关系之力、内省智力、自然智力。

布鲁姆分类目标： 记忆、理解、应用、分析、评价、创造。

[注意：这一课改编自佛罗里达州的教学艺术家特雷西·罗索夫－彼得森（Tracy Rosof-Peterson）的艺术作品]

来自教学一线的发现

◆这是目前最受欢迎的“开胃菜”。为什么？乍看上去，它并不显得那么富有潜力，其实不然，因为原料和供给都安排得很合理。

◆我们要求教师一定要阅读所有内容而不是仅阅读前几行。这促使了“每个课时计划至少读三次”的口号落到实处，也是创造性思维步骤的运用。回顾第 2 章的内容，确保已做好的心理准备。教师最初的恐惧会导致学生无法获得一个完美的、可达成的项目体验。

◆走进 8 年级的课堂，我们听到两个学生关于心脏的一场激烈的讨论。男生认为他们对心脏结构的绘制和涂色应与真实的心脏尽可能相近，这代表着科学家的想法；女生想要的是一颗“浪漫”的心，这代表着艺术家的想法。教师很巧妙地将其添加到社会研究和民主空间中，两组简洁的总结后，“浪漫”心脏最终获得成功。她强有力的演讲所表述的观点“心脏不仅仅是泵血”让所有人都很惊讶。教师后来说道：“这种陈述开启了对感觉、对伤害的讨论。”在市中心的学校，STEAM 教育的发展前景比我们预想的还好。

科学——3—12 年级：科学课中运用戏剧

戏剧活动包括设计动作和角色扮演，可以将枯燥无味的课程转化为具有激励性和创造性的学习体验。早年的戏剧大师大卫·肯纳（David Kener，2021）认为所有领域的学科教师都可以借助戏剧让课堂变得更加有趣。以下内容对他的教学策略进行了改编，以适应 STEM 课程。为了满足不同年级学生的兴趣和需求，教师也可以适当地做出进一步改变。

课程目标

- 使用动作和戏剧活动回顾并学习 STEM 中涉及的一些概念和人物。
- 提高观察和提出问题的能力。
- 通过富有挑战性和趣味性的活动提升学生的创造力。

艺术目标

- 理解戏剧活动是如何增强 STEM 概念的学习的。
- 明确目的性动作对于增强 STEM 概念学习与记忆的重要作用。

社会 / 情感目标

◆ 认识到与人协作的重要性——可以不断地使学习效果得到改善。

◆ 理解富有情感的戏剧活动对于提升学习兴趣和强化学习效果的重要性。

活动：肯纳认为，在课堂教学中，可以在不同的活动中引入戏剧元素。

1. 谱图：针对某个特定的主题，这个活动可以初步了解学生已有的知识和看法。如果想检验有多少学生在前几节课中学到并掌握了知识，这是个好办法。教师需要告诉学生整个教室被划分为三个区域，分别代表“是”“否”“不确定”。当教师提问的时候，学生在这三个区域之间移动以显示他们对答案的理解深度。设计的问题应该由简单到复杂，逐步推进。学生先默不作声地移动到所选的区域，然后再进行讨论。最后，问题会被归于这么几类：（1）最难；（2）最具有争议；（3）与要求掌握的最终目标最契合。例如，在有关天气的系列问题中，最后一个被问出的问题可能是“哪位同学知道天气变化的主要影响因素”或者“哪位同学相信全球变暖的概念是错误的”。

在回答最后一个问题时，通常会有 2—3 个小组来分享他们的观点。让学生以小组合作的方式进行讨论，然后选一个代表来总括他们的讨论结果。对于高年级的学生，可以让他们以角色扮演的形式完成该项活动。例如，他们扮演的可能是一位特定的政治人物、一位科学家或其他的相关人物。在活动中，学生所扮演的角色最起码要变换一次，这主要是为了让学生从不同的视角进行理解，这也是角色扮演要实现的目标。

2. 舞台剧：在这个活动中，教师给出的可能是学生以前学过的 STEM 概念，也可能是一个在课程中还未提及的新概念。教师分配给每个小组的概念可能是相同的，也可能是不同的。每个小组协同工作来决定如何将概念更好地呈现在舞台剧中。他们的姿态、面部表情和动作都要集中呈现概念。舞台剧并不是静态或无声的，允许包含移动和对话，还可以有声音效果和音乐。

每个小组在进行一些研究和排练后，都要在班级里展示所设计的舞台剧。然后，大家一起讨论他们认为该舞台剧所呈现的概念。扮演角色的学生为全班学生解读他们的研究过程以及舞台剧的呈现方案。此外，还需增添一个报道采访人员，对舞台剧的呈现过程进行记录并跟踪采访舞台剧的演员。教师和学生也可以用摄像机拍摄舞台剧的呈现过程。

舞台剧可选的 STEM 主题有：

- 希格斯粒子的发现
- DNA 结构的发现
- 发明的故事
- 生物系统和进化过程
- 化学反应体系
- 气候变化
- 结构的设计和建造

3. 焦点人物：如果要讨论某一著名科学家、工程师或技术专家的日常生活与贡献时，角色扮演活动就特别有价值。可以将这场活动模拟为全国性的现场访谈节目。一个学生扮演名人的角色，坐在整个小组或班级的前方。学生们将向其提出一些有关人物家庭背景、成功原因和具体工作的问题。在许多情况下，例如在讨论莱特兄弟、DNA 的发现者沃森和克里克时，角色扮演活动会有不止一个角色。在活动中，扮演焦点人物的学生必须用他们所学到的关于名人的知识来回答问题。这项活动通过将人文因素引入科学学习，帮助学生认识到 STEM 知识的发现和进步是由真实的人做出的。

评价： 在项目中使用形成性评价。项目结束时，学生应该讨论从戏剧活动中学到的知识。

材料：根据学生的意愿，提供不同类型的舞台剧以供选择。

多元智力目标：视觉空间智力、身体动觉智力、逻辑数学智力、人际关系智力、内省智力。

布鲁姆分类目标：记忆、理解、应用、分析、评价、创造。

来自教学一线的发现

◆新事物的创造不是单凭智力完成的，还要有表演天赋和内在动机的参与。喜爱某件事才能产生创造性。

◆“开胃菜”中呈现的活动适用于每个年级，而不仅仅是 3—12 年级。教师和学生之间想法的分享与传递有利于优秀教学策略的发展，也有利于教学团体的建立。

◆班级管理的建议：不喜欢这些活动的教师抱怨道“孩子们不受控制”。说句公道话，一名优秀的教师能意识到这些活动需要强有力的指导和充足的准备工作，而不能匆忙上马。选取合适的场所，确保学生理解规则，恰当分组，都会使一切变得有所不同。不过，你必须已经了解如何安排这些事情。请记住，在开始实施活动前，务必将每个计划至少阅读三次。

科学——5—9 年级：构建细胞模型

这个活动为学生提供了一个构建细胞模型的机会，主要用到的是黏土和与之类似的材料。由于大部分学生之前在科学课上从未使用过这类材料，因此他们很喜欢这个活动。初学者使用模型黏土完成作品，而高年级学生使用便捷、易干的粉刷黏土制作作品。

课程目标

- 掌握动植物细胞的组成部分。
- 理解动植物体中细胞组成和结构的相似性。

艺术标准

- 借助视频和图片观察各种各样的雕塑，明确立体结构问题的解决方案。
- 明确艺术创作过程并将其用于具体的科学主题。
- 在整个创作过程中，不断检查、修改和完善艺术作品，实现自身的艺术目标。
- 介绍并回顾色彩理论，用模型黏土与涂料创作出相应的色彩模型。

社会 / 情感目标

学习和欣赏艺术创作的过程，学生应该学会如下知识：

- 意识到解决问题的方法不止一种，不同的艺术家会做出不同的决定。
- 彼此交流，协作解决特定的艺术难题，明确成果分享和团队合作的重要性。

活动：学生学习动植物细胞的特征，以小组为单位，将一部分黏土按压在纸盘上，创建动植物模型，同时用另一部分黏土创建动植物细胞的各个组成部分，密切关注相应的色彩和纹理。在模型变干后，学生要贴标签标注细胞的各个部分。

评价：学生口头描述细胞的各个部分以及细胞的工作过程。学生以互相提问的方式不断强化已有的知识和概念。

材料：初学者可使用不同色彩的模型黏土、纸盘、木工工具；有一定基础的学生可使用便捷、易干、适用于喷漆的粉刷黏土，颜料和不同尺寸的笔刷。

多元智力目标： 视觉空间智力、身体动觉智力、逻辑数学智力、人际关系智力、内省智力、自然智力。

布鲁姆分类目标： 记忆、理解、应用、分析、评价、创造。

（注意：这一课程内容改编自佛罗里达州的教学艺术家特雷西·罗所夫－彼得森的艺术作品）

来自教学一线的发现

◆这是一个简单的而几乎毫无意外发生的活动。但是曾经，我们也遇到过意外的事。一个星期一的早晨，我们被邀请参观 6 年级学生已完成的项目，对于我们而言，这是期盼已久的一件事，因为此前我们已在这所学校里进行过一些较为随意的参观。到了教室，学生将他们的方案完美地呈现在桌子上，出色地完成了项目。我们和学生讨论细胞结构和项目中的其他关键问题，然而他们面面相觑，他们讨论得更多的是黏土而不是细胞。我们走到教师身边，让这位教师说说她是如何指导这个项目的。她很自豪地递给我们一封信，是上周五发给家长的，信中内容包含关于如何完成项目的指导。该怎么形容问题的实质呢？不如给每个项目都贴上“由父母完成”的标签。很显然，这个教师没有抓住重点，学生也没有完成学习目标。STEAM 项目确实在某种程度上应该有家庭的参与，但就项目本身要求学生掌握的知识来说，这个项目没有达到预期目标。项目实施后，学生的知识体系没有得到显著提升，与项目实施前差异不大。

◆项目涉及父母等照顾者时，一定要确保他们理解项目进程，这样的话，他们会成为你项目实施过程中的“得力助手”。这种协作产生的效果必是惊人的。

科学——9—12 年级：通过绘制水彩画学习自然知识

这个活动让学生走出教室，到户外去观察自然，用水彩画描述自然界的物体。美国著名的博物学家约翰·詹姆斯·奥杜邦（John James Audubon）是一位自学成才的画家，他通过研究大自然创作出精美细致的描绘自然栖息环境中鸟类的彩绘作品。现在，让学生跟随大师的脚步创作关于自然植物的绘画作品。

课程目标

- 观察大自然，特别是植物。
- 详细观察和记录植物结构。

艺术标准

- 创作一幅有关自然物体的水彩画。
- 学会水彩画笔和颜料的使用方法。

社会 / 情感目标

- 与同龄人分享水彩画并解释所学到的知识。

活动：给每个学生分发水彩纸，将学生带到有植物和树木的户外。让学生观察身边的大自然，记录让他们感兴趣的植物。由于学生要用水彩记录植物的特征，那么在条件允许的情况下，他们应该选择一个带有茎、叶、花和完整根系的样本作为参考。一旦找到合适样本，学生可以坐下来开始绘画，也可以小心翼翼地把它连根拔起带到教室里。如果两种形式都不行的话，学生也可以使用数码相机拍一些特定照片。

学生应该在水彩纸上记录名字、日期、观察地点和植物类别，然后花费时间研究植物的结构，用绘图铅笔勾勒出它的大致形状。提醒学生要仔细观察植物结构，注意到所有的细节，例如叶子的纹理、花的斑纹、被毛、枝条和茎的刺。学生要画肉眼真实看到的植物，而不是想象中的植物。接下来就是涂水彩（有的人更喜欢使用彩笔）。它们的颜色可以从最亮到最暗，但应避开黑色，也没必要给整幅绘画作品都涂色。当画干了后，学生就会以班级或小组的形式讨论他们所学到的植物知识，分享绘画感受。

评价：学生可以自评他们的绘画作品，讨论下一次画自然物体的时候要做出哪些改进。

材料：水彩纸、绘图铅笔、用于绘画的自然样本、水彩颜料（或彩笔）、装水的容器、刷子。

多元智力目标：语言智力、身体动觉智力、视觉空间智力、人际关系智力、内省智力、自然智力。

布鲁姆分类目标：记忆、理解、应用、分析、评价、创造。

来自教学一线的发现

◆看到中学教师为适应不同的年级而改编“开胃菜”，我们感到非常欣慰。

◆教师和学生主动参与其中，能发掘他们的艺术天分，而这些是他们之前没有意识到的。

◆一个建议：如果不熟悉混合水彩，你需要与艺术教师合作完成这一任务，或者寻找一些关于混合水彩的教学录像。运用水彩时颜色混合在一起的情形令有些学生不满意。他们使用彩笔、记号笔或粉彩笔时不会出现这种情况。

◆一个额外的收获：一个班级的同学小心翼翼地将植物连根挖出，在完成艺术项目后，将其种植在自己带来的陶罐里（他们巧妙而非常艺术地在陶罐上标记了自己的名字），观察植物的生长，并使教室窗台得到美化。学生在日志表中记录浇水模式、晴朗的天数、某些天的（这里位于东北部）窗台降温情况，以及对植物生长的测量。植物长到一定阶段，学生重新绘制图像。是的，有些植物会死亡，但是教师还是指导学生分享所记录的日志表并思考这些植物不能存活的原因。出人意料地（也许这已是常态，每天都有“植物干尸”入侵），学生渴望去绘制这些倒下的植物。教师建议学生集中精力去观察那些变成褐色的部分以及叶片是如何卷曲的。幸存的植物可以被移栽到外面的花园里。这位优秀的教师没有让这样一个绝佳的教育时机白白流失。

数学：2—3 年级：时间的海洋

这是一个高效的单元，但为这个项目制作活动所需的纸片是很耗时的。你要提前计划，要在项目开始之前准备好大部分材料。在休息日里你和学生，就可以一边播放着平静的背景音乐，一边拿出纸、剪刀和蜡笔来剪出小鱼了。

课程目标

◆ 能使用指针时钟和数字时钟来识别最近的整点和半点。
◆ 加强对一半和四分之一的理解。
◆ 加强理解“超过”和“差”的说法，并能理解数字表达形式，如 3：25。

艺术目标

◆ 练习使用直尺、码尺和剪刀来加强总体和精细运动技能。
◆ 通过混合原色得到新颜色，以创造出大海的感觉和外观。

社会 / 情感目标：

◆ 了解时间的重要性，以及在许多情况下“准时”的重要性。

◆ 学会小组协作，培养团队合作的能力。

活动：学生制作两种类型的时钟。圆形钟面将由棕色牛皮纸制成。在钟面圆周的附近，要用 60 个等距的标记来表示“分”，并环绕一周标上数字 1—12 表示“时”。然后，学生剪切出 8 个四分之一圆和 4 个半圆。你可以购买预切泡沫鱼，切下来并进行装饰，作为“专属鱼”（每个孩子要设计 3—4 条鱼），如果有真正的贝壳可用，你可以让学生对这些贝壳进行涂色，进行个性化设计。无论你决定用什么材料，你都需要 60 条鱼来代表 60 分钟。学生使用较硬的纸张来制作时针和分针。为什么不在分针末端放一只海马，在时针末端放一条美人鱼呢？

数字时钟可采用将双层牛皮纸折叠成长方形的方法来制作，再制作“口袋”折叠在长方形的底部来装数字卡。长方形口袋的两侧应用胶带或钉固定，使口袋可以装卡。学生可以自己剪切或使用预制的数字卡片，小时卡和分钟卡应该是不同颜色的。全班同学一起数数，一两个学生使用较粗的笔在每张卡上各写一个数字。例如，数字 15 由两张卡组成，一张数字 1，一张数字 5。确保你有足够的数字来表示如 12：45 和 10：15 这样的时间。这样的时间需要四张卡，每张卡表示一个数字。做好数字卡之后，学生还可以对它们进行个性化装饰。

接下来的目标是让学生能熟练地从两种类型的时钟上读取时间，同时加强他们对分数的理解。将指针时钟放在地板上，请学生们站在钟的周围，数字时钟放在一侧，其他数字则合理放置在它的周围。可以从一个简单的时间开始，如 3：00，挑选学生去把指针放在指针时钟的正确位置上，还要将适当的数字放入数字时钟口袋。再使用诸如 5：30 这样的时间，让另外的学生像刚才的同学那样使用指针和数字。学生还要决定用哪一种图形放在时钟上以指示半小时，以及在图形上放置多少鱼（或贝壳）来指示分钟。这堂课需要学生的思维在两种类型的时钟之间不断转换，还需要使用扇形和鱼来加强理解一小时、半小时和一刻钟分别包含多少分钟。在这样做的时候，你会不断地使用分数概念。在这一课使用“差”和“过”这两个词较多，比如“差一刻到两点”或“十点过二十分”。学生通过创建一个项目并参与其中，让“用两种方式来表示时间”这样原本困难的课变得非常有趣。顺便提醒一下，所有这些材料都要保存下来。以后当你需要准备一节关于分数的数学课或者关于海洋的科学课时，这些材料都会再次派上用场的。

评价方式：此活动采取的是形成性评价。当学生能正确识别时间时，教学目标就达到了。这是一个非正式的评价操作，所以你也要同时使用教科书建议的评价方法和其他的评价方法。

材料：大牛皮纸、铅笔、直尺、码尺、油漆、磁带、订书机和贝壳。

多元智力目标：语言智力、逻辑数学智力、身体动觉智力、视觉空间智力、人际关系智力、内省智力、自然智力。

布鲁姆分类目标：记忆、理解、应用、分析、评价、创造。

来自教学一线的发现

◆说实在的，我们几乎想尽了一切办法拉拢教师来开展这个项目。这个项目实际操作中的耗时程度是超乎想象的。尽管如此，我们对这个项目还是很有激情的，下定决心去试试看。

◆与我们一起工作的教师在市内学校教 3 年级。幸运的是，在她旁边的办公室有一个空教室，校长很支持她，两个同事也很好。她预见这肯定是一个大工程，但也是一个会让学生感受到乐趣和创造力的项目。她还让她的两个教师朋友带来 4 年级和 5 年级的学生来协助。说实话，教师之所以欢迎这项活动，是因为他们的学生对分数的理解没有达到应有水平。

- ◆年龄稍大的学生在协助项目完成方面非常出色。他们变成助教，同时也加强了自己对分数的理解。他们回到自己的教室之后，教师对这部分内容进行了拓展讲解。
- ◆最终成果确实令人惊叹。随着工作的进展，学生进行了更多的艺术尝试。教师调整了一些材料的供给以避免他们因为有太大的空间玩耍而把教室弄得乱糟糟的。
- ◆学生甚至在阴雨连绵的日子里轻松地创造了新的时间游戏和分数游戏。

数学——3—6 年级：在数学课上介绍艺术家

课程目标

- ◆提高学生使用尺子绘制几何形状的能力。

艺术目标

- ◆了解原色或回顾对原色的理解。
- ◆增进对不同种类艺术家工作的了解。

社会 / 情感目标

- ◆了解艺术家如何使用不同的几何设计增加绘画的感染力。
- ◆认识到不同的人对同一画作会有明显不同的感受。

活动：展示一些画家在他们的作品中使用几何设计的例子。例如荷兰画家彼埃·蒙德里安（Piet Mondrian）和特奥·凡·杜斯堡（Theo Van Doesburg），他们在创作生涯的最后几年里专注于使用几何图案和原色（注意：确保学生认识到投影光的原色是红色、绿色和蓝色，画家使用的颜料的基础颜色是红色、黄色和蓝色，艺术家有时也使用青色、黄色和紫红色）。近期的当代几何画家还有美国人罗伊·纽厄尔（Roy Newell）。要求班级同学对你介绍的画家做一些研究，接着讨论这些画家的作品的相似之处和差异，特别是在原色的使用方面。在讨论之后，让他们在白纸上用直尺画水平和垂直的线条，然后用黑色标记笔再画一遍。接下去他们可以使用标记笔、颜料或蜡笔对一些几何矩形填充自己选择的颜色，同时也要留下一些白色（底色）区域。

基于年级水平和学生的兴趣，你可以要求学生在小组内或全班进行讨论，说一说他们为什么选择特定的设计和配色方案。你也可以要求他们讨论数学对于艺术设计的重要性如何，问他们在家里或者在社区里有没有看过这样的应用。让学生在作品上签名，在课堂上或在学校公告板上进行展示。

本课程的拓展内容是要求学生调研另一位荷兰艺术家 M. C. 埃舍尔（M. C. Escher）的作品，他因独具一格的立体画而闻名。学生在调查研究之后将讨论埃舍尔是如何将数学和对称性融入他的作品的。

评价： 问学生他们将使用什么标准来评判自己的作品。

材料： 白纸、蜡笔、颜料或各种颜色的标记笔。

多元智力目标： 视觉空间智力、身体动觉智力、逻辑数学智力、人际关系智力、内省智力。

布鲁姆分类目标： 记忆、理解、应用、分析、评价、创造。

来自教学一线的发现

◆这不是我们最受欢迎的活动。为什么呢？因为教师对这些艺术家不熟悉。尽管如此，他们还是理解了课程的本质。在这个项目中，他们引入了外部的 STEAM 教练。在这种情况下，我们想要建立一种能够不断深化的伙伴关系，而不仅仅是应急措施。借由一位非常支持此活动的校长的努力和当地艺术理事会的帮助，我们邀请到一位当地艺术家来简要介绍专业发展的培训，从而帮助 4—5 年级的数学教师了解艺术家、艺术风格以及对这个项目很重要的其他艺术部分。那位艺术家和教师一起工作了大约两个小时，彼此碰撞出很多富有创造性的想法。所有的恐惧和担忧都消失了，很多从侧面进行辅助和指导的方法产生了。毕竟，这一切都是新的。

◆教师决定把班级成员聚在一起，在自助餐厅开展活动。他们使用高清电视机来展示画作和画家的图片。为了把作品介绍清楚，他们也展示了相关历史的图片，这是一项值得称赞的补充。教师带领学生仔细观察图片并展开讨论。

◆额外的收获：我们把这个活动作为课后立体派艺术单元来开展。一个成功的活动是让学生在美术纸上用铅笔尽可能大地写下名字，然后借助一把尺子把每一条直线延伸到纸的两端。例如，“T”会沿纸张水平延伸和垂直延伸。“B”只会有一条竖直线从纸张的顶部延伸到底部。这样做后，线就会交叉形成不同的形状和角。下一步是用黑色记号笔或蜡笔覆盖铅笔线条，并在形状之间涂上颜色。给所有带弧度的形状填涂上明亮的黄色。学生喜欢看到自己的名字以这种立体主义的风格呈现。他们对角度测量、涂色和艺术风格等未曾接触过的领域饶有兴趣。

数学——6—8 年级：最喜欢的电影和概率

概率是对随机事件发生的可能性的预测，但对大多数中学生而言，它可能不是一个有趣的话题，除非他们能看到概率在现实世界的应用。没有什么是比电影更好的应用了！在这个活动中，学生小组讨论他们最近看的一部电影，以确定哪些因素可以帮助他们预测电影的结局。这一直都是一个激动人心的活动主题。不过，在实施过程中要注意，讨论可能很快偏离主要的学习目标。因此，你要给予整个班级具体的指示和督促，然后四处走动，去检查每个组的进展情况，并指导他们不要偏离任务。

课程目标

- 通过基于独立或相关事件决定、比较和做出预测来理解概率的概念。
- 理解仔细观察细节的重要性。

艺术目标

- 了解如何去看待一部电影，了解电影制作的许多方面，特别是故事情节、剧本和角色发展，以及电影配乐（背景音乐）。

社会 / 情感目标

- 理解在电影与电视真人秀中看到的“表演”情绪和真实情绪之间的差异，了解如何在表达自己的情绪时做出选择。

活动：班级同学通过讨论来确定在过去一个月左右的时间内看了什么电影，并列出来最受欢迎的五六部电影（一定要核对你所在学校或地区的指导原则，知道哪些类型的电影可以用于讨论或放映）。根据学生所看过的电影把全班同学分成几个小组。尽量保持每个小组的人数不多于 6 人。每个小组将讨论他们都看过的一部电影。

首先，请各小组同学开始讨论浅显的内容：他们喜欢这部电影的哪些地方，不喜欢这部电影的哪些地方，最喜欢的角色是谁，最喜欢的场景是哪个，等等。然后，让各小组从电影的结尾向前推，列出什么样的表演、对话、背景音乐能帮助他们预测出电影结局。同样重要的是，他们要确定哪些表演和对话对于预测电影结局没有提供任何线索。

每个小组准备一份面向全班的报告，用以描述在电影中能够预测结局的一些因素。无论是学生还是老师，都会用到图表、白板、立式显示板和幻灯片。最后，全班共同讨论预测结果的过程，并将预测电影结局的这个应用归结为数学问题。要注意到观察所有细节的重要性，并知道哪些细节是可以相对忽略的。

评价：本活动采取的是形成性评价方式。这是一个非正式的评价操作，所以你也要同时使用教科书建议的评价方法或其他纸笔测试的方法。你也可以通过让学生解决关于概率的数学问题来判定学习效果。

材料：笔记本、记录纸、笔。

多元智力目标：语言智力、逻辑数学智力、身体动觉智力、视觉空间智力、人际关系智力、内省智力。

布鲁姆分类目标：记忆、理解、应用、分析、评价、创造。

来自教学一线的发现

- 这是一个很受欢迎的活动。这是很自然的，谁会不喜欢电影呢？
- 这是一个容易实施的活动，唯一的挑战是选出正确的电影。在这个活动中，教师为选择电影做了很多的努力，有的甚至深入研究了老黑白电影！太棒了！

数学——9—12 年级：“千禧壁画”

这一课程清楚地展示了数学的实际应用。社区需要知道他们的人口将在未来如何变化，以便为公共服务、建筑、分区和道路设置制订适当的计划。

课程目标

- 绘制和解释关系图。
- 理解函数的符号和概念，找到对应的域和范围，并将方程和函数联系起来。

◆ 评估自己所在学校、小镇或城市的人口。

◆ 熟悉 20 世纪不同种族、年龄范围的人口的变化，并预测在下一世纪将发生的变化。

艺术目标

◆ 了解壁画是如何产生的，并研究著名的美国壁画。

◆ 应用相关知识及其在特定背景下的含义来分析如何在艺术作品中表现内容和想法。

◆ 做出具体的艺术选择，并解释在整个艺术项目创作过程中这些选择对艺术项目的支持作用。

社会 / 情感目标

◆ 认识到社区民众必须学会接受多样性，并在接受这些差异的同时成长起来。

◆ 意识到自己的个人观点、诠释和行动可以影响整个社区。

◆ 在创造一个大型的永久的艺术作品时，明白由集体共同做出的最终选择是具有永久影响力的。

活动：学生研究学校或社区过去一个世纪或半个世纪的人口，了解种族构成、年龄范围，以及人口的规模和组成随时间的变化。这项讨论研究应能引导学生预测下个世纪这些人口统计结果的变化趋势。学生两人一组合作，决定他们将在笔记本上绘制什么信息，并经过讨论得出关于过去人口变化状况和未来人口变化趋势的结论。班级同学在一起用图形来表达这些信息。绘制这些图形时也可以使用非常规的格式（例如用曲线图来代替柱状图等）。用不同的方式来渲染得到的效果图，从而确定最终的设计。讨论颜色的选择和颜料类型的选择。最后一步（会用很多的时间，要给学生足够的时间）将是在墙上实际绘制壁画。学生也可以使用投影仪将绘制的画投放在墙壁上，然后在墙上描下来，这会节省大量的时间和精力。壁画也可以画在画布上，可以在学校的任何地方把它挂起来。必须考虑壁画的尺寸，如果太高的话就会用到脚手架或者梯子，安全问题就凸显了，当然如果学生年龄大或者条件具备，那么这样也是可行的。

评价：在整个项目中使用形成性评价。当项目完成后，学生应该能够讨论他们如何依据信息来构建图形，并能够用口头和传统的测试方式来诠释多种类型的图形。

材料：纸张、笔记本、铅笔、记号笔和蜡笔（用于渲染绘制）、适合墙壁或帆布的颜料、滴布、清洁抹布、刷子、直尺、码尺和投影仪（如果必要）。（请与你当地的百货店确认哪种类型的涂料最适合你的墙壁或帆布。）

多元智力目标：视觉空间智力、身体动觉智力、逻辑数学智力、人际关系智力、内省智力。

布鲁姆分类目标：记忆、理解、应用、分析、评价、创造。

来自教学一线的发现

目前还没有一所高中正式开展过这个活动，但一位雄心勃勃的 6 年级教师进行了尝试。她巧妙地促进所有合适的教师合作并建立了一个团队。他们花了差不多 5 个月时间与我们一起制订一个对他们有用的计划并将之付诸实施。这是一件令人敬佩的事情，他们在一起集思广益，交流想法，尝试把想法用实际的物品表现出来。在这一过程中，教师没有忘记为他们的学生安排特定的内容目标。这里要特别指出，这所学校所在的是一个几乎所有的事情都依赖于标准化测试成绩的地区。因此，教师并没有轻视这项活动，而是承认它是一段宝贵而恰到好处的学习经历。她为项目事先计划好了一切。她的座右铭是：如果你有一个计划，你可以改变计划。她在秋假就开始做计划，策划学生开展项目的各种方式。项目在 1 月启动，在春天真正展开。不幸的是，由于天气原因，项目环节大量中断，项目不得已而暂停，只能在接下来的秋天尝试恢复。不过，我们总是能为将来调整和改变计划的。

下章提要

许多 STEM 概念，如能量和力，是跨越多个等级水平的。下一章将展示一些课程计划范例，这些计划涉及在所有 K-12 年级教学内容中常见的 STEM 概念，并将其转换成 STEAM 课程。它还探讨了学校应如何帮助 STEM 教师和艺术教师成功实施 STEAM 的专业发展计划。最重要的是，教师从多年的经验中获得的教学直觉，可以成为决定如何将 STEM 课程项目变成 STEAM 课程项目的最好的指南，下一章内容说明了这种能力的重要性。

第 9 章　来自教学一线的发现

思考要点

记录你接下来的思考要点、思路、策略和所需的资源。

第 10 章　综合统筹

空想不能解决问题，行动才能决定一切：综合统筹最重要。

——斯蒂芬·桑德海姆（Stephen Sondheim），百老汇作曲家

《周末和乔治逛公园》（*Sunday in the Park with George*）

在前面几章中，我们探讨了与艺术相关的技能对于各个学段的 STEM 课程的影响。鉴于发散思维对创造性思维形成过程的重要性，STEM 领域的教师应当让学习主题更有趣，同时充分给予学生在思考、发现及多学科综合方面的自由。艺术不仅仅是装饰和消遣，也是发现问题、解决问题以及相互交流的过程，还是探究过程的重要组成部分。这样一来，学生可能会对 STEM 理论有更深入的体会，更好地将它恰当地运用在现实生活中，更好地认识和欣赏科学家、工程师和数学家所做的工作。

在本章中，我们把已经讨论过的想法进行综合，并提供了更多由教师在实践检验后提出的、针对如何融合艺术和 STEM 理念从而形成 STEAM 课程的建议。本章呈现了一些适用于初等和中等学段的 STEAM 教学案例。许多理念要根据不同年龄段学生的兴趣和能力进行调整。具有天分的学生和有特殊需求的学生都能借助经艺术融合的 STEAM 话题打开新的视角。当教师逐渐适应这一方法并感受到这一理念的潜能时，他们将会拓展和开发自己的 STEAM 课程。为了促进这一成效的发挥，我们预留了一些有待

完善的课程计划，以便读者填入自己的想法进行完善。

我们也对专业发展可能采用的框架进行了讨论，旨在帮助 STEM 教师和其他领域的教师进行 STEAM 课程设计。如今的教师忙于应对来自各方的要求，可想而知，很少有人愿意尝试新的教学方式，除非他们能获得来自学校管理层的充分支持，且有充足的机会在新的领域进行专业训练。管理层的领导应该认识到，鼓励 STEM 教师与艺术教师合作不但能丰富学生的学习经历，而且能促进团结协作的氛围，形成一种积极的校园文化环境。

了解你的教学直觉

随着时间的推移和各种教学经验的积累，教师会建立一种心理模式，用于应对一些未曾料到的情况。例如，某个学生的提问偏离了正题，却提供了一个自然发生的教育契机，教师该如何回应呢？如果某个学生突然大发脾气，或是教师发现某个学生作弊，又该如何处理？教师在此类情况下所采取的应对步骤是由经验产生的。随着时间推移，它们愈发根深蒂固，以至于反应几乎是自动产生的。在这种情况下，潜意识里的知识、未经测试的想法，以及突然冒出来的令人惊讶的技能，都在这一时刻展现出来。现在我们来看看 STEAM 教学中的情况。

经历过旨在将 STEM 与艺术整合的专业工作坊和教学实践点的大量活动之后，我们感受到无论身在何处，都有大量的知识摆在我们面前。知识使整个教室瞬间充满了积极的能量，各种想法不断在小组中涌现。一旦教师找到具有激励性的新方法，那些埋藏在多年经验中的灵感就会被一下子释放。

某天，在一个“突如其来的时刻”，报告人走到白板前试图描述教室中发生的事情。他写下了“教学直觉”这个词语，并立即告诉听众，“大家注意了，今天你们在这里是第一次听到这个词”。突然间，他们想出来的所有好点子终于都有了名字。这些教师拥有的知识和热情就像飞泉流瀑一般奔涌而出，令人叹服。卓越的教师不会独善其身。他们一旦有了好的方案、建议和思想，即使还没有思虑完善，也会把它公之于众。大多数的教师认同，他们最成功的课堂指导经历常常是在没有预设的情况下产生的。虽然这种情况离不开设计，但是让这一过程充满活力并绚丽多彩的却是教育直觉。

卓越教师的工作诀窍从不会只依赖于单一方式，他们也不会把同样的方法使用两次。他们会在多年的工作中不断地改变策略，直到这些方法融入自身，进入下意识的层面。他们不假思索就能拿出应急方案。那么处理结果如何呢？大多数时候，这些办法还挺管用。

这个教室就像充盈着强大的教育能力的海洋。当教师分享理念时，他们的教育直觉不断被激发，不断在生长。这个过程让他们变得越来越强。这就好比记诵《哈姆雷特》的台词："最重要的是：做真实的自我。"这句台词被说得越多，被酝酿的时间越多（见第 2 章），就越成为演员的一部分，或是成为演员为人物创建的场景的一部分。最终，说出这句台词就是发自直觉的。请记住，"世界就是舞台"，在教育的舞台上，教学直觉是教师能掌握的最有价值的工具之一。

对于 K-12 课程的总体指导意见

要求学生将观察所得画下来，同时也用文字写下来。画出想法或在关键处用特殊颜色做标记都是非常有效的手段，能帮助学生将图像和词语进行联系，从而记住所学知识。另外，不管是对于一次成功的实验还是对于制造一个艺术作品而言，观察技能都很重要。

> 在 STEAM 课程中，学生会认识到，无论是实验室报告还是艺术品，都应该经过严苛的检验，确保结果得到确切证据的支持。

对于高年级学生来说，他们应该用一种建设性批评的形式，来讨论每一个艺术整合项目的有效性。在这种形式的讨论中，学生会认识到，无论是实验室报告还是艺术品，都应该经过严苛的检验，确保结果得到确切证据的支持。这个项目是否清晰地传达了真实的构造或含义？这个项目中最能发挥作用的环节是什么？有没有重大的遗漏或者歪曲？对项目进行积极的批判能帮助学生进行批判性思考，发现问题，梳理思路，调查原因和效果，并综合自身所学知识得出结论。这样能同时帮助学生提高语言表达能力，加深对所学知识的科学认知。

在进行这类课程设计时，多元智力理论和布鲁姆的认知领域分类系统将会带来帮助。这两种模型鼓励采用多种学习形式，激发可能带来创造性表现的深层次思维。这两种模型早已广为传播，你可能已经很熟悉它们的设计方法和显著作用。现在我们来简单地回顾一下。

多元智力理论

多元智力理论是一个非常有用的模型，它描述了我们处理信息的多种方式以及我们是如何基于这些信息去指挥自身行为的。1983 年，哈佛大学的心理学家霍华德·加德纳对智力提出了新的定义。他认为，智力是在某种社会或文化环境的价值标准下，个体运用专业技能、创造产品以及解决问题的能力。这使人们对于智力的理解得以拓展，将发散性思维和人际交往能力也纳入其中。加德纳提出，人们在日常生活中能展现出七种（后来发展为八种）基本智力，分别是：

- 音乐智力——能够创造韵律以表达情感，能够探索和分析音乐的主题。
- 逻辑数学智力——能够进行理性的逻辑思维，能够解决数学问题。
- 视觉空间智力——能够创建和解释视觉图像，能够轻松进行三维空间的想象。

- 身体动觉智力——能够用身体感觉和表达事物，喜欢完成动手的任务。
- 语言智力——能够熟练使用语言表达思想、感情并说服他人。
- 人际关系智力——能够理解他人的需求、情感和意图。
- 内省智力——能够清晰地明确自身的想法和情感。
- 自然智力——能够理解自然，认识大自然的规律。

> 当教师有意识地将与艺术相关的技能整合到教学中，学生将大大受益。

请注意，这些智力都与艺术密切相关。例如，音乐需要音乐方面和逻辑数学方面的技能。视觉艺术，当然少不了视觉空间智力。戏剧涉及语言方面、身体动觉方面以及人际关系方面的能力。舞蹈能够发展身体动觉智力、视觉空间智力以及人际交往智力。当教师有意识地将与艺术相关的技能整合到教学中，学生将大大受益。加德纳还对智力和创造力进行了区分。

加德纳明确提出，智力不仅仅是指一个人的想法，还应考虑产生这一想法的物质材料和情境所具有的价值。获得适当材料的难易程度以及在特定背景和文化中价值的大小，将会极大地影响某种智力被激发、发展的程度，或者是被阻碍的程度。因此，一个人的综合智力水平是内在天赋（基因决定）和个人成长的社会（环境决定）共同作用的结果。

这一理论暗示，每个智力的核心部分都有一个独一无二的针对该智力的信息处理系统。一个运动员的智力不同于一个音乐家或者物理学家的智力。他们的行为各不相同，需要神经网络进行不同的组合才能完成任务。加德纳还提出每一种智力都有半自主性。一个人拥有运动才能但在音乐方面表现糟糕，这是身体动觉智力强化的结果。一个人有没有音乐才能与他的竞技实力并没有联系。我们发现，加德纳的模型带来了非常有用的理念，它能帮助新教师或资深教师理解学生以不同方式呈现的聪明才智。前面的章节所呈现的大量活动都涉及这些智力形式。

生机勃勃并广受赞誉的布鲁姆分类系统（修订版）

加德纳的模型关注大脑处理的信息和技能是什么。还有一些模型则关注大脑是怎样处理信息和技能的，如心理学家本杰明·布鲁姆（Benjamin Bloom）在 20 世纪 50 年代提出的认知领域分类系统。对那些心怀抱负并乐于实践的教师来说，他的分类系统一直以来都是大量课程的标准议题。半个多世纪以来，这一理论一直是理解人类思想复杂性的一个有效模式。虽然这一理论不是唯一的模型，但是与其他模型相比，它十分简单实用。或许你还记得最初版本的分类中所包含的 6 个层次，即从简单到复杂分别为：了解、理解、应用、分析、综合推理和评价（Bloom，Engelhart，Furst，Hill，& Krathwohl，1956）。在 2001 年时，一批教育家基于一段时期以来对学习的进一步认识，对这一模型提出了修订和增补，如图 10.1 中所示。各层次的虚线外框意味着这个模型更具灵活性，在认知过程中，人们可在不同的层次之间游走。

另一个改变是，综合推理与评价互换了位置，综合推理改名为“创造”。这是因为研究者们认为，根据认知神经科学的研究，评价只是基于现有的标准进行判断，相较而言，产生创意并制造一个原创的产品需要更加复杂的思维。

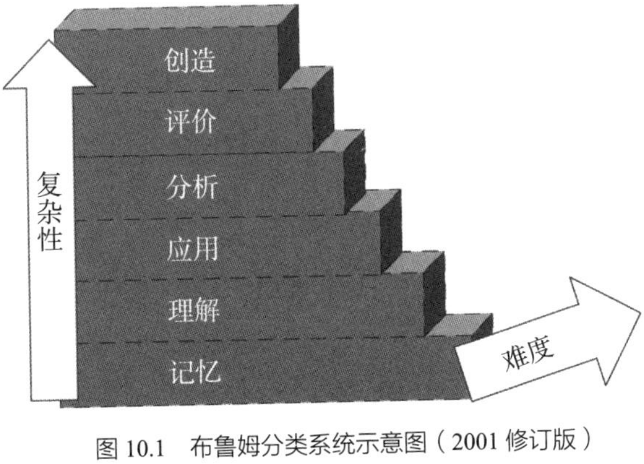

图 10.1　布鲁姆分类系统示意图（2001 修订版）

注意：创造一个产品现在被认为是复杂性思维的最高层次。

出处：改编自安德森等人（Andersen et al.，2001）。

复杂性和难度之间的重要差别

图 10.1 中出现了标有“复杂性”的箭头（纵坐标）和标有“难度”的箭头（横坐标）。复杂性和难度描述了不同的心理过程，不过教师常常误以为二者相同。这一错误使两个因素被当成同一个来对待，从而限制了分类系统在提高学生的思维和创造性方面的用途，甚至在 STEM 领域也是这样。搞清这些理念的不同之处，教师就能更好地领悟分类系统和学生能力之间的联系。复杂性描述的是大脑用来处理信息的思维过程。在修订版的布鲁姆分类中，它可以用在六个层次中的任何一个层次。例如，“氧原子序数为多少”是一个记忆层面的问题，而“用自己的话描述氧原子序数的含义”则是一个理解层面的问题。因此，第二个问题比第一个复杂，因为理解的层次是高于记忆的，它在分类系统中的位置更高。

难度则是指在同一个复杂性水平上，学习者为了完成学习目标所要付出的努力程度。有的时候，提高某一学习活动的难度并不增加其复杂性。例如，“说出元素周期表中七种金属元素的名称”这一问题，对于大多数学生来说，只涉及简单的回忆，因此在复杂性上属于记忆层次的问题。与之类似，“说出七种金属和它们的化学属性”，也是记忆层次的问题，但是这一问题比前一个要难，因为它需要学生努力地回忆更多的知识。

要求学生“按原子序数说出元素周期表开头的十种元素的名称和符号”仍然是一个记忆层面的问题，但它肯定比前面两个问题的难度大得多。回答这一问题需要学生收集更多的信息并按顺序进行排列。

这些示例说明了在较低的思维水平上学生怎样发挥更多的潜力去完成学习任务。从事课堂教学的教师在试图给学生一些挑战的时候，很可能（无意地）采取增加难度而不是提升复杂性的方式。可能他们并没有认识到这两个概念的不同，又或许他们错误地认为增加难度就是达到更高思维水平的唯一方法。在前面几章的一些建议活动中，我们曾提到过模型里的层次。

K-12 样例课程示例：与艺术相联系的科学主题活动

简单机械

所设计的这些活动中融入了一些与科学有明确联系的、特定艺术家的作品。

幼儿园—4 年级	5—8 年级	9—12 年级
让学生观察简单机械的图片并画下来；想一想每种机械的作用并说出来。	让学生观察达·芬奇的发明，进行分析并讨论。问学生应当怎样使用这些机器，为什么？学生可以选择机器中的一个进行复制。要求学生运用观察技能确认这个机械起作用的部分，并用恰当的科学原理解释它是怎样工作的。	观察路比·戈德堡（Rube Goldberg）机械后，要求学生自己设计并制造（简化的）路比·戈德堡机械。他们还需进行展示、写报告，并陈述这些机器工作时运用的科学原理。

来源：部分内容经允许改编自艾伯特（Alberts，2008）。

采用记录日志来进行植物和动物的观察

科学家需要与他人交流自己的发现。长期的日志记录是科学调查的重要组成部分。

幼儿园—4 年级	5—8 年级	9—12 年级
（见第 5 章中的例子。让学生画出一棵树的生命周期，或者编一个短剧，表演一棵树的生命周期。）	让学生仔细观察并重绘查尔斯·达尔文（Charles Darwin）所著《物种起源》中的鸟雀的图画，并解释他是怎样通过这一证据得到“适者生存”的观点的，然后让学生说一说达尔文的这些绘画作品和详细记录在推动科学思想发展上的重要意义。	让学生仔细观察并讨论梅里威瑟·路易斯（Meriwether Lewis）的日记绘画。这能给学生提供一个研究观测资料在美国历史上的重要作用的好机会。在照相技术还未被发明之前，观察的重要性在路易斯的日志中得以体现。他对多种动植物做了详细观察记录，并附带了描述性的文字。这些资料可作为学生建立自己的科学日志的基础。

来源：部分内容经允许改编自艾伯特（Alberts，2008）。

颜色、光和运动——第一部分

关于科学和艺术相互联系的实例，能帮助学生对特定概念进行深入理解。

幼儿园—4 年级	5—8 年级	9—12 年级
通过分析和讨论杰克逊·波洛克（Jackson Pollock）的画作来展示大自然中的色彩。让学生创造自己的图样来表现大自然。	乔治·修拉（Georges Seurat）的点彩派绘画能很好地展示颜色和光的作用。在调色盘上混合好颜料后，他在画布上留下大量色点，依靠观察者的视觉将颜色混合。让学生寻找这一技巧在艺术和现实生活中运用的其他例子。	亚历山大·考尔德（Alexander Calder）的活动雕塑适合学生进行与平衡和运动有关的物理现象的研究，也可以引导他们探讨处理材料时需要考虑的要素，如材料的延展性和韧性。另外，考尔德作品中不可缺少的部分是活动部件在光线作用产生的阴影。

颜色、光和运动——第二部分

幼儿园—4 年级	5—8 年级	9—12 年级
采用不同艺术家的作品继续第一部分的活动。	在关于光的学习单元，学生学习了眼睛与传统照相机之间的类似之处。让学生制作针孔相机以便理解光线的特性。利用三棱镜将可见光分解为七种颜色的单色光。让学生写诗和歌曲帮助记忆七色光“红橙黄绿青蓝紫”的名称。	在对亚历山大·考尔德的活动雕塑中蕴含的科学原理讨论结束之后，让学生采用多种多样的材料制作自己的雕塑，并且解释其中运用了哪些科学原理。

来源：部分内容经允许改编自艾伯特（Alberts，2008）。

元素周期表

拼图活动就是让学生搜集表征某种概念的图片，再将它们组合在一起。这种形式对那些自认为缺乏艺术才能的学生具有吸引力。在制作科学拼图时，学生要完成探究过程才能完成拼贴。学生要寻找恰当的图片来表征已知事实和他们的研究发现，这时，所掌握的信息是做出正确选择的关键。

幼儿园—4 年级	5—8 年级	9—12 年级
学生从教师提供的列表中选择一个元素。教师交给学生学习任务单，单子上有与该元素相关的问题以及能获得这些信息的网址链接。学生通过研究搜集相关图像来制作拼图，拼图中需包含元素名称。	教师给每个学生分配不同的元素，交给学生学习任务单，单子上有与该元素相关的问题以及能获得这些信息的网址链接。在研究的基础上，学生制作一个拼图，内容包括元素的名称、符号、原子量和原子序数。教师将学生的拼图集中起来制成一个大的元素周期表并挂在墙上，然后让每个学生介绍一个元素，再写一首小诗、一篇散文或者一首歌曲来解释所选择的图像是怎样表现这个元素的。	在 5—8 年级的活动基础上，增加以下内容。学生需要解释为什么他们的元素要放在周期表的特定位置。让学生举例说明元素在现实生活中的用途，可能的话，带来一件用该元素物质制作的物品，或者含有该元素物质的物品。

来源：部分内容经允许改编自艾伯特（Alberts，2008）。

宇宙中的天体——彩色玻璃壁画

小学、初中和高中的科学课程涵盖了多方面的天文学内容。这个教学设计可以用于科学课堂上开展的艺术活动，也可以用在以科学为主题的艺术课堂上。壁画是一个大工程。然而，开展这项活动的教师报告说，在合作完成一个如此庞大的项目期间，学生进行了演绎和归纳推理，并从中获益良多，因此投入时间和精力是值得的。

幼儿园—4 年级	5—8 年级	9—12 年级
学生以小组形式研究宇宙中某一天体。根据打印好的关于这个天体的图片，小组成员共同完成关于这个天体的一幅绘画，并仔细观察画与图片的差别。小组成员把图画绘制在一大块较重的、黑色的纸板上，将这些图像剪下，完整保留厚厚的外圈。学生将描图纸涂成图片中的颜色，再将描图纸贴到黑纸板上，一幅壁画就完成了。壁画可以被放在窗户上，阳光能从中透过。	在与幼儿园—4 相同任务的基础上增添一些要求。学生写一篇关于这个项目的论文。每个小组向全班展示图片，由组员代表解释为什么他们要选择这个天体，并描述这个天体的一些特征。	与 5—8 年级的任务类似，不过教师要确保学生选择了足够多的不同类型的天体，如行星、卫星、恒星、星云等，且各组选择的天体不要重复。另外，学生的解释中应当包含更多具体的物理学知识和数据（例如：是什么让恒星保持燃烧？），还应该描述对于这个天体的起源科学家有哪些见解。有些教师帮助学生将制作壁画的过程制成小电影向其他班级的同学展示，增强了学生的制作能力和交流能力。

来源：部分内容经允许改编自艾伯特（Alberts，2008）。

建立（植物 / 动物）细胞模型

三维模型能给予学生强大的视觉冲击以及触感体验，可以让学生更好地理解教师教授的概念。只要学生理解了细胞的各个组成部分，就能采取多种方式构建细胞模型。所有的模型都应该贴上编码的彩色标签。

幼儿园—4 年级	5—8 年级	9—12 年级
白明胶模型：在小碗中制作较硬的白明胶（只用少量水）。学生用不同种类的糖或水果代表细胞的各个部分。制作标签来描述每片物体所代表的结构。	学生分组合作，采用不同颜色的黏土制作植物或动物细胞的 3D 模型。制作标签描述细胞的结构。	学生分组合作，采用不同颜色的黏土制作植物或动物细胞的 3D 模型。制作编码的彩色标签描述细胞的结构。每组选一名同学描述植物细胞和动物细胞至少一个方面的差异，并说明其意义。

来源：部分内容经允许改编自艾伯特（Alberts，2008）。

跨年级 STEAM 单元设计模板样例

主题：

幼儿园—4 年级	5—8 年级	9—12 年级
（活动内容）	（活动内容）	（活动内容）

维持 STEAM 教育所必需的专业发展

本书提供了一些策略，帮助教师尝试将艺术相关技能与 STEM 课程进行整合，换句话说，把 STEM 课程修改为 STEAM 课程。这些策略衍生于关于学习如何进行的最新研究结果，特别是“创造力能被教授”这一认知。在我们帮助筹建的 STEAM 学校中，这些策略已经开始运用。首次尝试 STEAM 策略的教师可能需要一些支持以及实施效果的反馈。校方的支持对于保持教师的兴趣和工作热情非常重要，特别是当新的策略并没有在课堂上立马产生预期效果的时候。

培养骨干教师的作用

在致力发展成为专业学习机构的学校中，教师有更好的精神面貌，学生有更高的学习成就，学校和班级氛围更加积极。

培养骨干教师和教学带头人特别重要，不仅有助于在学校中建立乐于接受新教学策略的氛围，还有助于为教师的持续发展提供必要的支持。在职业学习团体发展较好的学校中，教师有更好的精神面貌，学生有更高的学习成就，学校和班级的学习氛围更加积极（Hughes & Kritsonis, 2007）。发展与艺术活动相关的教育技能，能为STEM教师拓展自身的专业才能提供机会，从而有效增强合作意识，树立教学领先者的地位，强化教育工作者的职业追求。这样的机会也包括建立学习小组进行同事互助指导，实施项目的行动研究，举办使教师能持续关注教育教学领域新进展的研习会等。

同事互助指导

常组织职业培训的学校发现，想让教师在新的教学机制下保持兴趣并取得进步，同事互助指导是一种有效的手段。让两名教师结对，然后定期地互相进行课堂观察。在课堂观察前，需要讨论确定采用哪个STEAM策略或技巧。在课堂上，观察者需要明确这一策略或技巧的使用情况。课后，观察者需要提供STEAM执行结果的反馈意见。同事之间没有威胁的自然互助的关系能促进教师冒险尝试新技巧，否则他们可能因为害怕失败和行政监督而选择逃避。参与互助的同事须接受一些初始培训，以了解在课前会议中如何设定观察目标、在观察过程中如何进行信息搜集等内容。

课堂观察是一个学习的过程。观察教师会对所听的课进行反思并提出问题。可以进行书面交流，也可以在课后会议中同上课的教师以及艺术教师一起讨论。以下是几个问题示例：

- 你是否发现了什么感兴趣的教学技巧？
- 你有什么证据证明学生主动参与课堂？
- 你打算在自己的教学中使用哪些策略？
- 在这堂课的观察中你是否还学到了其他的东西？

研究小组

一些开展 STEAM 教学的学校已经形成了由教师和管理者组成的小团队来研究 STEAM 理念的进一步应用，这一手段能有效深化认识，拓宽产生新策略的途径。组员们可以针对某一主题搜集最新进展，在组内交流和讨论所得的信息、资料和经验。每个小组重点关注一到两个主题，例如将艺术相关活动与科学 / 数学课堂相整合。学校或学区的小组可以开展合作培训，在组间分享信息。

行动研究

幸运的是，更多的学校管理者鼓励教师开展行动研究。在学校或班级中开展小规模的研究可以给教师带来信心，促进他们将 STEAM 策略长期纳入教学范畴。承诺行动研究使得教师有机会成为研究者，去研究一些对教与学产生影响的具体问题。

例如，学生会不会经常用音乐去展示数学概念的实际应用？将结果记录下来，得到的数据能反映音乐在实现数学学习目标上发挥了多大作用。如果有几个数学教师开展这项研究并相互交流数据，他们将会得到证据证明音乐的持续使用是一种有效的 STEAM 策略。STEM 教师可以在教师会议或研究组会议上与同事分享他们的结果。这个框架也提出，教师应当将研究项目作为专业成长的一部分。

研究进展研讨会

应该定期举行聚焦教与学方面的研究进展的研讨会，这是一种提升教师理论基础的有效方法。鼓励艺术整合的一个重要原因是为了提升学生的创造力。这是一个目前值得关注的研究领域。应当开展更多的观察研究，寻找适合校级或区级的教学研讨会的新主题。真正的专业人士致力于不断更新自己的知识基础，他们将专业成长看作一种终身的责任。在这个过程中个人将不断受益。

专业发展最大化

在教师的时间和学校的资金均有限的情况下，对专业发展活动应当进行仔细的考量，使活动的目标更为集中。专业发展的主要目的是拓展教育者的知识和技能，使教育者能选择合适的方法尽力促使学生取得更大的成就。这一点非常重要，因为多年来各种研究不断指出，在对学生学习造成影响的学校因素中，教师是最重要的因素。在本书中我们认为，如果 STEM 课程中的学生能得到有助于创造力发展的艺术相关技能的熏陶，他们成功的可能性将会更大。因此，如果你是一名“从 STEM 到 STEAM”培训项目的管理者或者职业培训的领导者，那么你应当考虑一下道格拉斯·李维斯（Douglas Reeves, 2010）所提供的一些建议。

聚焦

与 STEM 教师和艺术相关教师进行商讨，确定对 STEAM 教育感兴趣的人。清晰地表达你近期的期望，并讨论哪种职业发展框架更适合他们。

简单化

当你把职业发展聚焦在 STEAM 教育上时，请坚持下去。有时我们的教学研讨会涉及了过多的主题，这会让参会者感到茫然。请将 STEAM 教育坚持下去并进行更深入的探索。

实践

真正的学习是以实践为基础的。合理设置培训日程，让 STEM 教师有时间尝试 STEAM 课程，便于在下一次的培训中对他们的经验进行讨论。这种方式让教师有时间对自己计划的实施效果进行反思，从而更好地将其内化为教学经验的一部分。

准备好应对错误

我们会告诉学生要从错误中吸取教训，我们自己也应该这样去做。STEAM 课程教学有时也会失败，这时，STEAM 教师和其他同事应当把它看作一个学习的机会。

做示范

如果你是 STEM 教师，请为参与者提供一个 STEAM 教学的示范课。另外，邀请一些已经在设计 STEAM 课程的 STEM 教师来构建示范课，说不定他们甚至会自愿一起开设 STEAM 课程。确保 STEM 教师参与培训，给他们提供一些关于其他学校积极开展 STEAM 的文章。

监测进展

如果教师知道有人会进 STEAM 班级听课观摩，并且有人会对观察到的情况提出建设性的反馈意见，那么 STEAM 课程的实施会更到位。建立同事互助框架是一种好方法，STEM 教师和艺术教师对所实施的 STEAM 课程进行定期的相互观察，并一起商讨这样的课程应如何开设。

去除障碍

预测一下什么会阻碍 STEAM 课程的进行？ STEM 教师和艺术教师的工作安排是否太紧张？他们之间是否存在冲突而不能进行合作和互助？哪些问题处于你能掌控的范围内？对哪些问题你能提供缓解方案？需要让参

与者感觉到你在尽力争取成功，否则他们为何要花费时间和精力来做一个可能半途而废的项目？

我们曾经发现，许多 STEM 教师认为他们没有艺术才能，认为他们实施 STEAM 课程是注定要失败的。实际上，我们每个人都在一个或多个艺术相关领域拥有一定的天赋。要让 STEAM 课程成功实施，就需要使 STEM 教师相信，他们将获得支持和相应的资源用于提升现有知识体系和学习 STEAM 策略。

总　结

从教几十年的我们已经历过很多种教育方式的潮起潮落。在年终总结时，除了忙忙碌碌，教师几乎想不起来更多值得回味的东西，留下的仅仅是“做了什么”。在对上千名教师进行多年观察以后，我们发现最有用的东西是良好的教师直觉。这种直觉源于在基础教育和高中阶段得到优秀教师教授的经历，我们倾向于模仿自己的教师。这种直觉也可产生于自身拥有的优秀的教师天分。这种直觉还可以通过学习一大堆各式的大学课程而逐渐产生。许多大学的教师培养项目太过于看重教育理论，缺乏对思维模式成长的鼓励，也未能建立一种融合了互动和创新的教育理念。这些教育方法已经被一些可靠的研究结果所支持。值得欣喜的是，有些高等学府已经在这条充满变数的必经之路上开拓进取。

毕竟，教育是一个神圣的使命。人们都说这是一个有着高尚目的、无私奉献精神和无穷活力的终身职业。不幸的是，我们最优秀的教师正在以惊人的速度不断流失。高利害测试、动机良好但行为失当的联合会、缺乏家长和监护人的支持和参与、管理部门反应迟缓，以及难以带来激励的政府官员等因素共同导致这一美好的职业正在逐渐衰退。结果是，我们发现那种能够培养出有创造力的、能解决实际问题的、能对社会和国家做出贡献的年轻人的教育正在逐渐衰退。在考试中选择 A、B、C 与面对现实生活中的挑战是两码事。

从 20 世纪初到 80 年代末，学生在学校学习时有明确的行为准则，有严厉但关心学生的教师、支持学校政策的父母或其他监护人，从而涌现出众多学习的模范，这些人在大萧条和两次世界大战之后，把一个在经济上被摧毁的国家重新建设了起来。虽然在那个时候，我们对大脑如何学习的研究和最佳教学策略的理解还十分浅薄，但不管怎样，我们的学校是成功的。它被称为博雅教育。在几乎没有科学性研究支持的背景下，学校建立了起来，还对教学日程进行了平衡，包括午饭时间和休息时间。在小学阶段，通常有一个教师在教室里，艺术、艺术欣赏、声乐和乐器都是意料之中的课程。

STEAM 是近些年出现的最合乎逻辑的理念之一。我们需要从人文艺术角度来看待我们教学的内容和方式。在前面的章节中，我们已经提到了课堂教学对创造性的强烈需求。STEAM 强烈号召一种全方位的反思。那就是，我们应该怎样培训教师和管理者？我们怎样与政府官员进行沟通？所有挑战中最困难的是，我们怎样有效地提高家长的参与度？从很多方面来说，艺术和科学的重新组合就是要将信任重归于教师，相信他们的能力和潜质。这种组合将让课堂产生更多激情、更多创意和更多成功。

> STEAM 教育强烈号召一种全方位的反思。那就是，我们应该怎样训练教师和管理者？我们怎样与政府官员进行沟通？我们怎样有效地提高家长的参与度？

第 10 章　综合统筹

思考要点

记录你接下来的思考要点、思路、策略和所需的资源。

资　源

这里有一些我们和综合学习（STEAM）教师一起找到的有用的资源。

书　籍

Diaz, G. & McKenna, M. B.(2017). *Preparing educators for arts integration: Placing creativity at the center of learning*. New York: Teachers College Press.

Donahue, D. M., & Stuart, J.(Eds.).(2010). *Artful teaching: Integrating the arts for understanding across the curriculum, K–8*. New York: Teachers College Press.

Johnson, D. A. (2015). *Teaching outside the lines: Developing creativity in every learner*. Thousand Oaks, CA: Corwin.

Vartanian, O., Bristol, A. S., & Kaufman, J. C. (Eds.). (2013). *Neuroscience of creativity*. Cambridge, MA: MIT Press.

电　影

《我内心的一些东西》（*Something Within Me*）

这部 1993 年由艾玛·琼·莫里斯（Emma Joan Morris）创作的励志纪录

片，讲述的是发生在南布朗克斯区一所贫穷的天主教学校的故事，那个学校中许多孩子在基础学业方面遭遇惨败。圣·奥古斯丁学校的学监（包括这本书的作者之一）尝试了一种新方法。他们修改了课程结构以强调艺术，尤其是音乐。当学生开始学习乐器时，他们的考试成绩提高了。这部振奋人心的影片在圣丹斯电影节上获得三项大奖。

期　刊

《儿童技术和工程》（*Children's Technology and Engineering*）

这本季刊关注的是小学的教学技术，刊登兼具实用性和创造性的想法、活动的文章。它还提供跨学科学习项目相关问题的最新进展。

《数学和艺术杂志》（*Journal of Mathematics and the Arts*）

这本季刊包含令在其艺术创作中运用数学的人士感兴趣的文章。它收录的内容包括艺术家对他们作品的数学背景的描述、数学教师和艺术教师可以运用于跨学科教学的课程，以及对艺术和数学不同设定的见解。

《教学艺术杂志》（*Teaching Artist Journal*）

这是一本季刊，为教学艺术家和所有在艺术、学习领域从事跨领域工作的人提供观点、论坛、资源和平台。

机　构

艺术和科学理事会（The Arts and Science Council）

这是北卡罗来纳州夏洛特市和梅克伦堡县的公共机构，提供关于财政拨款、公共艺术、专业服务的信息，它的网站还收录了在课堂教学中综合艺术和科学的建议。

教学艺术家协会（Association of Teaching Artists）

这是一个非常好的教育艺术资源的来源，它提供了一些有关教育和艺术结合的高质量网站的超链接。

附录A 在科学、技术和工程方面的STEAM课程计划“开胃菜”

艺术的魅力源于改变，科学的价值在于预测，我们所经历的事情都是由艺术所控制、由科学所预测的。

——亨利·托马斯·巴克尔（Henry Thomas Buckle），英国历史学家

本附录提供了一些关于如何将与艺术相关的活动和技能融合到科学、技术和工程（STE）课程中的方法。当然，在某些情况下，数学也需要参与到其中一些活动中。由于工程与技术在样例课程中是彼此不可分割的主要组成部分，我们无法只为工程或技术将活动单独分开安排。关于数学的活动在附录B中可以找到。你可以改写这些建议，以使其广泛适用于各个年级。

“开胃菜”

课程计划的“开胃菜”应该是一个完整的课程计划的开始，是让你想要开始创建属于你自己的、量身定制的STEAM课程计划的“完整课程”。这些“开胃菜”中提到的想法是你创造性旅程的开始。它们以合适的年级范围和层次向教师提供建议，并将随着你的班级和年级的需要动态变化。回顾

第 2 章，回顾创造性思维的各个阶段，花些时间进行准备，特别是酝酿构思你的计划。使用第 4 章、第 5 章和第 6 章结尾处建议的课时计划格式将有助于你将注意力放在课程上。请记住下面的几个注意事项：

- “开胃菜”是不包含基准的，因为不同的州实施的基准和规范是不同的。请记住，你的课程除了应该涵盖 STEM 基准，还应该包括语言艺术、社会研究以及课程计划所涵盖的其他课程领域的基准。你也可能需要遵循学校或地区的具体课程计划指示。利用日志作为一种创造性写作练习的方法，或者将其作为一种提高学生的语法、标点正确率的方法。
- 这里提到的艺术项目绝不是唯一可以被纳入的艺术。记住，要发挥你自己的创造力，借鉴其他教师和教学艺术家的教学艺术，再加上自己的创造力，想出一些新奇的、有趣的艺术项目来激发学生的创作热情，使其开心地参与其中。
- 上课的素材主要基于你的意愿，并取决于你有什么可以使用。如果你改变主要课程的教学思路后学生觉得很有意思、学起来更加容易，那么你就成功地创作了一门主要课程，这种改变只有你自己知道，别的教师都是无法知晓的。如果你改变了主菜的“调味品”，它的味道很好，并且学生乐意接受，那么你已“烹制”了一道成功的主菜，并且除了你没人知道这个变化。
- 日程安排通常是个问题，所以要记住，活动不需要连续几天进行。只要确保每个活动之间有超过两天的时间，你就可以创造一个“连接活动”来让学生的记忆得到唤醒。连接活动不需要很长时间，甚至可以缩短为午饭前的简短讨论，或者利用学生整队解散的时间。

测试你的创造力，同时享受其中的乐趣。

科学——1—8 年级：从土壤到餐桌

这是一个适合多个年级的长期活动，其复杂度可以调整，以适应学生的操作能力。它涉及花园种植、简单食谱的使用和食品的准备技术。学生不仅可以把这些菜作为项目的一部分，还可以带回家与家人和朋友分享。这个项目的另一个创造性选项是让学生在一些约 30 厘米长、30 厘米宽的水泥铺面小方格上作画，每一格都借鉴著名艺术家的风格。一定要使用外漆，并在涂油漆前后适当地密封。

这是一个巨大的工程，但已经完成这个工程的学校宣称，无论涉及哪个年级，学生的参与度都极高。这个工程具有极好的社会和个人成长成果，当然，在取得这些理想成果的同时也伴随着许多挑战。这个项目能够鼓励你和学生走出教室，远离灯光，用手接触土壤。

课程目标

- 明白进食是一种基本需求。
- 观察来自太阳的能量如何转移到正在生长的植物中。
- 了解人类与动植物之间的相互作用。
- 了解一个花园是如何改变所在社区，进而改变人们生活方式的。

科学标准小贴士： 除了常见的科学标准，你还可以将一些可能不会出现在你所在国家的科学标准中的、关于物理教育和社会研究的课程标准纳入考虑。

艺术目标

- 使用纸张、铅笔和彩色标记来设计种植区域。
- 创建植物标记。
- 制作瓷砖或水泥走道（如果合适的话）。

社会情感目标

- ◆ 协同工作。
- ◆ 学习如何为社区的整体利益做出选择。
- ◆ 了解走到户外，在土地上从事劳动是怎样让人感到平静和专注的。

活动： 举行一个讨论如何选择健康饮食的会议，具体内容包括哪些是健康食品、哪些是非健康食品，以及食物来自哪里。将所有的讨论和课堂进展都绘制在白板上并记录在学生的个人日志中。日志可使用制图、抠图、拼贴画和其他艺术形式。

学生在地上或者地面以上适当高度创建一个种植园。他们可以从园艺大师那里得到帮助，也可以从当地的推广服务部门或植物园获取帮助，这些都非常有用，因为园艺学本身也是一门科学。最初的计划制订工作必须要与学校的设施管理人员合作，确保场地安全，并且便于在节假日和周末进行浇水或除草。你的学区甚至能够为你提供一片可以作为种植园的土地，或者为你提供一片用作地上花园的空地。

这个项目是一个长期计划，因为一个胡萝卜不可能在 5 节课内完成从播种到收获的全过程。巧妙地利用时间使得这个项目成为一个全年工程，如果课时不在第一阶段，那么就让这个项目延续到夏天的那几个月里。你可以邀请父母、退休人员和朋友来支持这个项目。

评价： 这个项目需要形成评价。根据你所在地方课程标准的要求，也需要设定评价标准和测试标准。尤为重要的是，学生所做的日志和制图，口头表述和讨论，以及项目的动手操作部分都要包含在评价中，作为评判他们理解和掌握程度的依据。

材料： 下面所列远不是完整的，它将随着项目的复杂性而有所不同。

- ◆ 教室：期刊、彩笔、蜡笔、记号笔、尺子、胶棒、园艺杂志、文本和视频中的背景信息。

◆ 花园：种子、柱子、麻绳、木桩、植物标识、表层土壤、堆肥和适宜的化肥。准备一些典型的园艺工具，用铁丝网围栏保护植物免受入侵动物的伤害，并用软管浇水。使用喷壶或水桶可以浇 1 平方米的一小块区域，若有更大的需求，可以将软管与附近的水龙头接起来。高于地面的植物种植架将会需要相当数量的木材（1 米见方的柱子，0.3 米 ×1.8 米的板），以及螺丝刀、电动工具，此外还需要一位对于如何动手操作有基本理解的人来指导。所需材料的总量取决于花园的最终设计和尺寸。在一些园艺网站上可以买到可降解的花盆。

多元智力目标：语言智力、逻辑数学智力、身体动觉智力、视觉空间智力、人际关系智力、内省智力、自然智力。

布鲁姆分类目标：记忆、理解、应用、分析、评价、创造。

科学——3—9 年级：通过水瓶木琴学习音调和音频

许多人都知道，当水杯里的水位发生变化时，敲击水杯所发出的声音会发生变化。本次活动将音乐作为一种学习音调和频率知识的媒介。你可以根据自身的喜好将活动设计得简单一点或复杂一点，这取决于学生所处的年级和拥有兴趣的程度。

课程目标

◆ 理解音调和频率的概念。

◆ 明确音调和频率的影响因素。

◆ 明确如何改变音调和频率来产生不同的音符与和弦。

艺术目标

◆ 学会用玻璃杯做的木琴演奏一首简单的曲子。

◆ 欣赏由不同乐器演奏出的音乐旋律。

社会 / 情感目标

◆ 与同伴协同设计和制作一个水瓶木琴。

活动：根据不同的年级水平，学生能够使用 5—8 个瓶子（全音阶）来制作一架木琴。许多简单的小学歌曲可以用五声音阶定音的木琴来弹奏。如果瓶子（当然，不要使用啤酒瓶或白酒瓶）是同等尺寸的话，实施该项目的低年级学生操作起来会相对容易；瓶子的尺寸各不相同时，项目的实施难度会加大。学生以班级或小组作为整体。在一个瓶中装水，将这个瓶当作起始音符，并使用定调管来确定这个音符的音高。在手机上可以找到免费的定调管应用程序。用金属勺或木勺可以做出精致的小音锤，用它们进行敲击可以产生不同的音调。学生在其他瓶子里不断加水，做成一个 5 音阶或 8 音阶的水瓶木琴。像《噢，苏珊娜》《划船歌》这些歌曲，小学生学起来相当容易。还有一些有难度的歌曲，比如《亲爱的克莱门泰》、贝多芬的《欢乐颂》《牧场是我家》等。年长一点的学生还可以找其他曲子来弹奏。

如果瓶子是完全相同的，让学生测量和记录每个瓶子中水位的高度。如果想在更多的课上使用水瓶木琴，你可以给瓶子盖上盖子以防止水分蒸发。让学生对这个项目展开讨论，具体内容包括他们对声音的认识，以及水位对音调、频率的影响。他们可以为其他班级表演他们的曲子。许多小组会调试他们的木琴以便实现二重唱。让学生研究一下其他乐器，看是否有乐器的工作原理和水瓶木琴是一样的。

材料：玻璃瓶（相同尺寸或不同尺寸，移除标签）、水、金属勺、木勺、瓶盖、钢管。

多元智力目标：语言智力、逻辑数学智力、音乐智力、身体动觉智力、空间智力、人际关系智力、内省智力。

布鲁姆分类目标：记忆、理解、应用、分析、评价、创造。

科学——5—9 年级：使用动态雕塑讲授杠杆原理

本课通过一个有趣的方式来显示杠杆在艺术创作中的应用。在此例中，我们要观察由美国雕塑家亚历山大·考尔德创造的“跃动的雕塑”。考尔德在成为雕塑家之前是一名机械工程师，曾一度被认为是“动态雕塑”的创始人。这个活动涉及许多科学、数学和视觉艺术的教学内容（Ewald & Gerlman, 2010）。

课程目标

- 理解杠杆的构件、功能，了解三种类型的杠杆。
- 能够区分动能和势能。
- 研究和诠释考尔德创造的动态雕塑。
- 构建和操作一个简单的动态雕塑。

艺术目标

- 理解艺术家在创建作品时如何应用科学准则。

社会 / 情感目标

- 以小组协作的方式制作艺术品。

活动：回顾简单机械和动能、势能的已有知识，解释杠杆的各个组成部分和三种不同类型。学生以两人一组的方式学习和探讨三种不同类型的杠杆，以及它们在现实世界中的运用。给学生看一些考尔德的研究资料，包括动态雕塑的方案介绍和图片展示。向学生解释考尔德发明动态雕塑受到了他的数学、物理和宇宙天文学知识的启发。在考尔德就读于艺术学校之前，他已经获得机械工程学位。

学生将移动设备作为一种艺术形式进行探讨，欣赏考尔德的作品，说出自己喜欢考尔德的哪些作品并解释原因。让学生研究考尔德的生活和作品，使其明白考尔德发明动态雕塑受到了他自身拥有的数学、物理和天文学知识的启发。

学生以小组合作或班级合作的形式，使用尺子、细绳和纸杯构思一个动态雕塑（也可以使用不同颜色的细绳和杯子来增加活动的艺术性）。他们把小的物体放到杯子里来平衡动态雕塑的双臂。活动结束后，让学生讨论如何才能达到恰到好处的平衡。如果改变支撑杯子的线的长度、负荷的重量或支点的位置，将会发生什么现象？

评价：在项目进展过程中使用形成性评价；在项目完成时，根据自身的意愿进行终结性评价测试。

材料：尺子、细绳、小纸杯、平衡双臂的小物品。

多元智力目标：视觉空间智力、身体动觉智力、逻辑数学智力、人际关系智力、内省智力。

布鲁姆分类目标：记忆、理解、应用、分析、评价、创造。

[注：本课改编自美国华盛顿市的约翰·F. 肯尼迪表演艺术中心（Ewald & Gerlman，2010）改编经过作者许可。]

科学——6—12 年级：《天生如此》

初、高中的学生对这首流行歌曲非常熟悉。毫无疑问，将其引入 DNA 这一单元是非常新奇的。歌词中传达的信息让我们了解到 DNA 如何决定我们的生理特征。

课程目标

- 体验科学探究的过程，理解它是一个多层面的活动。
- 理解科学知识不但需要历经长时间的检验，而且需要不断修正。
- 深层次地理解 DNA 复制过程、细胞理论以及生物体如何通过多种多样的生理功能来维持生命活动，从而保证生长发育和繁殖。

艺术目标

音乐

- 尝试多种演唱风格和器乐合奏，进行比较和表演实践。
- 对个人的表演进行评价和适当调整。
- 评价自己或他人的作曲和即兴演奏，取得个人进步或团体进步。
- 以团队协作的方式概述演出设计的几种可能方式。

舞蹈

- 以不同的视角分析活动，尝试用各种各样富有创造性的解决方案去解决技术和舞蹈艺术难题。

社会 / 情感目标

- 很有自信地做出影响他人观念的决定，但也要学会接受个体差异，承认他人的天赋。
- 小组协同解决难题，明白只有融合所有人的智慧才能取得成功。

活动：学生学习或回顾 DNA 的概念：DNA 是什么？ DNA 是如何起作用的？在“我们是谁”这个问题上，为何 DNA 会起到如此重要的决定作用？上述这些可以借助课堂讲授、教材、视频等完成。让学生跟着讲义上的歌词听歌曲《天生如此》。这个活动是要学生替换原来的歌词，通过歌词来描述 DNA 的方方面面，并使用音乐伴奏和服装道具来展示最终的作品。以下一些方法有助于实现上述目标：（1）将班级成员划分为不同的小组，最好以 4—6 人为一小组，每个小组都完成创作和表演；（2）组织“创作团队”，有人负责写歌词，有人负责动作，有人负责设计，有人负责表演。

评价：学生记录他们的研究过程，在日志中记录：他们做了哪些事情？所做的选择和学习内容有什么直接关联？如果可能的话，将最后的作品拍成小电影，在其他班级放映。当然，也可以使用书面测试的方法。

材料：《天生完美》的录音带、合适的音频设备、《天生完美》的原版音乐（没有歌词，仅有伴奏）、制作服装及道具所需要的材料。

多元智力目标：视觉空间智力、身体动觉智力、逻辑数学智力、人际关系智力、内省智力，自然智力，音乐智力。

布鲁姆分类目标：记忆、理解、应用、分析、评价、创造。

科学——9—12 年级：“生命起源”的案例——夏洛克·福尔摩斯的“高于生活”

许多学生已经看过夏洛克·福尔摩斯的电影，影片中充满了阴谋诡计，当然，也有机智幽默的情节。抓住这一点，利用自身优势，调查关于地球上生命起源的一些话题。

课程目标

- 科学地解释地球的生命起源。

艺术目标

- 在研究的基础上整合和应用艺术选择，塑造并完善真实可信的复杂角色。

社会 / 情感目标

- 通过自我反省的方式深入理解有关生命起源的科学知识，尊重其他人对某一主题的看法。

活动：课堂中，教师简短地呈现生命起源的基础内容（通过使用教材或其他特殊资料），让学生根据夏洛克·福尔摩斯的主题创作一部戏剧或电影。与教师搭档完成戏剧或电影是很有益的。福尔摩斯和华生的一个带有神秘色彩的委托人提出要解决的问题——“地球的生命起源是怎样的？”全班同学开始激烈地讨论“怎样的阴谋可以用于故事情节”（学生通常都会有惊人的想法）。分析文本中包含的信息，将全班划分成多个小组，每个小组选取其中一部分内容，并围绕该内容创作故事情节。当然，调查可以从很多个方面展开，但他们都必须得出相同的结论，并加上这句经典台词：“很简单的，亲爱的华生。”根据学生兴趣、小组规模和可用时间的差异，这个活动的组织形式可以多种多样，可以是简单的对脚本和故事情节的朗读，可以是穿上服装进行表演，也可以是视频短片的拍摄。

评价：对学生的作品和讨论进行持续性评价，这样能让你获得更多的信息，从而明确怎样去指导学生走向正确的方向。从完整的项目成果（脚本、戏剧和录像）中可以看出学生对概念的理解程度。书面测试、评估、作品和日志也是恰当的评价方式。

材料：基本背景信息可以从教材或网络中搜集，只要对自己有用就可以。把夏洛克·福尔摩斯的电影副本 [可以使用小罗伯特·唐尼（Robet Downey Jr.）主演的版本或是 20 世纪 90 年代杰里米·布雷特（Jeremy Breet）主演的版本）] 作为家庭作业让学生在家观看；台式电脑、笔记本电脑和其他用于写脚本的设备；戏服、摄像机、编辑设备以及这个项目特定版本所需的材料。

多元智力目标：语言智力、逻辑数学智力、音乐智力、身体动觉智力、视角空间智力、人际关系智力、内省智力、自然智力。

布鲁姆分类目标：记忆、理解、应用、分析、评价、创造。

科学——9—12 年级：通过哑剧和戏剧描述地球结构

地壳运动、地壳的结构与相关作用力的内容通常都难以引起学生的兴趣，因为学生的参与度明显受到了限制。这个活动采取一种新颖的方式介绍本课题，会让学生以练习哑剧的活动形式进行学习。活动需要一些额外的规划，但完成该项目的教师记录到一个事实——参与该活动的尖子生完成了学习目标。如果你的学生真的参与这个活动，你可以用长达 3 米的纺织物来制作条带代表地层，使活动更加戏剧化。这让学习活动变得有趣，或许你会说“目前所做的还不够”，而不是说“事情已经过头了”。

课程目标

- 了解更多的近代地质学知识，理解板块构造的科学理论。
- 能够识别不断改变地壳结构特征的内部或外部能量，这些能量既可能是破坏性的也可能是塑造性的。
- 明白一切生命（包括人类文明）都要依赖地球内外部能量和物质资源。

艺术目标

- 通过观看著名表演艺术家的录像理解哑剧艺术，比如观看马塞尔·马索（Marcel Marceau）、查理·卓别林（Charlie Chaplin）和巴斯特·基顿（Buster Keaton）的作品。
- 制作一些简单的道具和戏服来协助演绎故事情节。
- 掌握舞台化妆的技术，并在哑剧中运用。
- 体验无声戏剧讲述故事的方式。

◆ 演绎采访者与被采访者两种角色。

社会 / 情感目标

◆ 从多个角度看待情感，更好地理解人与人之间的关系，形成一种非言语的交流方式。

◆ 将整个身心都投入故事情节中，从而感到放松（无须担心“与众不同”或“滑稽”）。

活动：借助演讲、教材和录像呈现内容材料。全班学生观看电影中的哑剧部分，讨论它的完成方式，以观众视角解释屏幕行为，比较喜剧和滑稽剧表现方式的不同之处。学生自己表演时，注意戏服、道具和妆容的使用。如果本地刚好有一个哑剧演员，可以向他寻求帮助。

创作哑剧需要教师的指导，可以充分利用班级中的“演员”，请他们提供帮助。将班级划分成几个小组，但各小组的人数不能超过 5 个。给每个小组指定一个主题，让小组成员进行描述，例如地球不同地质层的组成、产生地壳运动的原因、你所在地区的地质演化、能量的生成及其对地球结构的潜在影响。多用些课时讨论第 2 章中的创造性思维是非常明智的。让学生形成自己的想法并不断修正，直到他们在某一刻顿悟。小组成员分享自己独具创造性的观点，参与建设性评价，从而磨练戏剧观察能力。最终的作品是通过哑剧来解说地球结构和力。你可以使用录像记录这个项目的呈现过程，刻在光盘中留作纪念。

评价：可以考虑让一个学生制作视频，围绕学习目标设计一些问题，对每个小组进行采访。可以采用类似于街头采访的形式。如果学生正确回答了这些问题，那么哑剧策略就是成功的。此外，你也许需要使用书面测试或其他评价形式。

材料：简单的服装、可用的艺术材料、简单道具、摄像机、记录哑剧表演的光盘影碟机

多元智力目标：语言智力、逻辑数学智力、音乐智力、身体动觉智力、视角空间智力、人际关系智力、内省智力、自然智力。

布鲁姆分类目标：记忆、理解、应用、分析、评价、创造。

附录 B 在数学方面的 STEAM 课程计划“开胃菜”

数学是关于表现模式的，而表现模式又是与生活息息相关的。

——基恩·德夫林（Keith Devlin）

《数学基因》（*The Math Gene*）

中学生经常说数学难学，这是因为他们看不到数学和现实世界有什么联系。他们甚至没有想到，如果没有数学，他们就不可能使用手中的电子产品，因为这些产品的设计和操作都离不开数学。大自然本身也充满了令人难以置信的数学奥秘。瞧，我们的自然环境中存在很多对称模式，例如斑马和豹子身上的花纹、雪花的形状和某些鸟类独特的叫声。蜘蛛织造了具有各式几何图案的蛛网，蜜蜂建造了正六边形的蜂巢。松果、菠萝和蜗牛壳上呈现出明显的斐波纳契螺旋图案。

如果能在数学课上融入与艺术相关的技能和活动，教师就会有很多机会展示数学是如何应用于大自然以及人类的许多成就中的，比如艺术中的。举个例子，音乐可以被视为数学的艺术表达，时间、节奏、频率、和弦都依赖于数学关系。在这一部分中，你会发现我们所称的“开胃菜”指的是关于在数学课上整合艺术相关活动和技能的想法。你可以改编其中任何一条建议，以便适用于不同的年级。

“开胃菜”

课程计划的“开胃菜”应该是一个完整的课程计划的开始，是让你想要开始创建属于你自己的、量身定制的 STEAM 课程计划的“完整课程”。这些“开胃菜”中提到的想法是你创造性旅程的开始。它们以合适的年级范围和层次向教师提供建议，并将随着班级和年级的需要动态变化。回顾第 2 章，回顾创造性思维的各个阶段，花些时间进行准备，特别是酝酿构思你的计划。使用第 4 章、第 5 章和第 6 章结尾处建议的课时计划格式将有助于你将注意力放在课程上。请记住下面的几个注意事项：

- “开胃菜”是不包含基准的，因为不同的州实施的基准和规范是不同的。请记住，你的课程除了应该涵盖 STEM 基准，还应该包括语言艺术、社会研究以及课程计划所涵盖的其他课程领域的基准。你也可能需要遵循学校或地区的具体课程计划指示。利用日志作为一种创造性写作练习的方法，或者将其作为一种提高学生的语法、标点正确率的方法。
- 这里提到的艺术项目绝不是唯一可以被纳入的艺术。记住，要发挥你自己的创造力，借鉴其他教师和教学艺术家的教学艺术，再加上自己的创造力，想出一些新奇的、有趣的艺术项目来激发学生的创作热情，使其开心地参与其中。
- 上课的素材主要基于你的意愿，并取决于你有什么可以使用。如果你改变主要课程的教学思路后学生觉得很有意思、学起来更加容易，那么你就成功地创作了一门主要课程，这种改变只有你自己知道，别的教师都是无法知晓的。如果你改变了主菜的“调味品”，它的味道很好，并且学生乐意接受，那么你已“烹制”了一道成功的主菜，并且除了你没人知道这个变化。

◆ 日程安排通常是个问题，所以要记住，活动不需要连续几天进行。只要确保每个活动之间有超过两天的时间，你就可以创造一个“连接活动”来让学生的记忆得到唤醒。连接活动不需要很长时间，甚至可以缩短为午饭前的简短讨论，或者利用学生整队解散的时间。

测试你的创造力，同时享受其中的乐趣。

数学——3—12 年级：在数学课程中引入戏剧

戏剧涉及创造性的活动和角色扮演，它可以把一门非常平淡的课程转变成富含激励且富有成效的学习经历。大卫·肯纳（David Kenner）以前做过戏剧教师，他对所有学科领域的教师应如何运用戏剧来活跃他们的课堂提出了建议。这里有他用过的几项策略，我们已经对这些策略做过调整，使之更适合数学课。你还可以根据需求进行更改，例如根据不同年级和学生兴趣来调整。

课程目标

◆ 使用动作和开展戏剧活动来回顾和学习数学中的各种概念以及与数学相关的人。

◆ 发展观察和提问能力。

◆ 通过富有挑战和趣味的活动来提高学生的创造力。

艺术目标

◆ 了解戏剧活动如何促进数学概念的学习。

◆ 认识到有目的的活动是如何促进数学概念的学习和记忆留存的。

社会 / 情感目标

- ◆ 认识到如何与他人合作以促进学习目标的达成。
- ◆ 了解如何开展涉及情感的戏剧活动提高兴趣并促进学习。

活动：肯纳提出了几种将戏剧引入课程中的活动方案。

1. 谱图：这是一个抽查学生对某一方面的知识掌握程度的活动练习，也是一个检查学生从以往课程中学习和记忆了多少知识的好方法。教师告诉学生，房间被分为三个区域，分别标识为“是”“否”“不确定”，并指给他们看。教师每问一个问题，学生就移动到教室的某一区域来反映他们对答案的理解程度。问题设置应该是从简单到复杂的。学生只需静静地移动到他们的区域，讨论则延后进行。最后的问题可以是：（1）最困难的；（2）最具挑战性的；（3）最接近最终学习目标的。例如，关于斐波纳契螺旋的一系列问题中的最后一个问题可能是“在大自然中我们可以在哪里找到斐波纳契螺旋的例子”，或者“谁知道斐波纳契螺旋的特殊用途”。

一旦学生开始回答这个最后的问题，两三个明显有着不同意见的小组将会形成。要求每个小组中的学生讨论他们的观点，并选出一个代表来总结他们的讨论。对于高年级的学生，你可以要求他们进行角色扮演。在这个例子中，该角色可能是一个特定的政治人物、科学家或其他利益相关者（见下面的“焦点人物”）。你还可以建议学生在练习期间至少转换角色一次，使其以不同视角了解某一问题，这也是角色扮演教学方法的主要目标之一。

2. 场景造型：在这个活动中，教师给每一组学生一个学过的数学概念，也可以提供一个新的、从未在课上讲解过的数学概念。教师可以给所有的组相同的概念，也可以给所有的组不同的概念。每一组协同工作来决定如何用场景造型来体现概念。他们不仅要关注如何表现概念，也要注意他们的姿势、面部表情和手势。场景造型不一定是静态、沉默的，可以有动作和对话，也可以有声响和音乐效果。

各组进行一段时间的研究和排练之后，将其场景造型展示给全班。随后，学生讨论他们认为这个场景表现的是什么概念。参与场景造型的学生分享他们的研究，并解释说明他们是如何选择呈现相应的场景造型的。为增加特色，一个学生可以扮演记者的角色，并采访场景造型组的成员。 教师和全班同学也可以决定采用哪个场景。

可能适合场景造型的数学主题有：

- 斐波纳契螺旋的发现过程。
- 埃及金字塔的设计与建造。
- 需要运用数学的发现或发明故事。

3. 焦点座位：当讨论一个著名数学家的生活和贡献时，角色扮演的活动是有用的。把他当作一个在全国性谈话节目中的采访。一名学生扮演著名人物，坐在小组或整个班级的前面。其他学生就他的个人背景、动机和工作来提问。在某些情况下，可以由不止一人坐在焦点座位上。在焦点座位上的学生必须使用他们所了解的关于这个名人的情况来回答问题。这个活动给数学增加了“人”这一元素，能帮助学生认识到数学知识的发现和发展是由真实的人完成的。

评价： 在整个项目中使用形成性评价。项目完成后，学生应该讨论他们从戏剧活动中学到了什么东西。

材料： 随学生选择的场景造型而变化。

多元智力目标： 视觉空间智力、运动智力、逻辑数学智力、人际关系智力、内省智力。

布鲁姆分类目标： 记忆、理解、应用、分析、评价、创造。

数学——9—12 年级：使用斐波纳契数列创作令人难忘的音乐

这项活动提供了让数学教师和音乐教师协作的机会。这项活动可以持续好几节课，并且非常受高中学生的欢迎，因为这个活动能让学生自己动手，创造性地把数学概念应用到他们都喜爱的东西——音乐之中。学生要研究如何使用斐波纳契数列来理解数学概念的表现模式、递归思想、黄金分割比，以及如何把黄金分割比应用于音乐。你可以让学生进行合唱，在纸和音乐键盘上创作一首原创音乐来激发创造力。并非所有的学生都对自己作曲或识谱的能力充满信心，但与在音乐方面训练有素的搭档一起练习，对于他们来说也是很有帮助的。

课程目标

- 借助当天完成的新颖数学作品来研究斐波纳契数列的实际应用，并与班级同学分享研究结果。
- 学习、理解或回顾数学概念的表现模式、递归思想、黄金分割比。
- 比较两段音乐（其中一段使用了斐波纳契数列来谱写）。
- 制定一套使用斐波纳契数列编写音乐的规则。

艺术目标

- 在乐器（例如木琴或键盘）上使用斐波纳契数列演奏或创作音乐。
- 从艺术角度识别出使用斐波纳契数列所谱写的音乐的特征。
- 使用斐波纳契数列哼出简单曲调。

社会 / 情感目标

- 与他人合作创作一首音乐作品。
- 练习通过研究成果和音乐作品与他人交流。

活动：回顾斐波纳契数列和黄金分割比的发现历史。给学生一个已部分填写好的斐波纳契数列表格，并让他们在规定时间内完成它。给学生播放展示音乐中的斐波纳契数列的短视频。要求各小组对数列、黄金分割比和递归进行研究。《斐波纳契季刊》（*The Fibonacci Quarterly*）是一个可以提供有益信息的在线出版物。学生们应该向整个班级汇报研究结果。

在屏幕上投影钢琴键盘并提出问题，以了解学生对八度、一个八度音阶中黑白键的数量、五声音阶和半音音阶的掌握情况。在他们谱写音乐之前，从肖邦的《C大调前奏曲》中选择一段演奏，这首曲子中包含斐波纳契数列和黄金分割比模式。让同学们开发出一套使用斐波纳契数列创作音乐的规则（例如，他们可以这样表达：从数字3、5、8和13开始；使用半音音阶的13个音符至少谱写8个小节；在每个小节中重复3个节拍加5个节拍的表现模式）。他们应该试验和倾听音乐的声音。

向学生分发空白乐谱纸，要求他们使用自己所了解的关于斐波纳契数列的数字排列方式和黄金分割比来编写一段原创乐曲。学生可以单独创作或小组合作，但你可能希望将不了解音乐的学生与了解音乐的学生搭配在一起。他们在写完作品后，应该在音乐键盘或木琴上进行试验，根据需要进行修改，以创造出吸引人的声音。较早完成的学生可能会为作品写一个和声（通常写成三度音阶）。请学生解释他们创作的音乐背后的数学理论，然后为全班同学演奏。学生还应该从艺术角度讨论自己作品的特点。你也可以鼓励学生单独或以小组形式演唱自己的作品。

你可以建议学生继续观察周围环境以获得斐波纳契数列的应用证据，并与同学分享他们的发现，从而实现对此模块内容的扩展。有些学生可能希望使用数学概念的表现模式、递归思想和黄金比例来写诗，就像他们编写乐谱一样。他们也可以把自己的诗谱成歌曲。

评价：你可以使用形成性评价来检查学生的学习进展。如果合适，你也可以要求学生评价自己的作品。总结性评价可以用于评价数学概念的学习效果。

材料：乐谱纸、简单的钢琴乐谱、乐段实例、音乐键盘和/或木琴。

多元智力目标：视觉空间智力、身体动觉智力、逻辑数学智力、人际关系智力、内省智力。

布鲁姆分类目标：记忆、理解、应用、分析、评估、创造。

[注：本课程经过许可改编自赖利（Reilly，2010）。]

数学——9—10年级：寻找几何体

这个活动有助于展示数学（本案例中为几何）在现实世界中的应用，以及如何在艺术项目中使用它。活动是简单还是复杂，可以由自己决定。活动内容是开展一个竞赛，看看哪位学生在校外识别的几何形状的种类最多。

课程目标

◆ 能够识别并说出不同几何形状的名称。

◆ 在校外拍摄一些较易辨别其几何形状的物体。

艺术目标

◆ 了解几何对艺术作品创作的作用。

社会/情感目标

◆ 与其他学生分享照片并讨论几何的应用。

活动：与学生一起回顾几何术语，例如圆、圆柱体、球、椎体、棱柱体、圆锥、圆弧、三种类型的三角形和各种多边形。每个学生使用数码相机拍摄真实世界中几何形状的图片，例如交通塔是锥形，停止标志是八边形。建筑物在其结构中通常具有许多几何形状。学生的目标是在规定的时间内收集尽可能多的不同几何形状。学生拍摄之后将他们所拍摄的照片加载到计算机中，并解释他们的每张照片是如何表示特定几何形状的。为整个班级选择一个主题，或者根据每个学生的兴趣来选择主题——这两种方法都可以。例如，可以让学生在运动、建筑、自然或艺术品中寻找几何形状。

评价: 使用形成性评价作为项目进展的记录和总结，以确定学生是否记住了各种几何形状。

材料: 几何术语列表、数码相机（最好是人手一个）。

多元智力: 视觉空间智力、身体动觉智力、逻辑数学智力、人际关系智力、内省智力、自然智力。

布鲁姆分类目标: 记忆、理解、应用、分析、评价、创造。

参考文献

Alberts, R.(2008). *Discovering science through art-based activities.* Retrieved from http://beyondpenguins.ehe.osu.edu/issue/earths-changing-surface/discovering–sciencethrough–art–based–activities.

Anaya, E., M., Pisoni, D. B., & Kronenberger, W. G. (2016, April). Visual–spatial sequence learning and memory in trained musicians. *Psychology of Music, 45*(1), 5–21.

Anderson, L. W. (Ed.), Krathwohl, D. R. (Ed.), Airasian, P. W., et al. (2001). *A taxonomy for learning, teaching, and assessing: A revision of Bloom's Taxonomy of Educational Objectives (Complete edition)*. New York: Longman.

Andiliou, A., & Murphy, P. K. (2010). Examining variations among researchers' and teachers' conceptualizations of creativity: A review and synthesis of contemporary research. *Educational Research Review, 5*(3), 201–219.

Andreasen, N. C. (2005). *The creating brain: The neuroscience of genius.* New York: Dana Press.

Armstrong, T. (1991). *Awakening your child's natural genius.* New York: Tarcher/ Putnam. Asano, E. (2017, January). *How much time do people spend on social media?* Retrieved from http://www.socialmediatoday.com/marketing/ how−much−time−do−people−spend−socialmedia−infographic.

Baker, D. (2013). Art integration and cognitive development. *Journal for Learning through the Arts,9*(1).Retrieved from http://escholarship.org/uc/ item/ 9wv1m987.

Barrow, L. H. (2010). Encouraging creativity with scientific inquiry. *Creative Education, 1,* 1–6.

Bloom, B. S. (Ed.), Engelhart, M. D., Furst, E. J., Hill, W. H., & Krathwohl, D. R.(1956). *Taxonomy of educational objectives: The classification of educational goals. Handbook I: Cognitive domain.* New York: David McKay.

Boccia, M., Barbetti, S., Piccardi, L., Guariglia, C., Ferlazzo, F., Giannini, A. M., & Zaidel, D. W.(2016, January). Where does brain neural activation in aesthetic responses to visual art occur? Meta−analytic evidence from neuroimaging studies. *Neuroscience & Biobehavioral Reviews,60,* 65–71.

Brown, E. D., Benedett, B., & Armistead, M. E. (2010). Arts enrichment and school readiness for children at risk. *Early Childhood Research Quarterly, 25*(1), 112–124.

Campbell, S. (2006). Language in the nondominant hemisphere. In K. Brown (Ed.), *Encyclopedia of language and linguistics* (2nd ed., pp.529–536). Oxford, UK: Elsevier.

Catterall, J. S. (with Dumais, S. A., & Hampden–Thompson, G.). (2012). *The arts and achievement in at-risk youth: Findings from four longitudinal studies.* Washington, DC: National Endowment for the Arts.

Centers for Disease Control and Prevention. (2010).*The association between school based physical activity, including physical education, and academic performance.* Atlanta, GA: U.S. Department of Health and Human Services.

Chan, A. S., Ho, Y. C., & Cheung, M. C. (1998). Music training improves verbal memory, *Nature, 396,* 128.

Chan, S., & Yuen, M. (2015). Teachers' beliefs and practices for nurturing creativity in students: Perspectives from teachers of gifted students in Hong Kong. *Gifted Education International, 31*(3), 200–213.

Chávez–Eakle, R. A., Graff–Guerrero, A. G., García–Reyna, J. C., Vaugier, V., & Cruz–Fuentes, C.(2007, November). Cerebral blood flow associated with creative performance: A comparative study. *NeuroImage, 38,* 519–528.

Chen, I. (2009, June). Brain cells for socializing: Does an obscure nerve cell explain what gorillas, elephants, whales and people have in common? *Smithsonian,* 38–43.

College America. (2016). *Corequisite remediation: Spanning the completion divide.* Washington, DC: Author.

Cortina, M. A., & Fazel, M.(2015, February). The Art Room: An evaluation of a targeted schoolbased group intervention for students with emotional and behavioural difficulties. *The Arts in Psychotherapy, 42,* 35–40.

Darwin, C. (1998). *The origin of species.* New York: Oxford University Press. (Original work published 1859.)

Department of Education. National Research Council.(2012). *A framework for K–12 science education: Practices, crosscutting concepts, and core ideas.* Washington, DC: The National Academies Press.

Devlin, K. (2000). *The math gene: How mathematical thinking evolved and why numbers are like gossip.* New York: Basic Books.

Diamond, A., Barnett, W. S., Thomas, J., & Munro, S.(2007, November). Preschool program improves cognitive control. *Science, 318,* 1387–1388.

Dieter, J., et al. (2017, May). The role of emotional inhibitory control in specific Internet addiction–an fMRI study. *Behavioural Brain Research, 324,* 1–14.

Duckworth, A. L., Peterson, C., Matthews, M. D., & Kelly, D. R. (2007). Grit: Perseverance and passion for long–term goals. *Journal of Personality and Social Psychology, 92*(6), 1087–1101.

Duffau, H., Leroy, M., & Gatignol, P.(2008, December). Cortico–subcortial organization of language networks in the right hemisphere: An electrostimulation study in left–handers. *Neuropsychologia, 46,* 3197–3209.

Dweck, C. S.(2006). *Mindset: The new psychology of success.* New York: Random House.

Eisner, E. (2002a). *The arts and the creation of mind.* New Haven, CT: Yale University Press.

Eisner, E. (2002b). What the arts do for the young. *School Arts, 102,* 16–17.

Elder, C. A., & Obel–Omia, M. C. (2012). Why bother with recess? *Education Week, 31*(30), 27.

Ellis, A. W., Ansorge, L., & Lavidor, M. (2007, December). Words, hemispheres, and dissociable subsystems: The effects of exposure duration, case alternation, and continuity of form on word recognition in the left and right visual fields. *Brain and Language, 103,* 292–303.

Ewald, E., & Gerlman, J. (2010). *Alexander Calder: Master of balance. How do balance and motion connect art and science?* Retrieved from http://artsedge.kennedy–center.org/educators/lessons/grade–5/Alexander_Calder_Master_of_ Balance.aspx.

Florida Department of Education. (n.d.). *Next Generation Sunshine State Standards.* Retrieved from www.fldoe.org/bii/curriculum/sss/.

Gardner, H. (1983). *Frames of mind: The theory of multiple intelligences.* New York: Basic Books.

Gardner, H. (1993). *Frames of mind: The theory of multiple intelligences* (Rev. ed.). New York: Basic Books.

Goldring, R., Taie, S., & Riddles, M. (2014). *Teacher attrition and mobility: Results from the 2012–13 teacher follow-up survey*(NCES 2014–077).U.S. Department of Education. Washington, DC: National Center for Education Statistics.

Greene, M. (1995). *Releasing the imagination: Essays on education, the arts, and social change.*San Francisco: Jossey–Bass.

Habibi, A., Cahn, B. R., Damasio, A., & Damasio, H. (2016, October). Neural correlates of accelerated auditory processing in children engaged in music training. *Developmental Cognitive Neuroscience, 21,* 1–14.

Hadamard, J. (1954). *An essay on the psychology of invention in the mathematical field.* New York: Dover.

Haley, J. A. (2001). The relationship between instrumental music instruction and academic achievement in fourth grade students. (Doctoral dissertation, Pace University, 2001). *Dissertation Abstracts International, 62*(09), 2969A.

Hardiman, M., Rinne, L. F., & Yarmolinskaya, J. (2014, September). The effects of arts integrationon long−term retention of academic content. *Mind, Brain, and Education, 8*(3), 144–148.

Hecht, D. (2010, October). Depression and the hyperactive right−hemisphere. *Neuroscience Research, 68,* 77–87.

Heimann, M., Tjus, T., & Strid, K. (2010). Attention in cognition and early learning. *International Encyclopedia of Education,* 165–171.

Ho, Y. C., Cheung, M. C., & Chan, A. S.(2003). Music training improves verbal but not visual memory: Cross sectional and longitudinal explorations in children. *Neuropsychology, 17,* 439–450.

Hughes, T. A., & Kritsonis, W. A. (2007). *Professional learning communities and the positive effects on achievement: A national agenda for school improvement.* Retrieved from www.allthingsplc.info/pdf/articles/plcandthepositiveeffects. pdf.

Hyde, K. L., Lerch, J., Norton, A., Forgeard, M., Winner, E., Evans, A. C., et al.(2009, March). Musical training shapes structural brain development. *Journal of Neuroscience, 29*(10), 3019–3025.

Jauk, E., Benedek, M., & Neubauer, A. C. (2012, May). Tackling creativity at its roots: Evidence for different patterns of EEG activity related to convergent and divergent modes of task processing. *International Journal of Psychophysiology, 84,* 219–225.

Jauk, E., Neubauer, A. C., Dunst, B., Fink, A., & Benedek, M. (2015, May). Gray matter correlates of creative potential: A latent variable voxel−based morphometry study. *NeuroImage, 111,* 312–320.

Johnson, C. M., & Memmott, J. E.(2006). Examination of relationships between music programs of differing quality and standardized test results. *Journal of Research in Music Education, 54*(4), 293–307

Jung−Beeman, M., et al. (2004). Neural activity when people solve verbal problems with insight. *Public Library of Science—Biology, 2*(4), e97.

Kaimal, G., Ray, K., & Muniz, J. (2016, May). Reduction of cortisol levels and participants' responses following art making. *Art Therapy, 33*(2), 74–80.

Kampylis, P., Berki, E., & Sarriluoma, P.(2009,April). Inservice and prospective teachers' perceptions of creativity. *Thinking Skills and Creativity, 4*(1), 15–29.

Kener, D. (2012). Drama week on the Learning Network. *The New York Times Learning Network.* Retrieved from http://learning.blogs.nytimes.com.

Knops, A., & Willmes, K.(2014,January). Numerical ordering and symbolic arithmetic share frontal and parietal circuits in the right hemisphere. *NeuroImage, 84,* 786–795.

Koutsoupidou, T., & Hargreaves, D.(2009). An experimental study of the effects of improvisation on the development of children's creative thinking in music. *Psychology of Music, 37*(3), 251–278.

Kraft, U. (2007). Unleashing creativity. In F. Bloom (Ed.), *Best of the brain from Scientific American: Mind, matter, and tomorrow's brain* (pp. 9–19). New York: Dana Press.

Kraus, N., Slater, J., Thompson, E. C., Hornickel, J., Strait, D. L., Nicol, T., & White–Schwoch, T.(2014, September). Music enrichment programs improve the neural encoding of speech in at–risk children. *Journal of Neuroscience, 34*(36), 11913–11918.

Limb, C. J., & Braun, A. R.(2008). Neural substrates of spontaneous musical performance: An fMRI study of jazz improvisation. *Public Library of Science ONE, 3*(2), e1679.

Liu, J., Zhang, H., Chen, C., Chen, H., Cui, J., & Zhou, X. (2017, February). The neural circuits for arithmetic principles. *NeuroImage, 147,* 432–446.

Loh, K. K., & Kanai, R. (2016). How has the Internet reshaped human cognition? *The Neuroscientist, 22*(5), 506–520.

London, R. A., & Standeven, K.(2017, February). *Building a culture of health through safe and healthy elementary school recess.* Princeton, NJ: Robert Wood Johnson Foundation.

Maguire, E. A., et al.(2000, April 11). Navigation–related structural changes in the hippocampi of taxi drivers. *Proceedings of the National Academy of Sciences USA, 97*(8), 4398–4403.

McPherson, G. E., & Hendricks, K. S.(2010, December). Students' motivation to study music: The United States of America. *Research Studies in Music Education, 32,* 201–213.

Meier, D. (1995). *The power of their ideas: Lessons for America from a small school in Harlem.* Boston: Beacon Press.

Middleton, M. C. (2008). *Art interest inventory.* Wando High School, Charleston, SC: Author.

Mullet, D. R., Willerson, A., Lamb, K. N., & Kettler, T.(2016,September). Examining teacher perceptions of creativity: A systematic review of the literature. *Thinking Skills and Creativity, 21,* 9–30.

National Assessment of Educational Progress. (2016). *2015 Grades 4, 8, and 12 science assessments.* Washington, DC: U.S. Department of Education.

National Assessment of Educational Progress.(2017). *2008 and 2016 arts assessments.* Washington, DC: U.S. Department of Education.

National Center for Education Statistics. (2012). *Science in action: Hands-on and interactive computer tasks from the 2009 science assessment* (NCES 2012–468). Washington, DC: U.S. Department of Education.

National Student Clearinghouse. (2016). *High school benchmarks 2016: National college progression rates.* Herndon, VA: Author.

Olivant, K. F. (2015). "I am not a format": Teachers' experiences with fostering creativity in the era of accountability. *Journal of Research in Childhood Education, 29*(1), 115–129.

Organisation for Economic Co-operation and Development. (2017). *Education at a glance 2016: OECD indicators.* Paris: Author.

Ossowski, A., & Behrmann, M.(2015, November). Left hemisphere specialization for word reading potentially causes, rather than results from, a left lateralized bias for high spatial frequency visual information. *Cortex, 72,* 27–39.

Palmer, B. (Ed.). (2017). *The languages and linguistics of the New Guinea area: A comprehensive guide.* Boston: De Gruyter Mouton.

Park, S., et al. (2015). A preliminary study of the effects of an arts education program on executive function, behavior, and brain structure in a sample of nonclinical school–aged children. *Journal of Child Neurology, 30*(13), 1757–1766.

Parsad, B., & Spiegelman, M. (2012). *Arts education in public elementary and secondary schools: 1999–2000 and 2009–10* (NCES 2012–014). Washington, DC: National Center for Education Statistics.

Piro, J. M., & Ortiz, C. (2009). The effect of piano lessons on the vocabulary and verbal sequencing skills of primary grade students. *Psychology of Music, 37*(3), 325–347.

Popham, W. J. (2008). *Transformative assessment.* Alexandria, VA: Association for Supervision and Curriculum Development.

Posner, M., Rothbart, M. K., Sheese, B. E., & Kieras, J. (2008). How arts training influences cognition. In C. Asbury & B. Rich (Eds.), *Learning, arts, and the brain* (pp.1–10). New York: Dana Press.

Radel, R., Davranche, K., Fournier, M., & Dietrich, A. (2015, January). The role of (dis)inhibition in creativity: Decreased inhibition improves idea generation. *Cognition, 134,* 110–120.

Reeves, D. (2010). *Transforming professional development into student success.* Alexandria, VA: Association for Supervision and Curriculum Development.

Regel, S., Kotz, S. A., Henseler, I., & Friederici, A. D. (2017, January). Left inferior frontal gyrus mediates morphosyntax: ERP evidence from verb processing in left–hemisphere damage dpatients. *Cortex, 86,* 156–171.

Register, D. (2001). The effects of an early intervention music curriculum on prereading/writing. *Journal of Music Therapy, 38*(3), 239–248.

Reilly, A. (2010). *Amazing Fibonacci: How the hidden life of numbers make memorable music.* Retrieved from http://artsedge.kennedy-center.org/educators/ lessons/grade-9-12/Fibonacci_Music.

Rinne, L., Gregory, E., Yarmolinskaya, J., & Hardiman, M.(2011). Why arts integration improves long–term retention of content. *Mind, Brain, and Education, 5*(2), 89–96.

Root–Bernstein, R. S.(1997, July 11). Art for science's sake. *Chronicle of Higher Education,* B6.

Runco, M. A., Acar, S., & Cayirdag, N.(2017, June). A closer look at the creativity gap and why students are less creative at school than outside of school. *Thinking Skills and Creativity, 24,* 242–249.

Ryman, S. G., et al.(2014, November). Sex differences in the relationship between white matter connectivity and creativity. *NeuroImage, 101,* 380–389.

Sandkühler, S., & Bhattacharya, J.(2008, January). Deconstructing insight: EEG correlates of insightful problem solving. *Public Library of Science ONE, 3*(1), e1459.

Schellenberg, E. G. (2003). Does exposure to music have beneficial side effects? In I. Peretz & R. J. Zatorre (Eds.), *The cognitive neuroscience of music* (pp.

430–448). Oxford, UK: Oxford University Press.

Schellenberg, E. G.(2004). Music lessons enhance IQ. *Psychological Science, 15*(8),511–514.

Schellenberg, E. G., & Weiss, M. W. (2013). Music and cognitive abilities. In D. Deutsch (Ed.), *The psychology of music* (3rd ed., pp.499–550). Cambridge, MA: Academic Press.

Schlaug, G., Jäncke, L., Huang, Y., Staiger, J. F., & Steinmetz, H.(1995, August). Increased corpus callosum size in musicians. *Neuropsychologia, 33,* 1047–1055.

Seeley, W. W., et al. (2008). Unravelling Bolero: Progressive aphasia, transmodal creativity and the right posterior neocortex. *Brain, 131,* 39–49.

Seok, J.–W., Lee, K. H., Sohn, S., & Sohn, J.–H. (2015). Neural substrates of risky decision making in individuals with Internet addiction. *Australian & New Zealand Journal of Psychiatry, 49*(10), 923–932.

Snyder, A., & Raichle, M. (2012, August). A brief history of the resting state: The Washington University perspective. *NeuroImage, 62,* 902–910.

Sousa, D. A. (2016). *Engaging the rewired brain.* West Palm Beach, FL: Learning Sciences International.

Sousa, D. A. (2017). *How the brain learns,* 5th edition. Thousand Oaks, CA: Corwin.

Sousa, D. A., & Tomlinson, C. A.(2011). *Differentiation and the brain: How neuroscience supports the learner-friendly classroom.* Bloomington, IN: Solution Tree Press.

Sprugnoli, G., et al. (2017). Neural correlates of Eureka moment. *Intelligence, 62,* 99–118.

Standley, J. M., & Hughes, J. E.(1997). Evaluation of an early intervention music curriculum for enhancing prereading/writing skills. *Music Therapy Perspectives, 15*(2), 79–85.

Stromberg, J. (2012, July 25). *When the Olympics gave out medals for art.* Retrieved from www.smithsonianmag.com/arts–culture/When–the–Olympics–Gave–Out–Medals–for–Art–163705106.html.

Sylwester, R. (2007). *The adolescent brain: Reaching for autonomy.* Thousand Oaks, CA: Corwin.

Sylwester, R. (2010). *A child's brain: The need for nurture.* Thousand Oaks, CA: Corwin.

Takeuchi, H., et al. (2010, May). White matter structures associated with creativity: Evidence from diffusion tensor imaging. *NeuroImage, 51*(1), 11–18.

Thomas, M. K., Singh, P., & Klopfenstein, K. (2015, November). Arts education and the high school dropout problem. *Journal of Cultural Economics, 39*(4), 327–339.

Thomson, P., & Jaque, S. V. (2017). Neurobiology, creativity, and performing artists. In *Creativity and the performing artist: Behind the mask* (pp.79–102). New York: Elsevier.

Toyoshima, K., Fukui, H., & Kuda, K. (2011, August). Piano playing reduces stress more than other creative art activities. *International Journal of Music*

Education, 29, 257–263.

Tzourio–Mazoyera, N., & Seghierd, M. L. (2016, December). The neural bases of hemispheric specialization. *Neuropsychologia, 93B,* 319–324.

U.S. Department of Commerce. (2015). *Percentage of high school dropouts among persons 16 to 24 years old (status dropout rate), by sex and race/ethnicity: Selected years, 1960 through 2014.* Washington, DC: Author.

U.S. Department of Education. (2016). *The condition of education 2016* (NCES 2016–144). Washington, DC: National Center for Education Statistics.

Wagner, U., Gais, S., Haider, H., Verleger, R., & Born, J. (2004, January). Sleep inspires insight. *Nature, 427,* 352–355.

Wang, M., Hao, N., Ku, Y., Grabner, R. H., & Fink, A.(2017, May). Neural correlates of serial order effect in verbal divergent thinking. *Neuropsychologia, 99,* 92–100.

Whitehead, B. J.(2001). The effect of music–intensive intervention on mathematics scores of middle and high school students (Doctoral dissertation, Capella University, 2001). *Dissertation Abstracts International, 62*(08), 2710A.

Zamarian, L., Ischebeck, A., & Delazer, M. (2009, June). Neuroscience of learning arithmetic: Evidence from brain imaging studies. *Neuroscience & Biobehavioral Reviews, 33,* 909–925.

Zhu, W., Chen, Q., Tang, C., Cao, G., Hou, Y., & Qiu, J.(2016, March). Brain structure links everyday creativity to creative achievement. *Brain and Cognition, 103,* 70–76.

译后记

近年来，STEM 教育越来越受到世界各国的重视，并形成一股热潮。随着 STEM 教育的发展，其内涵也在不断丰富，从原先的科学、技术、工程、数学四个领域，拓展为 STEAM、STREAM 等。在 STEAM 教育中，“A”原意指艺术，随着 STEAM 教育的推进，“A”被拓展为人文。在 STEAM 教育中，被大家熟知的是美国学者格雷特·亚克门（Georgette Yakman）提出的金字塔形 STEAM 教育框架。亚克门提出，STEAM 教育支持学生以学科整合的方式认识世界，以综合创新形式改造世界，培养他们解决问题的创新能力。

与亚克门侧重从课程层面角度提出 STEAM 教育框架不同，索萨和皮莱茨基的《综合学习》基于艺术活动对人脑的发展和学习的积极影响，提出了“从 STEM 迈向 STEAM”的观点，强调在 STEM 教学中融入艺术相关活动。在亚克门的教育框架中，STEAM 教育侧重课程组织方式的变革，而《综合学习》中，STEAM 教育侧重学习方式的变革。《综合学习》依据多元智力理论，提供了大量的案例来说明如何在 K-12 年级的 STEM 课程中安排艺术相关活动，描述了很多在 STEM 教学中整合艺术的策略和技巧，这些策略和技巧都是经过课堂实践检验的。我在 2010 年赴美国访学和 2018

年在美国培训期间，参观了当地学校，都观察到整合艺术的学习活动正普遍开展，比如小学生通过画画来形成数的概念、高中生通过画树叶来熟悉树叶分类。《综合学习》的案例具有以下特点：一是覆盖面广，涵盖了中小学各年级；二是完整性强，以完整项目为主，提供具体的课时安排、教学目标和活动安排；三是兼顾学科，不仅考虑在跨学科的 STEM 中融入艺术，而且考虑在单个学科中融入艺术。此外，《综合学习》为学校整体规划和实施 STEAM 提出了详细的指导方针，这为本书的使用提供了较好的全局观和可操作性。

总的来说，《综合学习》在理论和实践层面都对 STEAM 教育具有较高的指导价值，相信对正在从事 STEM 教学的教师、学校领导、教学研究人员都有一定的帮助。当然，《综合学习》还存在一定的局限，需要使用者注意。一是其对创造力的论述：《综合学习》之所以强调从 STEM 迈向 STEAM，很重要的一项论据是脑和学习领域关于艺术活动提升创造力的研究，不过书中未提及技术和工程领域与创造力的关系，也未提及设计与创新的关系，但事实上 STEM 教育领域中技术、工程、设计都与创造力有紧密的关系。二是其涉及的领域，本书以科学、数学为主，对技术、工程涉及不多，而且书中所提的技术偏重信息技术。三是本书对脑科学研究现状的呈现以左脑、右脑为主，未涵盖上脑、下脑等最新研究。

本书的翻译虽然有具体分工，但翻译之后各负责人互相校对几轮，因此是团队合作的成果。翻译分工具体如下：

目录、致谢、作者简介、第 2 章、第 3 章、资源、附录 A、附录 B 等由何天优译；导论由周延春和马斯婕译；第 1 章由周延春和张俊杰译；第 4 章、第 10 章由李士杏译；第 5 章由张鹏峰译；第 6 章由张素芳译；第 7 章由宋祥成译；第 8 章由白宗刚译；第 9 章由李慧和康保英译；全书由管光海、李士杏、何天优统稿，由盛群力审订。本书的翻译历经两年多时间，原书从最早的第 1 版发展为第 2 版，衷心感谢参与翻译的各位同志。衷心感谢浙江教育出版社的大力支持，感谢王凤珠、刘晋苏、王方家编辑等人认真细致的工作。

在原书名 *From STEM to STEAM* 基础上增加了“综合学习”作为主书名，包含着我们对 STEAM 教育的理解，即注重其作为学习方式的一面。希望本书对推进中小学学习方式变革有所裨益。

恳请读者对本书翻译中出现的错误或不足给予批评指正。

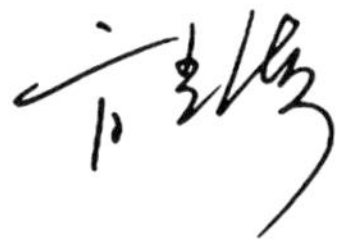

2022 年 7 月 25 日于杭州